国家社会科学基金项目

西部县域经济中基于小企业集群发展的"三农"问题缓解路径研究

批准号：04XJY003

国家自然科学基金项目

企业集群网络组织三重绩效综合评价系统模型及其在西部地区的实证检验研究

批准号：70663001

广西哲学社会科学"十五"规划研究课题

基于区域要素整合的广西小企业集群发展战略研究

批准号：03BJL009

广西钦州市"海鸥计划"专项

西部农村地区 企业集群发展研究

庄晋财　曾纪芬　著

经济科学出版社

图书在版编目（CIP）数据

西部农村地区企业集群发展研究／庄晋财，曾纪芬著.
—北京：经济科学出版社，2016.6
ISBN 978 – 7 – 5141 – 7012 – 2

Ⅰ.①西… Ⅱ.①庄…②曾… Ⅲ.①农村 – 企业集团 –
企业管理 – 研究 – 西北地区②农村 – 企业集团 – 企业管理 –
研究 – 西南地区 Ⅳ.①F279.27

中国版本图书馆 CIP 数据核字（2016）第 134482 号

责任编辑：段　钢
责任校对：王肖楠
责任印制：邱　天

西部农村地区企业集群发展研究

庄晋财　曾纪芬　著
经济科学出版社出版、发行　新华书店经销
社址：北京市海淀区阜成路甲 28 号　邮编：100142
总编部电话：010 – 88191217　发行部电话：010 – 88191522
网址：www.esp.com.cn
电子邮件：esp@esp.com.cn
天猫网店：经济科学出版社旗舰店
网址：http://jjkxcbs.tmall.com
北京万友印刷有限公司印装
710 × 1000　16 开　17 印张　330000 字
2016 年 8 月第 1 版　2016 年 8 月第 1 次印刷
ISBN 978 – 7 – 5141 – 7012 – 2　定价：48.00 元
（图书出现印装问题，本社负责调换。电话：**010 – 88191502**）
（版权所有　侵权必究　举报电话：**010 – 88191586**
电子邮箱：**dbts@esp.com.cn**）

序

20世纪80年代以来，中国乡镇企业异军突起，通过农村工业化，充分利用农村地区的自然、社会、经济资源，吸收数量众多的农村富余劳动力转移就业，对促进农村经济繁荣和农民物质文化生活水平的提高，缩小城乡差别和工农差别，建立新型的城乡关系起到至关重要的作用。现在回头来看，当初乡镇企业对地方经济发展贡献大的地区，几乎都是以企业集群的形式出现的，无论是珠三角地区的"珠江模式"，还是长三角地区的"苏南模式"和"温州模式"，共同的特点都是大量乡镇企业在区域空间聚集形成企业集群。迈克尔·波特（2000）在《簇群与新竞争经济学》中指出，"簇群"（Clusters）的因素支配着当今的世界经济地图，它对竞争力的影响既存在于国家之内，也存在于国界间；簇群的出现，使经济全球化发展形成一个悖论：在全球经济中持久的竞争优势，却在远方竞争者无法匹敌的当地要素——知识、关系和动机日益重要。从理论演进的逻辑看，对企业集群成因的解释，古典区位论认为是为了成本，尤其是运输成本的节约；新古典经济学认为是为了获得外部经济与规模经济；新经济地理学认为是由于集群形成规模报酬递增；新制度经济学则认为是为了交易成本的降低。学者们的意见虽有区别，但有一点是相同的，那就是充分肯定企业集群对区域发展的重要性。

西部地区农村经济的发展，有赖于"三农"问题的解决。对此人们的共识是"改善农村富余劳动力转移就业的环境，加快城镇化进程"。然而，劳动力转移和城镇化的实现必然需要一定的产业支撑，其根本就在于实现农村工业化。因此，农村富余劳动力转移、农村工业化和城镇化的实现、农民收入增长是同一个问题的不同方面，三者构成一个有机的整体，不能将其割裂开来。那么，寻找一条能以"农业、农村、农民"为依托，将农业产业结构调整、农村工业化与城镇化、农村劳动力转移及农民收入增长进程相统一的农村经济发展路径，对西部农村落后面貌的改变就显得十分必要。

"三农"问题核心是农民收入问题，关键是农村富余劳动力转移。因此，发展非农产业，增加非农就业机会，减少农民数量，促进农业人口比重下降是根本的路径选择。按照西部农村地区的要素禀赋结构特征，从比较优势的角度看，应该发展劳动密集型的企业。企业集群作为一种新型的产业组织形式，在促进区域经济发展、获取区域竞争优势方面的作用，引起了理论界的高度重视，它可能成为落后地区"三农"问题缓解的有效路径。这是因为：第一，企业在一定地域空间的集中，可以创造就业机会，增加个人收入，同时，随着聚集区人口的增加，使城镇化水平得以提高；第二，企业在一定地域空间的聚集，使企业能在聚集区内形成生产条件和服务设施的共享，高效率劳动力市场的生成，企业间交流与合作机会增加，从而通过企业的前后向联系，衍生出大量的新企业，从而使聚集区产业结构得以持续调整；第三，企业在一定地域空间的聚集，使技术和知识外溢，企业间彼此的信任增强，使劳动者素质得以提高和企业人力资本积累增加。因此，在经济落后的西部农村地区，企业集群的发展能够将农村富余劳动力转移、农村工业化和城镇化实现、农民收入水平提高有机结合起来，缓解"三农"问题的压力，提高农村地区的经济竞争力。

正是基于上述认识，我们开始关注西部农村地区的企业集群发展问题。2003 年获得广西哲学社会科学"十五"规划研究课题"基于区域要素整合的广西小企业集群发展战略研究"，对广西农村地区的企业集群发展进行了调查研究，认识到西部农村地区发展企业集群对缓解"三农"问题有着十分积极的作用。2004 年我们申报的国家社会科学基金项目"西部县域经济中基于小企业集群发展的'三农'问题缓解路径研究"获得立项，将"企业集群发展与'三农'问题缓解的关系"作为重点考察对象，发表了一系列研究成果。2006 年，我们将研究深入企业集群绩效评价的领域，并成功申报国家自然科学基金项目"企业集群网络组织三重绩效综合评价系统模型及其在西部地区的实证检验研究"，以西部农村地区的企业集群为样本，对企业集群经济、社会、生态三重绩效的综合评价理论与方法进行了探讨，同时探讨了西部农村地区企业集群的形成机制问题。本书收集的就是这段时期我们关于西部农村地区企业集群发展的研究论文，根据主题将内容分为三个部分：

第一部分：西部农村地区企业集群与"三农"问题缓解。考察发现，与东部地区相比，西部地区"三农"问题比较突出，究其原因，主要是西部农村地区交易效率低，分工演进慢，走出这一困境必须依赖西部地区农村工业的发展。实践证明，西部农村地区的企业集群发展，对缓解"三农"问题有着十分显著的作用。但落后地区农村企业集群的发展，不能盲目复制发达区域的模式，而要注重对区域要素的有效整合。在这个过程中，企业集群发展的政策，要准确定位政府角色，培育本地企业家，强化企业集群的地域根植性。

第二部分：西部农村地区企业集群三重绩效的动态协调。我们在研究中意识到，并非所有的企业集群对区域产业竞争力的形成都具有正面绩效。如果将企业集群看作是一个由经济子系统、社会子系统和生态子系统复合而成的复合系统，其"经济—社会—生态"三重绩效的关联互动所形成的协同效应，是区域产业竞争力的重要来源。企业集群复合系统三重绩效的关联互动具有多重性、非均衡性特征，只有三重绩效实现动态协调，才能维持区域产业持久的竞争力。因此，西部农村地区的地方政府在培育企业集群的过程中，要注意保持企业集群三重绩效的动态协调关系。本部分内容我们详细探讨了企业集群三重绩效系统性综合评价的理论基础和评价方法，建立了综合评价模型，并用西部农村地区的企业集群样本进行了评价模型的验证。

第三部分：西部农村地区企业集群发展的政府策动。一般而言，企业集群的生成是在市场机制作用下，企业之间通过竞争形成自组织的结果。但是这种企业集群的生成，需要两个条件：一是大量企业的生成，二是市场机制发挥基础性作用。然而，西部农村地区由于经济发育迟缓，企业衍生数量十分有限，难以形成企业在某一地域的聚集现象，有限的企业在空间上是分离的，难以形成有效的竞争关系，因此依靠自发形成企业集群在条件上是不具备的。在这种情况下，如果地方政府通过产业促进政策影响资本投资方向，并诱导技术路径和产业结构的转变，实现企业衍生和本地产业发展优势相结合；或者通过产业布局政策，对企业及其他机构的区位选择施加影响，以实现企业聚集的目的，就有可能在西部农村地区形成企业集群。但地方政府出于自身利益最大化考虑形成的行为偏好，影响西部地区本地企业衍生、企业家成长和企业集群稳定性，使地方政府的作用难以实现。研究发现，行业协会等中介组织的介入，可以抑制地方政府的机会主义行为，是地方政府作用得以实现的重要机制。本部分内容除了关注西部农村地区企业集群生成过程中地方政府的作用外，还从广西的实际考察了通过地方政府策动形成的企业集群，对促进农业现代化的实现和农民收入水平的提高所发挥的作用。

尽管我们对西部农村地区企业集群发展的关注已经有 10 多个年头，但是，就目前西部农村地区发展来看，企业集群对"三农"问题缓解的作用不但没有消失，而且越来越重要。尤其是"互联网＋"时代的到来，极大地改善了农村经济发展的市场条件，企业将在更大的市场范围内展开竞争，依靠单个企业很难在这样的竞争中取胜，企业集群的竞争优势更为明显。这次将我们 10 多年来的研究成果结集出版，目的就在于总结过去的研究，并在此基础上展望未来的研究方向，期望将对西部农村地区企业集群发展的关注继续下去。这是一个总结，也是一个开始，以此为序！

庄晋财

2016 年 4 月

目　录

第一篇　西部农村地区企业集群发展与"三农"问题缓解

第二篇　西部农村地区企业集群三重绩效的动态协调

第三篇　西部农村地区企业集群发展的政府策动

第一篇

西部农村地区企业集群发展与
"三农"问题缓解

体制转型期"三农"问题东西部差异的理论诠释

庄晋财 覃仁智

【摘要】改革开放以来,我国城乡"二元结构"体制转型为城乡劳动力流动提供了制度保障,在很大程度上降低了因劳动力流动限制和户籍制度等体制因素对城乡差距扩大的影响,"二元结构"体制不能解释目前我国"三农"问题加剧现象。"三农"问题的东西部地区差异表明,西部地区因交易效率低、分工演进慢、农村工业化进程受阻,导致大量农村富余劳动力沉淀,农民收入增长困难,是我国"三农"问题日趋严重的主要诱因。这一问题的根本解决,必须依赖西部地区农村工业化的实现,根本路径就是加速西部地区农村工业的发展。

研究背景及问题的提出

在中国的经济理论界,习惯上把"农村、农业、农民"简称为"三农"问题,尽管这不是一个严格意义上的经济学术语,但对目前中国工业化进程中遇到的最大障碍给出了一个非常简洁清晰的概括。改革开放以后,"三农"问题就一直成为政府关注的对象,1982年1月1日,中共中央发出第一个关于"三农"问题的"一号文件",指出包产到户、包干到户或大包干"都是社会主义生产责任制",而且是"不同于合作化以前的小私有的个体经济",是"社会主义农业经济的组成部分",从此,家庭联产承包责任制开始在全国铺开,成为中国经济改革的一个壮举。1982年的"一号文件"与此后连续四年四个中央关于农村政策的"一号文件"在中国农村改革史上成为一个专有名词——"五个一号文件"。经过20多年的努力,中国经济获得了前所未有的发展,但进入21世纪以后,城乡差别和区域差别日益成为阻碍中国经济发展的"瓶颈",其中农民收入增长缓慢问题日益严重。2004年1月,针对农民收入增长缓慢情况,中央下发了《中共中央国务院关于促进农民增加收入若干政策的意见》，与此后的 2005 年"一号文件"《中共中央国务院关于进一步加强农村工作提高农业综合生产能力若干政策的意见》、2006 年"一号文件"《中共中央国务院关于推进社会主义新农村建设的若干意见》、2007 年"一号文件"《中共中央国务院关于积极发展现代农业扎实推进社会主义新农村建设的若干意见》一起，形成党中央和国务院在 21 世纪初连续四个关注"三农"问题的"一号文件"。党和政府再次把解决"三农"问题看作是工作的"重中之重"，是"全面落实科学发展观、构建社会主义和谐社会的必然要求"，"加快社会主义现代化建设的重大任务"。[1]

由于"三农"问题日益严重，使"三农"研究逐渐成为显学。[2]学者们几乎都关注到改革开放后中国城乡差距不断拉大的现实，以农村家庭人均纯收入和城镇家庭人均可支配收入为指标，城乡收入比率（以农村收入为 1）从 1978 年的 2.57 一度下降到 1984 年的 1.84，但在此后一路攀升，到 2006 年扩大到 3.29（见图 1）。而且，在最近几年，城镇人均可支配收入平均年增长率为 9% 左右，而同期农民人均纯收入增长率平均不到 6%，甚至只有 4% 左右（见表 1）。反映人民生活水平的恩格尔系数，1980 年城乡恩格尔系数分别为 56.9%、61.8%，到 2002 年，分别下降到 37.7%、46.2%，两者差距从 4.9 个百分点扩大到 8.5 个百分点，到 2006 年，城乡恩格尔系数分别为 35.8%、43%，两者差距仍有 7.2 个百分点。显然，学者们关注的城乡差别已经发展到了一个令人担忧的地步。

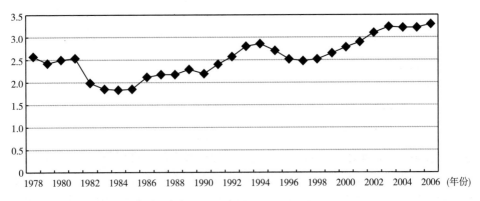

图 1　我国城乡收入差距变化（1978～2006 年）

资料来源：各年《中国统计年鉴》，2005 年、2006 年数据来自《中华人民共和国 2006 年国民经济和社会发展统计公报》，国家统计局，2007 年 2 月 28 日。

表1　　　　　　　　　　**2002~2006年全国城乡居民收入增长速度**

年份	2002	2003	2004	2005	2006
农村	4.8	4.3	6.8	6.2	7.4
城市	13.4	9.0	7.7	9.6	10.4

资料来源：《中华人民共和国2006年国民经济和社会发展统计公报》，国家统计局，2007年2月28日。

学者们同时指出，我国的城乡差距不仅反映在城乡收入差别上，在社会发展、教育、公共资源获取等资源分配上，城乡之间的不公平更是随处可见。[3]探究"三农"问题的成因，许多学者都认同"'三农'困境的主要原因在于二元结构体制"的观点。不过，在运用"二元结构"理论解释"三农"问题成因上仍有不同见解。

一种解释是从我国城市偏向政策的形成及其对城乡差距的影响来说明我国"三农"问题。认为我国的工业化战略建立在重工业优先和城乡二元体制基础上，长期实行重视工业、轻视农业，重视城市、轻视农村，重视重工业、轻视轻工业和第三产业，从而造成农业受到损害，农村自我发展能力严重不足，"三农"问题陷入困境。[4]也有人认为，中国20世纪50年代开始推行的重工业优先发展战略形成的城市偏向政策，之所以造成中国"三农"问题严重，主要是因为这一政策形成了一系列阻碍劳动力流动的制度安排：把城乡人口与劳动力分隔开的户籍制度，以及与其配套的城市劳动就业制度、城市偏向的社会保障制度、基本消费品供应的票证制度、排他性的城市福利体制等，有效地阻止了劳动力要素在部门、地域、所有制之间的流动，这是形成城乡差距的关键。[5]

另一种解释是从公共选择理论出发，认为城乡"二元结构"体制主要表现在城乡居民的组织程度的差异，使城乡居民各自的利益代表在政策制定中扮演的角色有着极大的不同。在中国，政策安排整体性地不利于农民，农民处于被歧视之中，而且这种歧视越来越严重。改革给人民带来选择的可能，但是，来自不同阶层和集团对政府决策的影响也开始出现，过去集权体制下形成的城乡利益集团的能力反差，现在转化为在影响政策方面的现实差别，原来赋予城市居民的特权和农民的弱势地位，由于路径依赖的作用，锁定了在国家资源分配方案和政策变化中城乡居民对政策安排的约束权数的悬殊差距，使农民作为弱势集团无法阻止那些不利于他们的政策出台，从而无法改变国民收入分配上的城市倾斜政策，使城乡失衡局面不但难以打破，而且有越来越不利于农民的趋势，从而使"三农"问题陷入困境。[6]换句话说，这种解释认为，城乡"二元结构"体制造成的政治不平等是"三农"问题形成的关键。

如果说前述第一种解释主要说明我国"三农"问题是怎样形成的，那么，第二种解释则侧重说明为什么"三农"问题在中国几十年的发展中得以延续。从国家经济社会发展的整体层面上看，以上解释有一定的说服力。必须承认的现实是，新中国成立以后长期实行的城乡"二元结构"制度安排至今尚未完全消除，仍在某种程度上阻碍着城乡劳动力的自由公平流动，农村劳动力流动还受到诸多不公平的待遇，影响了经济增长和城市化进程，也不利于社会公平的体现。但是，将今天"三农"问题困境的成因仅归结为"二元结构"制度安排是值得商榷的，因为有些问题得不到合乎逻辑的说明：第一，如果说"二元结构"体制造成的一系列阻碍劳动力流动的制度安排是"三农"问题困境形成的原因，那么，改革开放30多年来，我国党和政府一直致力于对形成"二元结构"的制度安排进行调整，时至今日，阻碍劳动力流动的制度安排在很大程度上已被打破，为什么"三农"问题不但没有缓解反而进一步加剧呢？第二，如果说"二元结构"体制造成的城乡居民政治不平等是"三农"问题形成的原因，那么，这种政治结构在全国是一致的，为什么"三农"问题的严重程度在我国的不同区域却有极大的差异呢？我们认为，对这些问题的回答有助于增强"三农"问题政策的有效性，从而缓解"三农"问题不断加剧的不利局面。

"二元结构"体制转型与变革趋向：城乡劳动力流动的视角

改革开放以前，城乡分隔的户籍制度和就业制度是"城乡二元结构"形成的制度基础，这种制度的实施一直延续到20世纪80年代初期，1981年中央在提出城市实行合同工、临时工、固定工相结合的多种就业形式时，仍然强化对农村劳动力流动的管理。例如，1981年12月国务院就发出了《关于严格控制农村劳动力就业务工和农业人口转为非农业人口的通知》，提出要严格控制从农村招工，清理企业使用的农村劳动力。但从1978年开始的农村改革，极大地调动了农民的积极性，农村生产力得到迅速提高，出现1981~1984年连续四年粮食增产，也使城乡收入差距得到较大幅度的缩小，1978年全国城乡居民收入比为2.57∶1，到1984年缩小为1.84∶1。但是，1984年全国农村普遍出现农民"卖粮难"问题，导致农民增产不增收，为了增加收入，农民开始调整增收策略，乡镇企业异军突起就是农民调整资源投入方向的一种结果，[7]而农民能够通过转移到乡镇企业就业来增加收入，与政府不断放松农村劳动力流动的政策是分不开的。

中央弱化对农村劳动力流动和就业的限制是从 1984 年开始的，也是从鼓励兴办乡镇企业开始的。这一年的中央"一号文件"和"四号文件"的实施，使农村企业发展局面有了新的变化，在"四号文件"中，将农民户办、联户办的企业与原有的社队集体企业统称为乡镇企业，明确提出鼓励户办、联户办企业与乡村所属集体企业共同发展并同等对待，一视同仁。[8]从这时起，大量农民开始离开土地到乡镇企业就业，这就是所谓的"离土不离乡"模式。到 20 世纪 80 年代后期，随着城市改革的深入和东部沿海经济的快速发展，劳动力需求不断增加，为了适应这种情况，国家适时调整限制政策，准许农民在不改变身份和城市供给制度的前提下进城务工，即所谓"离土又离乡"的模式。从 1984 年中央"一号文件"提出准许农民自筹资金、自理口粮，进入城镇务工经商开始，标志着实行了 30 多年的限制城乡人口流动的就业管理制度开始松动。在此之后，国家鼓励农村劳动力的区域流动和城乡流动的政策取向越来越明显，出台了一系列相关政策，从而保证了推动农村富余劳动力流动的制度供给，1984～1988 年，是我国政府对城乡劳动力流动从限制到允许转变的阶段（见表 2）。[9]

表 2   **1984～1988 年农村劳动力流动的政策要点**

阶段	时间	文件名称	政策要点
允许流动阶段（1984～1988 年）	1984.1	《关于 1984 年农村工作的通知》	允许务工、经商、办服务的农民自理口粮到集镇落户
	1984.10	《关于农民进入集镇落户问题的通知》	农民进入集镇务工经商对繁荣城乡经济有重要作用，对此应积极支持；到集镇务工经商的农民和家属，在集镇有固定住所和经营能力，应准予落常住户口，发给《自理口粮户口簿》；地方政府为他们提供建房、买房租房方便；到集镇落户的农民要办理承包土地的转让手续，不得撂荒，一旦因故返乡的应准予落户，不得拒绝
	1985.1	《关于进一步活跃农村经济的十项政策》	扩大城乡交往，允许农民进城开店和提供各种劳务，城市要提供用地和服务方面的便利
	1986.1	《中共中央国务院关于 1986 年农村工作的部署》	农业和农村工业必须协调发展，不发展农村工业，多余劳力无出路；乡镇企业为我国农村克服耕地有限、劳力过多、资金短缺的困难，为建立新的城乡关系，找到了一条有效的途径。中央各部门和各地方，都应当积极扶持，合理规划，正确引导，加强管理，使之保持健康发展
	1986.7	《关于国营企业招用工人的暂行规定》	企业招用工人，应当公布招工简章，符合报考条件的城镇行业人员和国家允许从农村招用的人员，均可报考
	1988.7	《关于加强贫困地区劳动力资源开发工作的通知》	将组织劳务输出作为贫困地区劳动力资源开发的重点，组织劳动力跨地区流动；沿海地区、大中城市要有计划从贫困地区吸收劳动力；通过多种形式开拓劳务市场

1988 年 9 月 26 日党的十三届三中全会上提出了治理经济环境、整顿经济秩序方针，采取一系列的措施，消除经济过热，遏制物价大幅度上涨的通货膨胀严重情况。这也使城市和乡镇企业新增就业机会减少，农村劳动力转移和就业的空间缩小。而且，改革初期农村劳动力流动基本是自发式的，具有相当的盲目性，因此，由于政策松动带来的农村劳动力涌向城市造成的诸如交通运输、社会治安、劳动力市场管理等方面不适应问题日益突出，1989 ~ 1991 年，国家对农村劳动力流动开始进行控制，这一时期的政策着力点是减少农村劳动力流动的盲目性（见表 3）。

表 3　　　　　　　　　　1989 ~ 1991 年农村劳动力流动的政策要点

阶段	时间	文件名称	政策要点
控制盲目流动阶段（1989 ~ 1991 年）	1989.3	《关于严格控制民工外出的紧急通知》	各地人民政府采取有效措施，严格控制当地民工外出
	1989.4	《关于进一步做好控制民工盲目外流的通知》	各地人民政府采取有效措施，严格控制当地民工盲目外流
	1990.4	《关于做好劳动就业工作的通知》	对农村富余劳动力，要引导他们"离土不离乡"，办好乡镇企业使农村富余劳动力就地转移和消化；对农村劳动力进城务工，实行有效控制严格管理；严格控制"农转非"过快增长
	1991.2	《关于劝阻民工盲目去广东的通知》	各级人民政府要从严或暂停办理民工外出务工手续；对回乡过节的民工，要劝阻他们不要再盲目进粤寻找工作；对已经南下的民工要采取措施就地进行劝阻
	1991.10	《关于进一步做好劝阻劝返外流灾民工作的通知》	灾民流出区和灾民流入区，要运用行政、经济、法律手段，做好防止灾民外流和劝阻劝返外流灾民工作；要把长期盲流同外流灾民区别开来，前者要坚决收容遣返，后者应讲究方式，避免矛盾激化

1992 年邓小平同志"南方讲话"发表和党的十四大召开，国民经济发展速度明显加快，也给农村劳动力外出就业提供了更多的机会，加速了农村劳动力的转移速度，从而形成了有规模的农村劳动力流动，并逐步成为我国一支新兴产业大军。我国政府的劳动力流动政策也逐步由控制盲目流动转向鼓励、引导和实行宏观调控下的有序流动，从而使我国农村劳动力流动进入规范发展阶段（见表 4）。在这一阶段对农村劳动力流动制度的改革开始触及城乡劳动力流动问题的内核，即户籍制度。1992 年以后开始实施以就业卡管理为中心的农村劳动力跨地区流动就业制度，开始对小城镇户籍改革提出具体设想和内容，这是对长期以来城乡二元结构体制的有力冲击。

表4   1992～2000 年农村劳动力流动的政策要点

阶段	时间	文件名称	政策要点
规范流动阶段（1992～2000 年）	1993.11	《关于建立社会主义市场经济体制若干问题的决定》	鼓励和引导农村剩余劳动力逐步向非农产业转移和地区间有序流动
	1993.12	《关于建立社会主义市场经济体制时期劳动体制改革总体设想》	打破统包统配的就业政策，破除妨碍劳动力在不同所有制之间流动的身份界限；劳动者自由择业，自主流动，双向选择；打破城乡之间、地区之间劳动力流动的界限；合理调节城乡劳动力流动，实现城乡劳动力流动的有序化
	1994.8	《关于促进劳动力市场发展，完善就业服务体系建设的实施计划》	建立完善的就业服务体系，使农村劳动力有组织输出和输入
	1994.11	《关于农村劳动力跨省流动就业的暂行规定》	规范流动就业证卡管理制度
	1995.9	《关于加强流动人口管理工作的意见》	促进农村剩余劳动力就地就近转移；提高劳动力流动的组织化、有序化程度；实行统一的流动人口就业证和暂住证制度；整顿劳动力市场
	1997.6	《关于小城镇户籍管理制度改革试点方案》	适时进行户籍制度改革，允许已经在小城镇就业、居住并符合一定条件的农村人口在小城镇办理常住户口，以促进农村剩余劳动力就近、有序向小城镇转移
	1997.11	《关于进一步做好组织民工有序流动工作的意见》	加快劳动力市场建设，建立健全劳动力市场规则；按照统一、开放、竞争、有序原则制定劳动力市场发展规划；打击市场欺诈、非法职业介绍、牟取暴利等违法行为，维护劳动力市场的正常秩序
	1998.10	《关于农业和农村工作若干重大问题的决定》	适应城镇和发达地区的客观需要，引导农村劳动力合理有序流动
	2000.1	《关于做好农村富余劳动力流动就业工作的意见》	建立流动就业信息预测预报制度；促进劳务输出产业化；发展和促进跨地区的劳务合作；开展流动就业专项监察，保障流动就业者的合法权益

在 1998 年党的十五届三中全会《关于农业和农村工作若干重大问题的决定》的指导下，全国的农业、农村经济和社会发生了很大的变化。2000 年是"九五"计划总结年，这年出台的两个文件《关于进一步开展农村劳动力开发就业试点工作的通知》《关于促进小城镇健康发展的若干意见》中提出"取消对农村劳动者流动就业的限制，制定建立统一劳动力市场总体规划"，对进城有稳定生活来源的农民"享受与城镇居民同等待遇，不得实行歧视性政策"。从此开始，国家关于农村劳动力流动就业的政策开始朝着营造公平合理的就业环境方面努力，政策着力点在于统筹城乡就业。在政策上取消对农民进城就业的各种不合理限制，实现城乡劳动力市场一体化，并着力推行与此相关的配套改

革（见表5）。

表5   **2000 年以后农村劳动力流动的政策要点**

阶段	时间	文件名称	政策要点
营造公平流动环境阶段（2000 年至今）	2000.7	《关于进一步开展农村劳动力开发就业试点工作的通知》	取消对农村劳动者流动就业的限制，制定建立统一劳动力市场总体规划，实行城乡统筹就业；开展农村富余劳动力向非农产业转移职业培训；以西部省份为依托，建立跨省区的劳务协作关系，加强西部地区农村劳动力开发就业工作
	2000.6	《关于促进小城镇健康发展的若干意见》	凡在小城镇有合法固定住所、稳定职业或生活来源的农民，均可根据本人意愿转为城镇户口，并在子女入学、参军、就业等方面享受与城镇居民同等待遇，不得实行歧视性政策；不得对在小城镇落户的农民收取城镇增容费或其他类似费用；对进镇落户的农民，可根据本人意愿，保留其承包土地的经营权，也允许依法有偿转让；小城镇户籍制度改革，要高度重视进镇人口的就业问题
	2001.3	《中华人民共和国国民经济和社会发展第十个五年计划纲要》	消除城镇化的体制和政策障碍打破城乡分割体制，逐步建立市场经济体制下的新型城乡关系；改革城镇户籍制度，形成城乡人口有序流动的机制；取消对农村劳动力进入城镇就业的不合理限制，引导农村富余劳动力在城乡、地区间的有序流动；在政府引导下主要通过发挥市场机制作用建设小城镇，鼓励企业和城乡居民投资
	2001.3	《关于推进小城镇户籍管理制度改革的意见》	有合法固定的住所、稳定的职业或生活来源的人员及与其共同居住生活的直系亲属，均可根据本人意愿办理城镇常住户口；对经批准在小城镇落户的人员，根据本人意愿，可保留其承包土地的经营权，也允许依法有偿转让；经批准在小城镇落户的人员，在入学、参军、就业等方面与当地原有城镇居民享有同等权利，履行同等义务，不得对其实行歧视性政策；各地区、各有关部门均不得借户籍管理制度改革之机收取城镇增容费或其他类似费用
	2002.1	《中共中央国务院关于做好 2002 年农业和农村工作的意见》	对农民进城务工要公平对待，合理引导，完善管理，搞好服务；各地区要认真清理对农民进城务工的不合理限制和乱收费，纠正简单粗暴清退农民工的做法；要积极发展各种劳务中介组织，逐步形成城乡统一的劳动力市场；健全进城务工农民的劳动合同管理，维护他们的合法权益

续表

阶段	时间	文件名称	政策要点
营造公平流动环境阶段（2000年至今）	2003.10	《中共中央关于完善社会主义市场经济体制若干问题的决定》	统筹城乡发展，统筹区域发展；改善农村富余劳动力转移就业的环境，发展县域经济，拓展农村就业空间，取消对农民进城就业的限制性规定；逐步统一城乡劳动力市场，形成城乡劳动者平等就业制度；深化户籍制度改革，引导农村富余劳动力平稳有序转移
	2004.1	《中共中央国务院关于促进农民增加收入若干政策的意见》	进城就业的农民工已经成为产业工人的重要组成部分，为城市创造了财富，提供了税收；保障进城就业农民的合法权益，进一步清理和取消针对农民进城就业的歧视性规定和不合理收费，简化农民跨地区就业和进城务工的各种手续，防止变换手法向进城就业农民及用工单位乱收费；推进大中城市户籍制度改革，放宽农民进城就业和定居的条件；加强对农村劳动力的职业技能培训
	2005.1	《中共中央国务院关于进一步加强农村工作提高农业综合生产能力若干政策的意见》	尊重和保障外出务工农民的土地承包权和经营自主权；进一步搞好农民转业转岗培训工作，扩大"农村劳动力转移培训阳光工程"实施规模，加快农村劳动力转移
	2005.4	《国务院关于2005年深化经济体制改革的意见》	加快建设城乡统一的劳动力市场，进一步改革劳动就业管理制度，清理对农民进城务工的不合理限制政策和乱收费，取消各种对农村劳动力就业的歧视性规定；进一步改革户籍管理制度，促进农村富余劳动力合理有序转移；选择部分具备条件的城市开展城乡一体化劳动力市场的试点工作
	2006.2	《中共中央国务院关于推进社会主义新农村建设的若干意见》	加快建立有利于逐步改变城乡二元结构的体制，实行城乡劳动者平等就业的制度；建立健全农村社会保障制度；充分发挥市场配置资源的基础性作用，推进征地、户籍等制度改革，逐步形成城乡统一的要素市场；加快转移农村劳动力，鼓励和支持符合产业政策的乡镇企业发展，发展壮大县域经济
	2007.1	《中共中央国务院关于积极发展现代农业扎实推进社会主义新农村建设的若干意见》	采取各类支持政策，鼓励外出务工农民带技术、带资金回乡创业；按照城乡统一、公平就业的要求，进一步完善农民外出就业的制度保障；做好农民工就业的公共服务工作，切实提高农民工的生活质量和社会地位

以上我们看到，改革开放以后，国家对农村劳动力流动的管理制度经历了禁止流动、控制流动、允许流动、控制盲目流动、规范流动和公平流动几个阶段，从而完成了制度供给上的由内到外，由紧到松、从无序到规范、由歧视到公平的转变过程。[10]在这个过程中，体现出政策变革的明显趋向：

（1）劳动就业选择的市场化趋向。1984年国家提出支持农民自带口粮进入集镇务工经商，迈开了城乡统一劳动力市场建设的第一步，在此后相继提出

"企业招工公开，农村城市人员均可报考""组织农村劳动力跨地区流动""打破统包统配就业政策，打破城乡之间、地区之间劳动力流动界线，自主就业，双向选择""遵循统一、开放、竞争、有序原则加快劳动力市场建设""实行城乡劳动者平等就业制度，发挥市场配置资源的基础性作用，形成城乡统一的要素市场"等政策，反映了我国城乡统一劳动力市场建设的渐进发展过程，在这个过程中，政府有步骤地减少对城乡劳动力流动的干预，使市场机制在劳动就业中的作用逐步增强，最终目标是消除城乡二元就业体制。

（2）劳动就业转移的工业化、城镇化趋势。在最初的政策安排中，政府对农村劳动力转移的主张是"兼业式"的转移，是临时的转移，所谓的"离土不离乡"其实就是在农忙时务农，在农闲时务工，这种兼业式的转移方式符合当时中国工业发展落后、城市化相对滞后的现实。但是，这种兼业式的转移难以满足农村大量富余劳动力从农业中释出的要求，因此政府开始关注区域间工业发展不平衡的现实，鼓励农村劳动力跨区域转移。这种跨区域转移一方面满足了发达地区对劳动力的巨大需求；另一方面也为欠发达地区储蓄了大量人力资本，为欠发达地区工业化准备条件。随着进城农民工人力资本的不断积累，政府开始鼓励有能力的农民工自己创业，并结合小城镇建设实现就近转移。2001年3月通过的"十五"计划纲要中，明确指出在政府引导下通过发挥市场机制作用建设小城镇，并鼓励城乡居民投资。2007年中央"一号文件"更是号召外出务工农民带技术、带资金回乡创业，从而把农村劳动力转移与区域工业化、城镇化结合起来。

（3）劳动就业管理的社会化趋势。改革开放初期，在政府的制度安排中，对进城务工的农村劳动力采取的是自行管理的政策，农民进城务工要自带口粮、自找住处，自找工作。尽管如此，由于经济快速发展引发的对劳动力的巨大需求，国家的政策松动，就像打开了一道"闸门"，大量农村富余劳动力开始涌进城市，1989年农村外出务工劳动力由改革初期的不足200万人迅速增加到3000万人，大量跨地区流动就业的农民工在每年的春运形成声势浩大的"民工潮"。[11] 1989年以后出现的经济过热形势，使这种自理方式的农村劳动力流动出现了诸多问题，政府意识到加强管理的重要性。在此后的政策安排中，加强对农村劳动力流动的管理成为政府的职责之一，由政府出面组织农村劳动力转移，并加强了政府规制，如实行"流动人口就业证和暂住证"制度、"规范流动就业证卡管理"制度等，使农村劳动力流动实现从盲目自发向政府主导的规范方向转变。但是，随着市场经济体制的建立和完善，城乡劳动力市场一体化基本形成，这就要求对农村流动劳动力和城市劳动力的管理逐步实现统一。在市场经济体制下，政府的主要职责就是维护市场秩序，保证市场竞争的公平。

因此，在 20 世纪 90 年代后期，政府开始着手对城乡流动劳动力实行社会化管理。这一时期出台的政策中，强调了建立健全农村流动劳动力社会化管理体系问题，例如，建立健全"劳务中介服务组织"、建立"劳动力市场信息网络"、"加强农民转移就业培训和权益保护""完善农民工就业的公共服务体系，解决农民工子女上学、医疗、养老保障等问题"等，从而实现对农村流动劳动力的社会化管理，真正形成城乡统一劳动力市场。

"二元结构"体制转型期"三农"问题区域差异的证据

中国是一个大国，不同区域间经济发展水平很不均衡，胡鞍钢曾将中国的区域差异形象地称为"一个中国，四个世界"，即北京、上海、天津为第一世界，广东、福建、浙江、江苏、山东等东部沿海发达地区为第二世界，广大中部省份为第三世界，西部经济欠发达省区则为第四世界。这与政府将中国划分为东、中、西部地区的通行口径基本一致。如果将东部地区有首都因素的北京市和有纯城市因素的天津市和上海市排除在外，东部发达地区则包括广东、福建、浙江、江苏、山东 5 省，西部经济欠发达地区就是广西、重庆、四川、贵州、云南、西藏、陕西、甘肃、青海、宁夏、新疆、内蒙古 12 个省区市。区域经济发展的不平衡同样体现在"三农"问题的严重程度上。从我国目前情况来看，农业问题主要是如何调整产业结构，实现农业产业化；农村问题主要是如何实现农村工业化与城镇化，缩小城乡差距；农民问题主要是如何保护农民利益，增加农民收入。因此归结起来，"三农"问题就是如何实现农村产业结构调整、农村工业化及农民收入增长的问题，其中，农民收入增长问题是"三农"问题的核心。下面我们从这三个方面来比较东西部地区"三农"问题的情况。

（一）东西部地区城乡居民收入比较

以 2005 年为例，比较东西部地区的城乡收入差距状况，我们发现两个显著特点，如图 2 所示。

一是东西部地区的城市居民收入差距小于农村居民收入差距。东部地区城市居民收入在 10000 ~ 16000 元，最高的浙江为 16294 元，最低的山东为 10754 元；西部地区城市居民收入在 8000 ~ 10000 元，最高的重庆为 10243 元，最低的新疆为 7990 元，东部最高的浙江与西部最低的新疆城市居民收入比为

2.03∶1。而农村居民人均纯收入东部地区在 4000 ~ 6700 元，最高的浙江为
6660 元，最低的山东为 3931 元；西部地区在 1800 ~ 2800 元，没有一个省区超
过 3000 元，最高的内蒙古为 2989 元，最低的贵州只有 1877 元。东部最高的浙
江与西部最高的内蒙古农民人均纯收入比为 2.21∶1，超过了城市居民收入的
东部地区最高和西部地区最低之比 2.03∶1 的幅度，而东部地区最高的浙江和
西部地区最低的贵州农民人均纯收入之比则达到 3.55∶1。可见，东西部地区
的城市居民收入差距要小于农村居民的收入差距。有研究指出，相比较而言，
我国东、中、西部地级以上城市经济并不存在有影响力的差距，区域差距主要
是农村经济发展的差距，[12]我们认为，这个研究结论有较强的可信度。

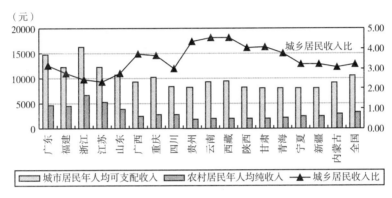

图 2　东西部各地区城乡收入及其差距比较（2005）

　　二是东部地区的城乡收入差距小于西部地区的城乡收入差距。东部地区城
乡收入比除广东以外，均在 3 以内，最高的广东是 3.15，仍低于全国平均的
3.22 水平，最低的江苏城乡收入比为 2.33。而西部地区除四川以外全部高于 3，
最高的云南和西藏达到 4.54，有 5 个省区超过 4。由此可以判断，西部农民收
入偏低是我国"三农"问题趋于严重的主要因素。如果说增加农民收入是解决
"三农"问题的关键，那么，提高西部地区农民收入就是关键中的关键。

（二）东西部地区农村经济结构比较

　　一般认为，收入增长与经济结构有着密切关系，因为生产要素从生产效率
低的部门向生产效率高的部门转移，能够加速经济增长。根据配第—克拉克定
理，劳动力在产业间的转移是由于在经济发展过程中各产业之间出现收入相对
差异造成的。西蒙·库兹涅茨的结论是，在现代经济发展中，经济结构变化的
趋势是农业比重降低而工业和服务业比重上升。因此，农民收入增长取决于由

经济结构决定的就业结构及由此决定的收入结构的变化。

从表6来看，东部地区农业无论是产值比重还是就业比重都比西部地区低，东部地区第一产业产值仅占10%左右的比重，而西部地区大多数省份接近或超过20%。在就业结构中，东部地区从事第一产业的从业人员比重大多不到40%，而西部地区大多数省份有50%的从业人员被锁定在第一产业。与此相对应，在农村居民收入构成中，东部地区农民家庭经营性收入比重大多低于50%，而西部地区则大多超过60%，最高的新疆甚至达到87.77%，而工资性收入比重东部地区就远高于西部地区，东部地区的江苏农村居民工资性收入比重达到51.4%，而西部的新疆却只有6.16%。

表6　　　　　　东西部地区农村经济结构比较（2004年）　　　　单位:%

项目 地区		第一产业增加值占地区生产总值比重	第一产业从业人员占社会从业人员比重	收入构成	
				工资性收入	家庭经营收入
东部地区	广东	7.9	35.3	49.78	41.36
	福建	13.2	39.8	36.40	53.97
	浙江	7.4	26.7	48.05	42.62
	江苏	9.0	30.5	51.40	42.46
	山东	11.7	44.1	33.60	61.23
西部地区	广西	24.6	57.2	37.20	59.22
	重庆	16.2	47.4	37.11	56.52
	四川	21.4	52.6	32.92	62.26
	贵州	21.4	59.4	29.35	64.82
	云南	20.6	70.5	17.48	74.38
	西藏	20.9	63.2	28.49	59.28
	陕西	13.4	50.8	36.99	55.09
	甘肃	18.3	57.7	28.48	66.35
	青海	13.0	50.1	23.54	68.12
	宁夏	14.6	48.3	26.65	64.92
	新疆	20.9	45.6	6.16	87.77
	内蒙古	19.2	51.4	15.15	78.18

资料来源：《中国农村统计年鉴（2005）》。

（三）东西部地区工业化、城市化水平比较

2006 年我国人均国民收入达到 1740 美元，根据钱纳里等人的工业化进程阶段划分标准，中国已经进入工业化中期阶段。但我国的工业化程度在不同区域有着极大的差距，东部地区的工业化水平（用工业产值在国民生产总值中的比重衡量）大多数已接近甚至超过 50%，而西部地区整体水平在 35% 左右。城市化水平的区域差异也很明显，根据 2000 年人口普查资料，中国城市化率为36.7%，但东部沿海地区在 40%～60%，西部地区一些省区在 30%～40%，大多数省区在 30% 以下，最低的西藏不到 20%（见表7）。

表7　　　　　　　　　　东西部地区工业化、城市化水平比较　　　　　　　单位:%

地区	项目	工业产值占地区生产总值比重（2005 年）	城市化率（2000 年）	农村非农劳动力比重（2004 年）
东部地区	广东	49.9	55.0	48.2
	福建	41.8	41.6	44.9
	浙江	47.9	48.7	63.3
	江苏	50.1	41.5	57.4
	山东	50.3	38.0	41.9
西部地区	广西	34.5	28.2	32.5
	重庆	34.8	33.1	41.2
	四川	33.0	28.4	37.3
	贵州	36.1	23.9	32.3
	云南	35.6	23.4	16.6
	西藏	7.3	18.9	19.4
	陕西	36.9	32.3	32.9
	甘肃	37.0	24.0	27.9
	青海	34.1	34.8	28.6
	宁夏	40.5	32.3	31.4
	新疆	33.9	33.8	14.1
	内蒙古	37.4	42.7	22.5

资料来源：城市化率数据来源于沙安文、沈春丽、邹恒甫主编：《中国地区差异的经济分析》，人民出版社 2006 年版，第 327 页，其他数据来源于《中国农村统计年鉴》《中国统计年鉴》。

综合以上分析，我们可以得出以下基本判断：

一是我国"三农"问题严重程度在东西部地区表现迥异。主要反映在东部地区的工业化水平（工业产值比重）、城市化率、农村城镇化率（农村非农劳动力比重）、农民人均收入均在较高水平，城乡差距相对较小；而西部地区的工业化水平、城市化率、农村城镇化率、农民人均收入均维持在较低水平，城乡收入差距大，城乡二元结构明显（见图3）。

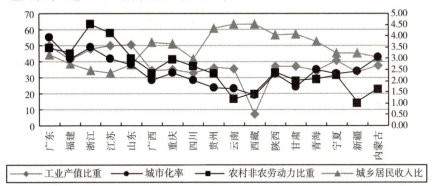

图3　东西部地区"三农"问题状况比较

注：工业产值比重是 2005 年数据，城市化率是 2000 年数据，农村非农劳动力比重是 2004 年数据，城乡居民收入比是 2005 年数据。

二是西部地区农村居民收入偏低是我国"三农"问题加剧的主要诱因。尽管西部地区区域内城乡差距不断扩大，但分析表明，东西部地区间农村居民收入差距大于东西部地区内部农村居民收入差距，[13]也就是说，我国农村地区收入差距主要表现为东西部地区间的差距。从 2004 年农村居民人均纯收入分组情况看，东部地区绝大多数在 4000 元以上的高收入组，而西部地区省区绝大多数在 3000 元以下收入组，2000 元以下的低收入组全部为西部省区（见表8）。2005 年东部地区农村居民人均收入最高的浙江与最低的山东收入比为 1.7∶1，但与西部最高的内蒙古收入比都达到 2.23∶1，与西部最低的贵州收入比达到 3.55∶1，西部地区最高的内蒙古与最低的贵州收入比为 1.59∶1。我国 20 世纪 90 年代以来出现的东中西部三大区域内部趋同，但三大区域之间趋异的格局，[14]没有取得实质性改变，而且在农村地区表现更加明显。

表8　　　　　　全国农民人均纯收入分组情况（2004 年）

4000 元以上地区	3000～4000 元地区	2000～3000 元地区	2000 元以下地区
上海、北京 浙江、天津 江苏、广东 福建	山东、辽宁 河北、黑龙江 吉林	湖北、湖南、海南、江西、内蒙古、山西、河南、四川、重庆、安徽、宁夏、广西、新疆	青海、陕西 云南、西藏 甘肃、贵州

资料来源：《中国农村统计年鉴（2005）》。

以上分析的逻辑结论是，改革开放以来，我国城乡二元结构体制变迁在不同区域有着不同的绩效。有研究指出，中国农村地区收入在地带间的不平等程度大于地带内不平等程度，并且这种趋势在进一步强化。在 20 世纪 80 年代，东中西地带间的不平等解释了总不平等的 50%，到 90 年代中期以后，这一贡献一直保持在 60% 左右。[15]那么，如何解释在"二元结构"体制转型背景下"三农"问题表现出显著的区域差异性特征呢？

体制转型期"三农"问题东西部差异的理论诠释

（一）"三农"问题的成因 I：农业产值份额与就业份额不匹配

我们知道，随着经济的发展，农业产值的份额将会出现下降趋势，这是经济发展的一般规律，在这一规律的作用下，要使农村经济继续繁荣，农民收入继续增长，就必须将由于农业产值下降而游离出来的大量农村富余劳动力转移出去，从而实现就业份额与产值份额相匹配。如果在农业产值下降的情况下，农业就业份额却不下降，就会出现农民收入增长的障碍，产生"三农"问题。正是基于此，主流观点把城乡"二元结构"制度安排看作是"三农"问题的主要原因，尤其认为这一制度安排造成的城乡劳动力流动障碍是问题的关键。因此主张通过改革户籍制度等方式的制度供给，来消弭城乡收入差距，认为"随着城乡收入差距扩大到一定程度，寻求改革以户籍制度为核心的一系列维系传统城乡关系的制度安排的激励越来越大"，这种改革"将顺应农民大规模转移的要求，既是彻底解决'三农'问题的嚆矢，也是保持中国经济持续增长源泉的关键，并且将为中国的长期政治稳定提供新支点"。[16]

表 9 反映了东西部地区经济结构状况，从产值结构来看，东部地区第一产业大多在 10% 以下，第二产业在 50% 以上，西部地区第一产业在 20% 左右，第二产业在 40% ~ 50%，尽管东西部地区还存在差异，但都呈现出"二、三、一"的态势，符合工业化时期的产业结构演化规律。但是，从就业结构来看，东部地区第一产业就业比重均在 40% 以下，最低的浙江不到 25%，而西部地区第一产业就业比重几乎在 50% 以上，最高的云南接近 70%。而第二产业就业比重东部地区在 30% 以上，西部地区则在 20% 以下，不足 15% 的省份有 6 个，最低的云南、贵州、西藏仅在 10% 左右。

表9		东西部地区经济结构情况比较（2005）	
地区		三次产业产值结构	三次产业就业结构
东部地区	江苏	8.0：56.6：35.4	27.8：38.5：33.7
	浙江	6.6：53.4：40.0	24.7：41.8：33.5
	福建	12.8：48.7：38.5	37.6：31.2：31.2
	山东	10.6：57.4：32.0	40.2：30.5：29.3
	广东	6.4：50.7：42.9	32.9：30.7：36.4
西部地区	内蒙古	15.1：45.5：39.4	53.8：15.6：30.5
	广西	22.4：37.1：40.5	56.2：11.2：32.6
	重庆	15.1：41.0：43.9	45.3：21.5：33.2
	四川	20.1：41.5：38.4	50.6：18.4：31.0
	贵州	18.6：41.8：39.6	57.4：10.3：32.3
	云南	19.3：41.2：39.5	69.4：10.0：20.6
	西藏	19.1：25.3：55.6	61.4：9.2：29.3
	陕西	11.9：50.3：37.8	50.8：18.5：30.7
	甘肃	15.1：43.4：40.0	57.2：13.7：29.1
	青海	12.0：48.7：39.3	49.2：17.4：33.5
	宁夏	11.9：46.4：41.7	48.4：22.3：29.3
	新疆	19.6：44.7：35.7	53.3：13.3：33.4
全国		12.6：47.5：39.9	44.8：23.8：31.4

资料来源：《中国统计年鉴（2006）》。

　　由于西部地区农业产值比重下降的同时，就业比重居高不下，导致大量农村富余劳动力沉淀，并有不断增长的趋势。经济理论界对农村富余劳动力的概念尚无准确的界定，存在着不同的看法。一种观点认为，农村富余劳动力与农业富余劳动力是两个不同的概念，农村富余劳动力是指离开农村或必将离开农村的劳动力，因此不包括农村的非农部门劳动力，其数量上表现为农村劳动力数量与农村实际就业量（等于农村农业实际就业量加上农村非农业实际就业量）之差。[17]另一种观点则认为，农村富余劳动力是指那些就业也不会使农业总产出上升的劳动力，从数量上看，农村富余劳动力等于农村中劳动力总量与农业部门必需的劳动量之差。[18]显然，在这里，农村富余劳动力与农业富余劳动力是等同的概念。由于概念上的不统一，加上统计方法的差异，导致不同学者对我国农村富余劳动力的估算结果出入很大。

　　为了避免概念差异而导致统计上的不一致，我们试图换一种思路来对农村富余劳动力进行估算。所谓农村富余劳动力，其实就是农村失业者，他们与城市失业者的区别，在于其失业的隐性化。由于土地在农村社区内按照集体人口进行分配，使具有农业户口的农村劳动者（即农民）除非自愿不会真正失业，大多数农民处于非自愿的隐蔽失业状态，原因在于我国人多地少的根本现实，制度根源却是新中国成立初期为推动重工业优先发展战略而实施的城乡隔离政策。因为在我国，由于城乡户籍的划分，一个人即使住在农村，但没有农业户口也不能分得土地。相反，如果一个具有农业户口的劳动力，就是长期住在城市也会在农村得到土地使用权。户籍制度将许多农民束缚在农村狭小的土地上，不能获取与城镇居民同等的收入报酬，或者说，如果农民要获得与城镇居民相同的收入，就必须在数量上大大减少。改革开放以后，这种阻碍城乡劳动力流动的制度安排在很大程度上得到改善，但由于区域农村工业发展的不平衡，城市又无法承载大量就业需求，从而造成经济落后的区域农村富余劳动力转移困难，不得不大量沉淀在农村。根据经济学原理，如果将阻碍劳动力流动的各种因素加以抽象，且不考虑人力资本的差异，那么，同一市场中劳动力工资应该相同。这样，我们以全国劳动力平均收入水平为基准，把农村劳动者在农村现有资源和技术条件下能获得的收益达到全国劳动力平均水平的劳动力数量称为农村必需劳动力，那么，为使农村劳动者能获得全国劳动力平均收入而需要减少的农村劳动力就可以称为农村富余劳动力。

根据这一思路，我们假设，全国劳动力市场是统一的，劳动力在区域间可以自由流动，劳动力流动的动因在于工资报酬差异，那么，我们可以根据以下步骤来估算西部地区的农村富余劳动力数量：[19]

首先，计算全国居民总收入水平。全国居民总收入 G 等于农民总收入 C 与城镇居民总收入 F 之和，即 G＝C＋F。农民总收入 C 等于农民家庭人均纯收入 A 与农村总人口 B 的乘积，即 C＝A×B；城镇居民总收入 F 等于城镇总人口 D 与城镇居民家庭人均可支配收入 E 的乘积，即 F＝D×E。

其次，计算全国劳动力平均收入水平。用全国居民总收入 G 除以全国劳动力总量 H，就可以得到全国每个劳动力每年的平均收入水平 I，即 I＝G/H。

再其次，计算西部地区农村必需劳动力数量。西部农民总纯收入 Cw（乡村人口数与农民家庭人均纯收入之积）除以全国劳动力平均收入水平 I，就会得到在理想状态下西部地区真正需要的农村劳动力数量 K，即 K＝Cw/I。

最后，计算西部地区农村富余劳动力。西部地区农村劳动力总量 L 与农村必需劳动力数量 K 之间的差额，就是西部农村富余劳动力 LS，即西部农村富余劳动力数量 LS＝L－K。

根据这一估算方法，我们测算了西部 12 省区 1998～2005 年农村富余劳动力的数量（见表 10）。2000 年西部农村富余劳动力人数占西部乡村从业人员总数的比重为53.6%，到2005年增加到58.8%。

表10 西部地区农村富余劳动力数量变化（1998～2005年）

年份＼地区	广西	云南	贵州	四川	重庆	陕西	甘肃	青海	新疆	宁夏	内蒙古	西藏	合计
1998	654	1056	950	1576	554	653	399	76	82	63	102	50	6217
1999	682	1071	1013	1605	616	638	449	89	114	77	148	53	6555
2000	1058	1211	1181	1876	690	764	515	99	140	101	226	59	7920
2001	1033	1207	1181	1801	654	739	500	98	136	96	244	57	7746
2002	1127	1261	1224	1872	677	788	585	103	144	103	280	62	8227
2003	1207	1300	1284	1952	704	850	645	107	145	110	289	60	8653
2004	1250	1340	1316	1958	725	880	658	112	166	110	307	62	8884
2005	1307	1369	1359	1991	728	901	700	114	174	115	315	65	9138

资料来源：根据《中国统计年鉴（1999～2006）》数据计算整理得到，其中的乡村人口数采用户口在乡村的常住人口数，全国劳动力总量则用经济活动人口数量替代。根据统计年鉴的解释，经济活动人口是指在16岁以上，有劳动能力，参加或要求参加社会经济活动的人口，包括从业人员和失业人员。

的确，改革城乡二元结构体制，消除城乡劳动力流动障碍，形成持续统一的劳动力市场是"三农"问题缓解的必要前提。如前所述，我国自20世纪80年代以来就在全国范围内推进"二元结构"制度调整，这种制度变迁导致的大规模流动人口显然增加了农民平均收入，在阻止城乡收入差距继续扩大方面起着积极的作用。[20]但是，"三农"问题的缓解程度在东西部地区表现出巨大的差异性说明，尽管历史形成的"二元结构"体制对"三农"问题的产生和发展有一定的影响，但远非决定性因素。改革开放以来，我国放松了对劳动力流动的限制，大量劳动力在城乡之间、区域之间流动，农村劳动力主要流向是由中西部地区流向东部地区，这基本反映了区域农村工业化水平的差异（见图4）。

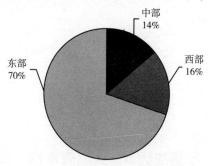

图4 农民工流动就业的输入地分布（2004年）

资料来源：《当前农民工流动就业数量、结构与特点》，载《中国农民工调研报告》，中国言实出版社2006年版，第74页。

但是，农村劳动力跨区域流动不足以让西部农村居民摆脱低收入水平陷阱。一般来说，农村富余劳动力转移面临三种选择：一是在家务农（即不转移）；二是就地转移；三是跨区域转移。按照"理性人"假设，农村劳动力将选择其中效用最大的方案。[21]表11反映了我国农村流动劳动力在区域间的就业分布状况，尽管西部农村富余劳动力大量转移到东部地区就业，但这个量的大小受到东部自身农村富余劳动力数量的影响，对东部地区农村劳动力来说，由于本地工业发展状况较好，选择就地就业显然具有成本优势：在职业转换的同时，可以给予家庭更多的关照，减少机会成本；由于社会网络关系的便利性，可以减少工作的搜寻成本；由于空间距离较短可以减少交通成本等，因此，他们中的大多数人会选择在本区域内就业，这一比重达到96%。只是在东部农村富余劳动力转移仍留有需求缺口的情况下，才由中西部地区的跨省流动的农村劳动力来弥补，也就是说，东部地区工业化发展所需要的劳动力首先来源于东部地区自身的农村劳动力转移，来自中西部地区的农村劳动力只是一种补充。[22]因此，在西部地区本身不能承接大量农村富余劳动力转移的情况下，农民收入增长受阻就是一种必然。由此，我们得到：

解释1：西部地区"三农"问题严重性来源于农业产值份额下降的同时就业份额却居高不下，在西部地区本身不能承接大量农村富余劳动力转移的情况下，导致大量农村富余劳动力沉淀，农民收入增长困难。

表11　　　　　　　　　　　农民工就业的地区分布　　　　　　　　　　单位:%

输出地	输入地					
	2004			2003		
	东部	中部	西部	东部	中部	西部
全国	70.0	14.2	15.6	68.0	14.7	17.1
东部	96.6	2.1	0.8	96.3	2.4	0.9
中部	65.2	32.8	1.8	64.0	33.9	1.8
西部	41.0	2.9	55.8	37.0	2.9	60.0

资料来源：《当前农民工流动就业数量、结构与特点》，载《中国农民工调研报告》，中国言实出版社2006年版，第101页。

（二）"三农"问题成因 II：交易效率低、分工演进缓慢，导致工业化进程受阻

李斯特指出："在国家生产力正常发展的情况下，作为一个农业国，当它已

经达到一定程度的文化发展阶段时，它所增加的人口，大部分就应当转移到工业，农产品的剩余额，一部分就应当用来供应工业人口在食物和原料方面的需要，一部分应当用来交换工业品、机器和工具，以适应农民在消费方面、在提高他们自己生产方面的需要。""如果这样的演变能及时实现，农业和工业的生产力就能相互增长，这种增长实际上是无止境的。"① 按照这一观点，二元经济结构转化就意味着农业比重的降低和工业比重的增加，即工业化的实现。然而，以价格制度如何优化资源配置为研究核心的新古典经济学，由于暗含着经济结构反差是外生给定的假设，从而无法说明经济结构转变的本质，也无法解释二元经济结构问题形成原因，这正是刘—费—拉模型等现有二元经济结构理论的根本缺陷。

新兴古典经济学秉承了亚当·斯密关于"劳动力分工是经济增长的主要源泉"的思想，认为分工水平的不断演进是经济长期增长的微观基础，因此，分工演进比资源配置更能揭示经济结构转化的本质。[23]新兴古典经济学认为，分工水平取决于交易效率的高低，交易效率越高，分工水平也就越高，随着分工的演进，社会的市场化程度也会发生演进，[24]当交易效率足够低时，自给自足是全部均衡，当交易效率足够高时，分工是全部均衡。

由于新兴古典经济学认为分工水平由每个人的专业化水平、生产迂回程度和生产的链条上每个环节的产品种类数三个变量来衡量，因此，如果我们把城乡二元经济结构定义为"以传统农业为代表的农村和与现代工业为代表的城市，在劳动生产率方面存在进而导致收入水平的显著差异"的话，那么，这种差异的形成可以从以下三方面得到解释：

第一，由于农村居民从事的农业活动个人专业化水平较低，而城市居民从事的现代工业个人专业化水平较高，导致农村居民和城市居民具有不同的劳动生产率，从而形成城乡收入差距。个人专业化水平之所以会影响到居民的收入水平，是因为专业化水平高的部门由于分工程度高可以通过集中交易节省交易费用、提高交易效率、扩大市场规模，从而更多地获得来自市场交易的收入。相反，个人专业化程度低的部门，只能选择自给自足方式，不能得到来自市场交易的收入。

第二，由于农村居民从事的农业生产迂回生产链条较短，而城市居民从事的工业生产迂回生产链条较长，从而导致城乡生产率差异和收入差异。迂回生产是指不直接生产消费品，而是首先生产生产资料，然后用生产资料生产消费品的生产方式。迂回生产程度是指为了生产最终产品而使用的中间品上下游之

---

① 弗里德里希·李斯特. 政治经济学的国民体系. 商务印书馆，1961：137.

间的链条长度，这种纵向链条越长，表明迂回生产程度越高，显然，迂回生产方式反映了分工演进和深化。杨格（Young）根据亚当·斯密的分工思想，进一步提出分工深化存在自我强化机制，在规模报酬递增的条件下，分工深化和生产迂回程度提高，会带来成本节约和技术进步。因此，不同部门迂回产生程度的差异与人均真实收入差异是正相关的。杨小凯的研究指出，由于工业产品交易效率高，而农产品交易效率低，尤其因为农产品的季节性特征，使分工的协调费用很高，所以分工深化在工业部门比在农业部门容易，工业生产迂回程度也就较农业容易提高，由此形成城乡生产率和收入差异。[25]

第三，由于农村居民从事的农业生产部门中间产品种类数量少，而城市居民从事的工业生产部门中间产品种类数量较多，导致两部门生产率差异，从而形成城乡收入差异。杨小凯将与生产链条加长有关的新产品的出现称为新产业的出现，而将与生产链条加长无关的新产品的出现称为新专业部门的出现。这里所说的中间产品种类就是指与生产链条无关的新产品数量。例如，拖拉机是粮食生产的投入，机床是生产拖拉机的投入，所以从机床到拖拉机再到粮食生产，就有三个环节，这就是迂回生产链条；而拖拉机是生产粮食的投入，锄头也是生产粮食的投入，但锄头与拖拉机没有投入产出关系，锄头和拖拉机都可以看作是粮食生产的中间产品。中间产品种类的多少，影响到生产效率的高低，杨小凯把这种因工具种类增加而引起劳动生产率提高的现象称为生产工具多样化的经济效果。[26]一般来说，生产的技术要求越高，社会生产的迂回程度越高，这种中间产品的种类和数量就越多。因此，与农业生产相比，工业生产迂回链条上的产品种类较多，而产品种类数越多，分工也越深化，专业化程度也越高，因此获得的人均收入也越高。

遵循新兴古典经济学的思路，区域经济结构转化与交易效率、分工演进程度密切相关。或者说，二元经济结构转化是一个分工水平和交易效率提高的过程。尽管城乡劳动力流动为二元结构转化提供了条件，但是区域经济发展受到分工水平和交易效率的限制，不同区域的分工水平和交易效率的差异，导致经济发展的差异。交易效率高，分工演进快的区域，二元经济结构转化也较快，尽管由于初始阶段城市工业品生产者的专业化水平、生产率以及来自市场交易的收入会高于农村居民，但只要有城乡迁居自由、人民择业自由、市场价格自由，城乡之间的真实收入就会出现均等化，二元经济结就会趋于消失。而对于交易效率低、分工演进慢的区域来说，二元结构转化迟缓，则会导致要素不断流出，形成一个分工较低、结构对立、经济滞后的恶性累积因果关系。[27]

交易效率的高低，可以用分工收益和交易费用之间的比较关系来衡量。一般来说，分工收益越高，交易费用越低，就意味着交易效率越高。交易费用受到两方面因素的影响：一是交易制度，二是交易技术。交易制度是指与交易行为集有关的规范体系，具体包括产权制度、价格制度、市场制度、信用制度、货币制度等。樊纲、王小鲁（2004）曾建立一个测度体系，用政府—市场关系、非国有经济的发展、产品市场的发育程度、要素市场的发育程度、市场中介组织和法律制度环境五项指标的加权平均值来说明区域市场化的水平差异，这五项指标基本能够从交易制度角度展示不同区域的交易效率状况（高帆，2007）。从图5看到，东西部地区的市场化程度有着很大的差距，从而也反映了东西部地区间的市场交易效率存在很大的差距。

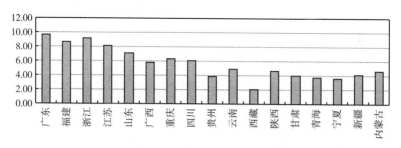

图5　2002年东西部地区市场化指数情况

资料来源：樊纲、王小鲁：《中国市场化指数（2003年报告）》，经济科学出版社2004年版。

交易技术是指与交易活动直接相关的各种物质性基础设施。表12从交通工具、通信工具、电视机、农村居民劳动力文化程度等指标，反映东西部地区交易技术的差异，从侧面说明东部具有相对于西部的交易效率优势。

表12　　　　　东西部农村地区几个交易效率指标比较（2004年）

项　目		西部	东部	全国
每百户居民拥有的交通工具数量（辆）	自行车	74.8	149.89	118.15
	摩托车	24.07	60.45	36.15
	家用汽车	0.47	—	0.64
每百户居民拥有通信工具数量（部）	电话机	33.71	71.17	54.54
	移动电话	21.16	—	34.72
	寻呼机	1.7	—	1.92
每百户居民拥有电视机数量（台）	黑白电视	37.15	31.32	37.92
	彩色电视	62.57	95.53	75.09
每百名劳动力中相应教育程度人数（人）	文盲半文盲	12.19	6.05	7.46
	小学程度	35.10	27.55	29.20
	初中程度	43.04	50.74	50.38
	高中程度	7.72	11.63	10.05
	中专程度	1.47	2.95	2.13
	大专及以上	0.48	1.08	0.77

资料来源：根据《中国农村统计年鉴（2005）》、《中国西部农村统计资料（2005）》数据整理。

西部地区受交易效率低下的影响，分工演进相对迟缓。从分工演进的角度讲，农村工业兴起正是农业内部分工演化的产物，同时也是农业持续提高分工水平的必要环节。[28]我们利用相关研究成果提供的农村工业（在目前中国统计资料中称为乡镇企业）发展指标体系与方法，① 以及《中国乡镇企业年鉴（2005）》《中国统计年鉴（2005）》提供的数据，使用 DPS（v8.01）软件，对东西部地区的乡镇企业发展进行灰色评估，在评估过程中依据四个准则并设置相应指标：一是乡镇企业在农村的战略地位准则。这一准则用三个评价指标来反映，分别是：人均乡镇企业产值、乡镇企业劳动力占农村总劳动力比重、乡镇企业产值占农村总产值比重，三者的权重分别确定为 0.15、0.1 和 0.15。二是乡镇企业效益最佳准则，这一准则用三个指标来反映，即资金利税率、资金产值率和劳动生产率，其权重分别为 0.15、0.1 和 0.1。三是乡镇企业人力资本准则，用乡镇企业中级以上职工人数占企业劳动力比重这一指标来反映，权重为 0.15。四是其他准则，用乡镇企业出口产值占企业总产值比重来反映，其权重为 0.1。评估结果如表 13 所示。②

表 13   东西部乡镇企业发展灰色聚类评估结果

类型	省份	总排序	综合评分	灰色聚类系数			
				高	中	低	MAX
高类型区	山东	1	67.3	0.76	0.24	0.00	MAX = 0.76
	江苏	2	58.6	0.59	0.16	0.25	MAX = 0.59
	福建	3	56.7	0.56	0.14	0.30	MAX = 0.56
	浙江	4	56.4	0.60	0.00	0.40	MAX = 0.60
	广东	5	54.7	0.47	0.28	0.25	MAX = 0.47
中类型区	内蒙古	6	47.9	0.29	0.36	0.35	MAX = 0.36

---

① 具体方法参见穆月英，朱志宏. 我国乡镇企业发展的地区比较研究. 农业技术经济. 1994（3）.

② 聚类结果说明：每一个省（区）属于哪一类是根据聚类系数来判断的，在高类系数、中类系数和低类系数中，最大的系数所属的类型即此省（区）所属的类型。因此，根据聚类系数判断，东部五省的高类系数都是最大的，因此东部五省都属于高类型区。西部除内蒙古外，其余11省（区）的低类系数是最大的，因此这11省（区）属于低类型区。内蒙古的中类系数为 0.3625，低类系数为 0.35，高类系数仅为 0.2875，中类系数大于低类系数和高类系数，所以将内蒙古归入中类。但由于其中类系数和低类系数非常接近，说明内蒙古基本上处于中类偏下的位置，其综合评分与低类型区最高的甘肃相同，都为47.9 分。因此，虽然从聚类系数上判断，内蒙古属于中类型区，但从其发展水平上看，内蒙古乡镇企业的发展水平与低类型地区的发展水平较高的省份区别不大，属于刚从低类型区进入中类型区的发展阶段。

续表

类型	省份	总排序	综合评分	灰色聚类系数			
				高	中	低	MAX
低类型区	甘肃	7	47.9	0.34	0.21	0.45	MAX = 0.45
	陕西	8	44.0	0.23	0.27	0.50	MAX = 0.50
	重庆	9	40.6	0.17	0.23	0.60	MAX = 0.60
	广西	10	40.5	0.24	0.01	0.75	MAX = 0.75
	贵州	11	39.2	0.17	0.13	0.70	MAX = 0.70
	四川	12	35.8	0.08	0.17	0.75	MAX = 0.75
	西藏	13	34.3	0.08	0.07	0.85	MAX = 0.85
	云南	14	33.6	0.06	0.09	0.85	MAX = 0.85
	青海	15	31.5	0.00	0.00	1.00	MAX = 1.00
	新疆	16	29.7	0.00	0.00	1.00	MAX = 1.00
	宁夏	17	29.7	0.01	0.09	0.90	MAX = 0.90

从评估结果可以看出,东西部地区乡镇企业发展很不平衡,乡镇企业发展水平属于高类型的省区均处于东部经济发达地区,而西部省区乡镇企业发展水平基本属于低类型区。这一结果从侧面说明东部地区的分工演进水平高于西部地区,因此也造成东部地区工业化水平远高于西部地区,2005 年,东部地区大多数省份工业化水平(用工业产值占地区生产总值比重衡量)达到 50% 的水平,而西部地区大多数省份却只有 35% 左右。由于西部地区工业化进程缓慢,导致绝大多数劳动力滞留在农村从事农业活动,受限于农业产品交易效率低、分工深化相对困难、生产迂回程度不容易提高等原因,自给自足就成为西部农村的典型生产形态,二元经济结构转化就显得迟缓。由此我们得到:

解释 2:在西部地区市场交易效率低,分工演进慢,工业化进程迟缓共同作用下,二元经济结构转化难以实现,农村经济发展受阻,农民增收困难。

(三)"三农"问题成因 III:区域本地农村工业发展滞后

李斯特指出,"要制止国家农业力量继续下降,……最好的办法就是建立国内工业,这样就可以把人口的增加部分逐渐吸引到工业,使对农产品的需求增加,结果使较大范围的农业经营可以居于更有利的地位。""发展自己的工业对农业的利益，较之即使有最发达的国外贸易而没有工业，也不知要大多少倍"。① 尽管一国之内的区域间的关系，很大程度上不同于国际间国家与国家的关系。但是，从区域经济发展的角度来看，即便要素在区域间的流动变得自由，一国之内不同区域的工业化水平差异对农村经济发展的影响仍然是显而易见的。因为"工业与农业彼此靠得越近，则工农业之间交流的量越大，在各种产品交流过程中受到种种事故的阻碍也越少"。② 一个区域工业发展如果滞后，就会陷入李斯特所说的农业生产力的"残缺状态"，即"由于缺乏强有力的、在稳步发展中的工业，以致人口的增加部分，为了求工作不得不全部投入农业生产，……将土地零星分割，到每一个家庭所有的土地越来越少，以致所产出的只能勉强供应农民家庭在食物和原料方面最基本的、必不可少的那部分需要，再没有余额可以用来向工商业者交换它所需要的工业品"。③

前面我们分析了在西部地区有大量农村劳动力沉淀，就与西部地区农村工业发展严重滞后有着密切的关系。西部地区农村工业发展的滞后，不仅延缓了西部农村工业化进程和二元经济结构转化，还直接影响到东西部农村居民收入水平的差距。20 世纪的 80 年代，是我国乡镇企业突飞猛进的发展时期，乡镇企业发展对我国农村居民收入差距形成的影响引起了理论界广泛的关注。张平的研究认为，从乡镇企业中得到的工资性收入是农村地区居民收入差距拉开的根本性因素，[29] 罗斯高（Scott Rozelle）通过对我国乡村工业化和农村地区差异之间的研究，认为我国农村地区的差异主要表现为地区之间的差异，如县、乡、镇之间的差异，而且，这种差异几乎都是由于农村工业发展的差异引起的。[30] 魏后凯通过对我国各省区改革开放以后至 1995 年乡镇企业发展情况的分析，得出了各地区乡镇企业发展的不平衡是导致农村地区收入差异扩大的最重要原因。[31]

那么，目前乡镇企业发展的地区差异对农村居民收入水平的影响作用是否有所改变呢？我们沿用魏后凯提供的方法，[32] 利用《中国统计年鉴》和《中国乡镇企业年鉴》提供的数据，计算了 1996～2004 年东部 5 省和西部 12 省区之间乡镇企业发展差异对农村居民收入差距形成的影响，结果表明（见表 14），乡镇企业发展的区域不平衡，仍然是东西部地区农村居民收入差距的主要原因，目前不同地区乡镇企业工资性收入差距对农村居民人均收入差距的贡献率在 60% 以上，并呈上升趋势。

---

①② 弗里德里希·李斯特. 政治经济学的国民体系. 商务印书馆，1961：138.
③ 弗里德里希·李斯特. 政治经济学的国民体系. 商务印书馆，1961：136－137.

表14 东西部地区乡镇企业发展与农民收入差距（1996～2004年）

年份	东西部农民人均 纯收入绝对差距	东西部农民人均 工资收入绝对差距	工资性收入差距对农民 人均纯收入差距的贡献率（%）
1996	1510.4	727.2	48.1
1997	1629.6	806.9	49.5
1998	1643.5	867.5	52.8
1999	1738.6	932.3	53.6
2000	1846.3	1016.6	55.1
2001	1741.6	1136.9	65.3
2002	2071.6	1235.6	59.6
2003	2171.6	1306.5	60.2
2004	2396.3	1460.3	60.9

注：东西部农民人均纯收入的绝对差距（VN）＝东部农民人均纯收入－西部农民人均纯收入；东西部农民人均工资收入绝对差距（VW）＝东部农民乡镇企业工资性收入－西部农民乡镇企业工资性收入；乡镇企业工资性收入差距对农民家庭人均纯收入的贡献率（DON）＝VN/VW×100%。

由此我们得到：

解释3：西部地区农村工业发展落后，工资性收入水平低，导致其农民增收困难、城乡差距拉大。

综合地说，东部地区交易效率高、分工演进快，使工资水平和利润份额较高，从而诱使各种生产要素聚集，从而形成分工演进—结构转化—经济发展的良性累积因果循环；而西部地区由于交易效率低，分工演进迟缓，使我国西部地区在"二元结构"体制转型过程中，没有出现城乡"二元经济结构"的同步转化，从而导致"三农"问题东西部地区差异。我国东西部地区在改革之初的经济差距并不大，但在我国市场取向的改革进程中，这种差距却在不断拉大。例如，广东、山西和宁夏在1978年基本上处于同一水平，但到2003年，广东人均国内生产总值已达到山西和宁夏这两个内陆省份的12倍，[33]在这个差距的形成过程中，农村工业的区域不平衡发展起到了至关重要的作用。

基 本 结 论 与 政 策 建 议

通过以上分析我们得出如下基本结论：改革开放政策实施以来，我国城乡"二元结构"体制转型为城乡劳动力流动提供了制度保障，在很大程度上降低了因劳动力流动限制和户籍制度等"二元结构"体制因素造成的城乡差距扩大的影响。大规模的流动人口增加了农村平均收入，阻止了城乡收入的进一步扩大。在这一背景下出现的"三农"问题加剧的现象，主要是源于区域之间农村经济发展不平衡所致，西部地区农村经济发展滞后，是我国"三农"问题日趋严重的主要诱因。而西部地区农村经济发展滞后，关键原因在于因交易效率低、分工演进慢、农村工业化进程受阻，导致大量农村富余劳动力沉淀在农村，农民收入增长困难。而且，西部地区大量的农村富余劳动力难以通过区域间劳动力流动被完全吸纳，从而必须依赖区域本地农村工业化的实现。因此，发展西部农村工业（如乡镇企业）对西部农村经济发展、农民收入增长乃至我国"三农"问题的最后解决有着极其重要的意义。有鉴于此，我们提出如下政策建议：

（1）继续推动"二元结构"体制转型，构建基于"城乡一体化"的劳动力流动体制，完善劳动力市场，消除城乡之间、区域之间劳动力流动的制度障碍。

（2）在鼓励东西部地区农村劳动力跨区域转移的同时，继续改善西部地区城乡交通、通信、邮电等基础设施，提高城乡居民参与交易活动的效率，促进西部农村分工水平的提高。

（3）以推动西部农村工业发展为目的，鼓励外出农民工带技术、带资金回家创业，鼓励发达地区适合西部农村的劳动力密集型、资源加工型、就业型的产业向西部农村地区转移，实现西部农村经济结构转型和优化。

（4）西部地区地方政府的扶持政策实现"资金导向型"向"产业导向型"转变，鼓励本地企业家创业，推动西部农村中小企业发展，实现农村工业化。

参 考 文 献

［1］中共中央国务院关于积极发展现代农业扎实推进社会主义新农村建设的若干建议［N］. 人民日报，2007－1－30，第2版。

［2］曹锦清. 中国农村转型：转向何方. "三农"中国［M］. 湖北人民出版社2004：1.

［3］［6］李成贵，赵宪军. "三农"困境的主要原因在于二元结构［J］. 国际经济评论2003（4）.

［4］褚志远. 新型工业化、统筹城乡工业化与农村剩余劳动力转移、在政治经济学研究报告（7）. 中国农业、农村与农民［M］. 社会科学文献出版社，2006：149.

［5］［16］蔡昉，王德文，都阳，张车伟，王美艳. 农村发展与增加农民收入［M］. 中国劳动社会保障出版社，2006：91，98.

［7］庄晋财. 论粮食生产产量目标与收入目标的矛盾及对策［J］. 广西大学学报，

1996（5）.

［8］刘小玄. 中国企业发展报告［M］. 社会科学文献出版社，2001.

［9］关于农村劳动力流动的政策要点的内容参考了宋洪远研究员 2001 年 11 月 30 日在北京天则经济研究所第 205 次双周学术讨论会中题为《关于农村劳动力流动的政策问题分析》的发言。

［10］宋洪远. 关于农村劳动力流动的政策问题分析. 2001 年 11 月 30 日在北京天则经济研究所第 205 次天则双周学术讨论会上的发言。

［11］中国农民工问题研究总报告起草组. 中国农民工问题研究总报告［J］. 改革，2006（5）.

［12］郑炎成，鲁德银. 县域经济发展不平衡对地区差距的解释力分析［J］. 财经研究，2004（7）.

［13］万广华，张藕香. 1985～2002 年中国农村的地区收入不平等：趋势、起因和政策含义. 沙安文等主编《中国地区差异的经济学分析》［M］. 人民出版社 2006.

［14］胡鞍钢. 地区与发展：西部开发新战略［M］. 中国计划出版社，2001.

［15］沙安文，沈春丽，邹恒甫. 中国地区差距的经济分析［M］. 人民出版社，2006.

［17］喻德坚. 我国农村剩余劳动力数量测算方法的数理分析［J］. 南昌大学学报（工科版），2001（1）.

［18］李晓峰. 对我国农村剩余劳动力的数量界定［J］. 河南财经大学学报，1994（2）.

［19］韩纪江. 一种测算农村剩余劳动力的简便方法［J］. 统计研究，2002（1）.

［20］陶然，刘明兴. 中国城乡收入差距，地方政府开支及财政自主［J］. 世界经济文汇，2007（2）.

［21］钱永坤. 农村劳动力异地转移行为研究［J］. 中国人口科学，2006（5）.

［22］陈仲常、臧新运. 农村劳动力转移的区域差异与跨区流动度的估量［J］. 经济问题，2006（1）.

［23］高帆. 交易效率、分工演进与二元经济结构转化［M］. 上海三联书店，2007.

［24］［25］［26］杨小凯，张永生. 新兴古典经济学与超边际分析［M］. 社会科学文献出版社，2003：15－16，135，134.

［27］［28］高帆. 交易效率、分工演进与二元经济结构转化［M］. 上海三联书店，2007：196，329.

［29］张平. 农村区域间居民的收入分配. 赵人伟，基斯·格里芬主编. 中国居民收入分配研究［M］. 中国社会科学出版社 1994：296－312.

［30］Scott Rozelle："Rural Industrialization and Increasing Inequality：Emerging Patterns in china's Reforming Economy"［J］. Journal of Comparative Economics，Vol19（1994），No. 3，pp. 362－391.

［31］［32］魏后凯. 中国乡镇企业发展与区域差异［J］. 中国农村经济，1997（5）.

［33］骆许蓓，朱农. 中国西部落后地区发展与目标性交通运输基础设施投资. 沙安文

等主编.《中国地区差异的经济分析》[M]. 人民出版社, 2006.

　　（本文以《体制转型期"三农"问题东西部差异的理论诠释与政策建议》为题，发表在《经济问题探索》2008 年第 7 期，发表时有删节。文章部分内容以《"城乡二元结构"体制转型与变革趋向：城乡劳动力流动的视角》为题，被《经济研究参考》2008 年第 54 期转载）

企业集群发展与"三农"问题
缓解：广西的证据

庄晋财

【摘要】"三农"问题的缓解有赖于农业产业结构调整、农村城市化实现和农民收入增长三者协调一致。西部地区城乡差距拉大、大量农村富余劳动力沉淀，农民收入增长缓慢制约了农村经济社会的可持续发展。从广西一些县域经济发展的经验看，发展农村企业集群是落后地区缓解"三农"问题的有效路径。落后地区农村企业集群的发展，不能盲目复制发达区域的模式，而要注重对区域要素的有效整合，在这个过程中，制定企业集群发展政策，准确定位政府角色，培育本地企业家，强化企业集群的地域根植性有着重要的意义。

我国"三农"问题的严重程度在不同区域表现迥异：东部地区绝大多数农村已经全面或者接近实现小康生活水平，离小康目标较远的地区多集中在西部，"三农"问题解决的重点在西部。因此，以广西的证据，试图探寻一条既能缓解西部地区"三农"问题，又能保证其经济社会持续发展的路径。

广西企业集群发展的案例

（一）福绵区服装业企业集群

广西玉林市福绵管理区下辖 6 个镇，总人口 35 万人，是一个以服装生产为特色产业的广西最大的专业化服装生产基地。目前共有服装生产企业 600 多家，从业人员 4 万多人，旺季日产服装可达 50 万件（套），年产服装 1.2 亿件（套）。2002 年，福绵区服装加工业完成工业产值 12.75 亿元，营业收入 14.5 亿元，实现利税 1.66 亿元，服装产值已占福绵区生产总值的 95% 以上。福绵生产的西裤、牛仔裤、休闲裤三大系列在国内占有较大的市场份额，据估算，这里生产的西裤约占全国市场份额的 1.2%。在广州沙河服装专业市场就有 1000 多个摊位属于福绵人，占据这个市场的 40% 强，在玉林市工业品服装专业市场，福绵服装企业占有 60% 的摊位。福绵服装现还将市场扩展到东南亚、非洲、澳大利亚等 30 多个国家和地区，是广西最大的服装出口基地。

目前，福绵区的服装业形成了服装生产及原料、机械、市场、服务等相关产业组成的，以产业链分工为基础的企业集群（见图 1）。企业经营涵盖了纺织、漂染、成衣缝制、辅料生产、辅助加工、服务、市场营销等各个领域。企业拥有高速平缝机、电脑绣花机、定型机、特种机、电剪、抽湿烫台、钉钮机、水磨机等先进设备、机械 3 万多台，初步实现了由单纯手工操作转变为现代化的流水线生产，部分企业还实现了信息化管理。

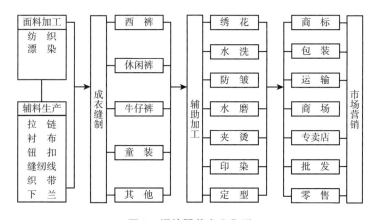

图 1　福绵服装企业集群

（二）北流日用陶瓷企业集群

北流市是广西玉林市下辖的一个县级市，辖区包括 23 个乡镇，总人口 117.2 万人，由于石灰岩、高岭土蕴藏丰富，在历史上就是一个日用陶瓷的著名产地，具有"陶瓷之乡"的美誉。目前，北流市有日用陶瓷企业 50 家，其中有白瓷和花瓷综合生产能力的企业 23 家，纯烤花的彩瓷厂 11 家，从业人员 3 万多人。这些企业主要集中在北流市区的陶瓷城、蟠龙、民安十字铺和民乐工业区，在隆盛、新荣、西垠也有零星企业分布。年生产陶瓷能力从 1999 年的 2.8 亿件，发展到 2001 年的 4.73 亿件，2002 年达到 5 亿件，陶瓷产品共有 500 多个花色，360 多个品种。95% 以上的产品供出口，销往世界 30 多个国家和地区。2003 年全市日用陶瓷产值 11.8 亿元，是全国陶瓷行业八大产区之一。

北流日用陶瓷已经有了一定规模，在广西乃至全国都占有一定的地位，产量占广西的 75% 和全国的 6%，出口量占广西的 86% 和全国的 7.5%。日用陶瓷的生产能力、产量及出口量均进入全国三强行列。其中龙头企业——北流三环集团有限公司进入全国日用陶瓷企业 5 强之列，拥有固定资产 4 亿元，年产白瓷能力 1.87 亿件，烤花能力 1.86 亿件，2003 年销售收入 6.4 亿元，其日用陶瓷出口量居广西第 1 位，全国第 2 位。日用陶瓷业带动了其他相关产业的发展，并形成了以日用陶瓷生产为核心的企业集群雏形（见图 2）。

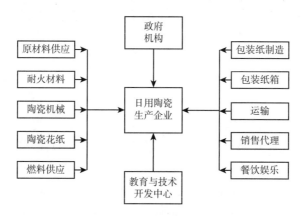

图 2　北流日用陶瓷企业集群

（三）兴安县的建材与农副产品加工企业集群

兴安县位于广西桂林市以北"湘桂走廊"中部，距桂林市 57 公里，是桂林国际著名旅游城市的卫星城和次中心。全县辖 6 镇 5 乡，人口 37 万。2003 年，全县中小企业 12178 家（含个体户），其中，中小工业企业 2685 家，销售收入 500 万元以上的规模工业企业有 28 家，从业人员有 5.8 万人。全县已逐步形成建材、农副产品加工、水能三大主导行业。以水泥、双飞粉、轻钙粉、红砖为主的建材企业 90 多家，年产值 3 亿元，主要分布集中在严关镇、兴安镇、溶江镇，是桂林市的建材基地；以生产竹针、竹筷、竹凉席、竹工艺品、木衣架为主的竹木加工企业有 125 家，主要分布在华江镇，交货值 1.15 亿元；兴安县是全国农产品加工示范县，如罐头加工、白果、橘子加工、罗汉果加工等远近闻名。其中白果罐头出口日本，占日本市场进口的 2/3，罗汉果加工业的销售收入达 6000 万元。主要分布于华江、莫川、金石等乡镇的水能发电小水电站有 78 座，总装机容量 10 万千瓦。

（四）荔浦农特产品加工业企业集群

荔浦县隶属于桂林市，资源禀赋条件较差，当地人用"五无"来形容其经济发展条件：一无区位优势，不沿江、不沿海、不沿边；二无资源，没有蕴藏丰富的矿产资源，也没有特别开发价值的农林水资源；三无政策优惠，不属于开放区，也不是贫困县，没有优惠政策惠及；四无交通便利条件，境内没有高速公路、铁路、水运航道，几乎是交通"死角"；五无工业基础，没有一家中直、区直、市直企业，没有上级工业企业发展成果的惠及。但是，这里的民营经济发展，给当地经济注入了活力。当地以"小产品大产业"为指导，以食品加工、木制品加工、五金加工为主攻产业，将这些行业的企业实现空间聚集，在荔城、新坪、马岭、青山、双江等国道沿线形成企业密集的工业长廊，全县规模以上的民营企业有413家。目前，荔浦县的木衣架行业厂家已近90家，年生产木衣架近6亿个，衣架出口量占全国的50%；在农特产品加工方面，荔浦县坚持围绕农业办企业的方针，全县办起农特产品加工企业40多家，建立了马蹄、荔浦芋、夏橙、食用菌等生产基地，实现农业产业化经营，使荔浦县成为全国有名的农产品深加工基地。

广西县域经济中农村企业集群的发展，使这些区域的"三农"问题得到了有效的缓解，其作用可以从农村劳动力转移、农民纯收入增长、农村城镇化发展三个方面加以分析：

（1）农村企业集群成为农村劳动力转移的有效载体。从逻辑上讲，在县域经济发展过程中，农村企业集群的发展会提出大量的用工需求，这给农村富余劳动力转移提供了机会。在广西，由于普遍存在农村工业发展滞后的问题，因此有大量农村富余劳动力沉淀。但在一些县域中，由于民营经济发展受到重视，出现了农村企业集群发展的雏形，并成为农村富余劳动力转移的有效载体。上述的福绵服装业企业集群吸纳了4万多人就业、北流日用陶瓷业企业集群目前就业人数达3万多人、兴安建材和农副产品加工业吸纳了5.8万农村富余劳动力、荔浦县木衣架制造业和农特产品加工业也为本县5万多农村劳动力提供了就业机会。

（2）农村企业集群的发展促进了农民收入的稳定增长。农村企业集群的发展，不仅为当地农民提供了就业机会，从而使农民的非农收入得到增加。例如，在福绵区的福西村，全村540多户农户，有500户从事成衣业，95%以上的人从事与成衣相关的行业。服装业的发展，使农民的生活得到极大改善，福西村村民的人均年收入达到5500元，全村80%的成年人拥有手机，成为广西第一个

"全球通"手机村。在兴安县，农民外出打工所得收入对农民人均纯收入的贡献率在26%以上，而这些外出打工人员中有50%左右是在县域内的企业，降低了外出打工的成本。

由于许多产业的发展是以农业为基础的，农产品加工业的发展，带动了农产品原料的种植，为农产品提供了广阔的市场，增加了农村居民农业生产的收益。例如，荔浦县农特产品加工业的发展，带动了荔浦芋、马蹄、夏橙、食用菌、西红柿的种植，年产农特产品40万吨，仅2004年上半年，全县农民收入就增加了1860多万元，农民纯收入达到1505元。在荔浦县的蒲芦乡，仅毛竹一项就给农村居民人均增收200元。从总体上看，这些农村小企业发展较好的县域，有着较高的农民人均纯收入，一般都要高出当地的平均水平（见表1）。

表1　　　　　　　　　各地农民人均纯收入情况（2003年）

	福绵区	北流市	兴安县	荔浦县	玉林市	桂林市
农民人均纯收入（元）	2047.0	2307.7	2760.5	2881.9	2034.6	2353.9

资料来源：《广西统计年鉴（2003）》。

（3）农村企业集群的发展加速了农村城镇化进程。企业集群是农村城镇化的基础，在小企业集中发展的区域，由于企业间的互动及资源的共享，形成区域经济增长极，增长极的极化效应，源源不断地吸引周边区域的各种要素，从而使这一区域形成一个人口密集区。随着人口的增加，各种基础设施必须同时跟进，从而会加速聚集区的基础设施建设，最终使这里的人们享受到与农村不同的物质文明和精神文明。所谓农村城镇化，其内涵包括农民身份的市民化，生活方式的现代化和就业方式的非农化。我们的调查发现，在小企业聚集区，许多原来的农民，在聚集区附近的城镇购买了住房，加入了当地城镇的社会保障，有了稳定的收入来源，实现了农民向市民的转变。这一点与在分散的乡镇企业就业的农民工有着显著的区别。原因在于，在分散的乡镇企业就业的农民工，很难有职业转换的机会，一切都随着所在企业的情况来决定，一旦这个企业经营出现波动，就极有可能重新回到原来的起点，恢复原来的农民身份。而在小企业聚集区中的企业就业的农民工则不相同，他们可以在聚集区内的企业间流动，尽管自己工作的企业在变换，工作在变换，但职业属性不会变换，稳定的职业属性，使其真正实现农民向市民的身份嬗变。而且，企业间人力资源的频繁流动，正是企业集群的一个显著特点。随着职业的转换，员工的人力资本也在不断得到积累，更加增添了其抗职业变动风险的能力，增加了其在聚集区生活的稳定性。可见，企业集群所形成的企业互动发展、新企业的不断衍生、就业人数的增加和职业转换成本降低导致的人力资本积累，会使企业集群在空间上不断拓展，从而加速了农村的城镇化进程。例如，随着北流日用陶瓷业的发展，原有的区域已经无法满足需要，在政府的支持下，目前正在进行陶瓷工业园区的建设，现在此园区已经有不少企业入园，这个园区的建成，将可以解决13万~15万人的就业问题，这将使更多的农村富余劳动力从农村转移到城镇，变成稳定的城镇居民，城市化水平也会因此得到大幅度的提高。

区域要素整合：落后区域农村企业集群的生成路径

近年来，关于"企业集群"对地方经济发展的意义引起了人们的高度关注。不过，形成于改革开放之初的"珠江三角洲模式""温州模式""苏南模式"虽备受追捧，复制上述模式成功的例子却很鲜见。实际上，企业集群的形成是区域要素创新整合的结果。这些要素主要包括区域资源条件、区域空间条件、区域社会历史文化等。不同区域间这些要素条件是不同的，区域要素禀赋的差异，形成了区域间的非均质性特征，而这正是形成区域间企业集群发展的空间差异的根源①。企业集群的显著特征之一，就是强烈的"地域根植性"，即深深嵌入当地的自然、社会、历史文化等环境条件之中。因此，对区域要素的有效整合，是企业集群获得持久竞争力的关键。小企业的区域要素整合模型如图3所示。

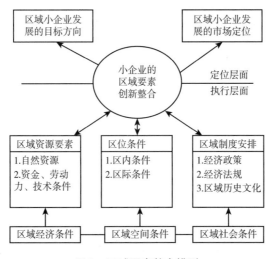

图3　区域要素整合模型

---

① 庄晋财：《区域要素整合与小企业发展》，西南财经大学出版社2004年版。

区域要素整合，是指企业在特定的区域范围、空间范围和时间范围内，对区域资源要素、区位条件和区域制度要素等进行有效配置，使之在市场竞争过程中动态调节，相互补充，相互作用，相互协调，从而产生整体聚合能动效应的行为过程①。从模型来看，小企业发展的区域要素整合战略包括两个层面，即定位层面和执行层面。定位层面包括区域企业集群发展的目标方向和企业集群的市场定位两个模块，描述的是在区域经济发展中，企业集群的发展方向和企业集群在哪些领域可以形成竞争力，如何展开竞争等内容。

从执行层面看，影响区域小企业发展的因素，包括区域经济条件、区域空间条件和区域社会条件，这些条件相应地表现为区域资源要素状况、区位条件状况和区域制度背景。因此，在小企业发展的区域要素整合战略中，执行层面包括三个模块：区域资源要素、区位条件和制度背景。区域资源要素状况包括区域的自然资源及资金、技术、劳动力等生产要素的状况，对于竞争优势而言，尤为重要的是那些竞争对手无法获得或难以获得的独有资源。区位条件包括区内条件和区际条件，对于竞争优势来说，区位条件的好差直接影响到企业发展的要素获取能力和产品市场状况。制度要素包括正式制度（如经济政策、经济法规）和非正式制度（如区域历史文化），这些制度背景，直接影响着区域经济行为主体的行为方式，进而影响区域经济发展的态势。

我们的调查发现，广西几个典型企业集群的发展，不是盲目复制发达区域的成功模式，而是对当地区域要素进行有效整合的结果。

（一）基于区位条件整合的福绵服装企业集群

福绵服装业的发展，主要是得益于其优越的区位优势。福绵区与广东接壤，并有高等级公路相连，交通条件较好。这种区位条件，使其能够方便地从全国最大的布匹集散中心广东南海西樵轻纺市场获得服装生产的原材料，生产的产品又能通过广州沙河服装专业市场和玉林工业品服装专业市场销售（见图4）。因此，福绵人充分利用自身与广东地域相邻、文化相近、语言相同的优势，在政府的支持下，成功地将这种区位条件整合到经济发展中来，打造出一个有名的服装专业生产基地。

---

① 张维国：《整合资源要素，加快经济发展》，载《资源开发与市场》2001年第4期。

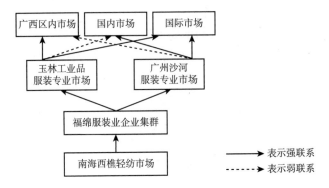

图4 福绵服装企业集群的市场联系

（二）基于历史传统文化整合的北流日用陶瓷企业集群

北流日用陶瓷企业集群的发展，则是得益于这里悠久的陶瓷历史文化传统。北流市自南宋以来就开始发展日用陶瓷生产，至今有近千年的历史，那时生产的日用陶瓷就达到"薄如纸、白如玉、击如磬"的境界，是当时中国南方最大的陶瓷生产基地。这悠久的历史，不仅积累了丰富的陶瓷生产技术，还孕育了深厚的陶瓷文化，这种文化对推动今天北流日用陶瓷的发展，起到了十分重要的作用。加上这里蕴藏着丰富的陶瓷生产需要的高岭土、石灰石、膨润土等资源，在政府政策的扶持下，这里的陶瓷生产发展得红红火火。

（三）基于资源条件整合的兴安建材与农副产品加工企业群

兴安县的小企业发展是依托于本地自然资源和廉价劳动力。兴安有十分丰富的农业资源、林业资源、水能资源、矿产资源。例如，这里的森林覆盖率达到42%，林业用地占78%，盛产毛竹，产量达1000万根，葡萄产量达6万吨。光安县的兴安镇，资源优势雄厚，境内气候宜人，物产丰富，是全国商品粮、毛竹、白果、柑橘、生猪生产基地。葡萄为华南最大的生产区，白果全国质量第一。矿产、水力能源蕴藏量大。探明有黄金、钨、锰、铜、锡、锑、石英矿、花岗岩、大理石、石灰石、高岭土等十多种品位高、开采价值大的矿产；蕴藏的水力能源达8.8万千瓦。华江乡的毛竹面积达15.7万亩，是中国十大毛竹生产基地之一。溶江镇森林资源丰富，每年可生产毛竹300多万根，原木6000立方米，是兴安县最大的竹木生产、集散地。当地政府正是利用这丰富的自然资源条件，积极引导企业集中发展农副产品加工、建材加工及水能开发三大行业。

（四）基于政府政策推动的荔浦农特产品加工企业集群

荔浦县经济发展的条件相对较差，成为广西"零资源"现象的样板。其民营经济的发展，得益于政府政策的直接推动，如政府采取的"公共设施向民企开放""企业发展县内无乡界""资源利用靠市场配置，无中生有""招商引资弱化减税让利，强化投资软环境""项目建设弱化求大求洋，强化小产品大产业"等，这里发展起来的全国最大的木制衣架企业集群，是典型的由政府推动、"自上而下"形成的企业集群。

比较这四个不同的企业集群，它们所处的区域要素禀赋条件都不一样，具体如表2所示。但是，如果能够围绕某一核心优势，进行有效的区域要素整合，就有可能培育出良好的企业集群。

表2   **基于不同区域要素优势的企业集群**

	福绵服装业企业集群	北流日用陶瓷企业集群	兴安建材及农副产品企业群	荔浦农特产品加工企业集群
区域经济条件	一般	一般	优越	较差
区位空间条件	优越	一般	一般	较差
区域社会制度背景	一般	优越（历史文化）	一般	优越（政府政策）

从区域要素整合模型来看，区域经济中小企业的核心竞争力，取决于区域要素禀赋状况和小企业的要素整合能力。忽略区域要素禀赋状况，盲目复制发达区域的小企业发展模式，难以获得成功，对经济欠发达地区来说尤为如此。一般地说，小企业的区域要素整合能力越强，就越能够推动区域经济的发展，小企业的区域要素整合能力包括以下三方面的内容：

（1）要素吸附能力。指小企业对信息和技术知识的吸收能力。在企业集群中，企业的要素吸附能力与企业对区域社会关系网络的嵌入程度有关。小企业越是能够嵌入区域社会关系网络中，就越能够通过这一关系网络获取社会资本，从而越能够提高发现市场和获取资源的能力，构筑企业创新和发展的基础。

（2）要素整合开发能力。这是指企业利用现有的技术知识资源和信息资源，进行优化配置，创造性地整合到自己企业的产品、服务中去，形成企业的现实生产力。在小企业对区域要素的整合开发过程中，必须注意三个方面：

首先，要做到要素市场价值与开发价值的统一。所谓具有开发价值，是指具备开发的手段与技术，能够将资源优势转换为经济优势，并与消费需求相一致；所谓具有市场价值，是指开发出来的产品符合市场需求，能够使企业获得经济利益。

其次，要做到市场功能与社会功能的统一。在区域经济发展中，经济行为主体的利益具有多元化的特征，在这种情况下，由于利益群体的分异性，导致资源分化，因此对资源的整合显得非常必要。资源整合必须兼顾各利益主体的利益，否则整合难以成功。尤其在企业集群中，集群本身是一个多主体形成的关系网络，如果整合产生的利益在分配上出现问题，就有可能使网络关系受到破坏。因此，在区域要素整合过程中，一方面要尊重市场机制的作用的发挥，另一方面还要实现各经济行为主体整合资源行为的协调性，将各要素供给主体有机联系起来，形成区域经济发展中的协调功能体系。

最后，要在对区域要素整合过程中，实现区域经济结构与产业结构的统一。也就是说，在对区域要素进行整合的过程中，要能够使各种资源要素的空间关系转化为协调的时间关系和功能关系，提高资源的配置效率，保证经济的可持续发展。如果忽视这种关系，就会造成大量的资源浪费，降低区域要素整合的整体功能，使社会经济发展受到限制。

（3）资源要素的运营能力。运营能力是指企业开发和提升资源价值的能力，包括企业创造和满足需求的能力、创新能力、新产品研究与开发能力、市场营销能力、生产制造能力及其企业家精神和风险管理能力等。企业的资源运营能力的高低，关键在于企业家的风险意识与决策能力。对于小企业来说，创新是其发展之本，然而，创新是一项风险巨大的活动。所以在小企业的发展过程中，企业家处于核心的地位，一个具有素质良好企业家的企业，可以利用企业家的风险偏好和科学决策使企业的资源发挥其最大的潜能。

显然，小企业的区域要素整合能力，决定了其本地化能力，而这种能力的大小与企业的地域根植性有关。或者说，企业越是有强烈的地域根植性，越能够从区域关系网络中获得必要的稀缺资源，从而减少企业集群发展的不确定性，降低企业集群风险，越有利于企业集群的健康发展。根据企业集群的生成模式，我们可以将企业集群分为"内生式"集群和"外生式"集群两种，两者的区别如表3所示。

表3　　　　　　内生式企业集群与外生式企业集群的区别

	内生式企业集群	外生式企业集群
原材料来源	区域内部	区域外部
资本要素条件	主要依靠区域内部	主要依靠区域外部
市场条件	由区域内向区域外拓展	主要依靠区域外部
技术来源	自主创新或仿制	来自于区域外部

续表

	内生式企业集群	外生式企业集群
产业竞争力	专业化与范围经济	区域成本差别
产业联系	区域内部	区域外部
本地化能力	强	弱

我们认为，"外生式"企业集群要特别注意风险的防范。一方面，由于企业集群对外部区域的强烈依赖性，缺乏本地化能力，难以嵌入本地的区域网络中，难以得到来自区域内部的资源支持，从而容易形成冲突。例如，两头在外的企业集群，由于所有的交易活动发生在区域之外，税收和利润大量从区域内部流到区域外部，企业集群的发展不能惠及本地的各利益主体，长期下去就有成为"飞地"的可能，如果这样，就会失去本地各利益主体的支持。另一方面，由于"外生式"企业集群对区域外部的依赖性，如果外部条件发生变化，自身的活动余地就很小，例如，外部市场如果发生变化，就有可能使企业发展所需的市场条件丧失，从而导致整个集群衰退。因此，在企业集群发展过程中，要注意培育企业集群的本地化能力，强化其地域根植性，只有让企业在发展过程中，不断嵌入本地区域的社会关系网络中，才能保证其长期健康发展。

政 策 建 议

从广西的案例中我们可以得出的一个基本判断，就是农村企业集群可以成为我国西部地区县域经济发展中提高经济竞争力的重要载体。为了促进我国西部区域农村企业集群的发展，克服当前西部农村乡镇企业布局分散和脱农化现象严重的缺陷，特提出如下政策建议：

（一）以企业集群政策替代产业政策，通过发展企业集群提升农村经济竞争力

产业政策与企业集群政策有着明显的区别，主要反映在对竞争的理解上。产业政策强调产业之间的差异，而不是区域之间的差异，认为有些产业的前景会比其他产业更好，因此更值得政府用支持政策加以扶持。而企业集群则强调区域的非均质性，试图通过发展区域个性，形成区域差异来培植区域竞争力。目前，我国西部农村县域经济发展中出现的一个现象，就是试图通过制定产业

政策，培植政府合意的产业目标，来实现区域经济发展。在合意产业的选择上，又倾向于发展高科技产业，因此"高新技术产业开发区"的发展备受追捧。似乎只有发展高新技术产业才会形成强有力的竞争，才会促进落后区域的跨越式发展。其实，这是一个误解，因为从本质上看，并不存在一个低效率的产业，一个充满活力的企业集群，可以帮助任何产业获得较高的竞争能力。不管是浙江温州等发达区域传统产业中的企业集群，还是我们调研中了解到的西部落后区域的传统产业中的企业集群，都向我们证明，企业集群对区域竞争优势的贡献并没有明显的产业区别。因此，政府的政策指向应该是如何实施企业集群战略，而不是不顾实际地发展看似时髦而与区域条件相差甚远的高新技术产业。关键在于以集群的方式，发展具有创新性和竞争优势的特色产业，以此来塑造区域个性，提升区域竞争能力。

对于西部落后地区的县域经济发展来说，试图通过建立"高新技术产业区"的办法来发展高新技术产业，实现落后地区的跨越式发展的政策思路是值得反思的。我们认为，从实际情况看，通过"特色工业园区"的建设，将原来分散的农村小企业集中在一起，改善原来乡镇企业分散布局的局面，优化企业之间的分工合作和资源共享机能，是一条可行的途径。

（二）坚持"有所为，有所不为"原则，准确进行政府的角色定位

从理论上讲，小企业为了节约交易成本或者追求聚集经济的目的，在行为方式上会选择尽可能地接近其主要的联系伙伴，从而形成小企业的空间聚集。因此，企业集群一般是自愿合作而聚集在一起的一群企业，从而形成企业间良好的分工和合作关系。所以企业集群不是依靠政府政策"自上而下"建立的。但是，我们并不是说，政府在企业集群发育的过程中无能为力。事实上，政府的政策在很大程度上对企业集群的生成会产生重要的影响。我们的调查发现，对于经济落后的西部农村地区而言，地方政府的适度介入对农村企业集群的发展十分必要。关键在于，要明确政府在企业集群发展过程中的角色定位。我们认为，地方政府至少可以发挥三方面的作用：一是营造环境。从硬件环境上，可以加强基础建设、促进对企业集群发展的金融支持、搞好工业园区规划；从软件环境上，可以通过政策促进企业之间的信任、协作与分工，通过规范市场秩序，遏制企业间的恶性竞争。二是积极引导。通过政策将一些具有产业关联性的分散企业实现空间上的集中；将一些企业发展必要的机构引入集群中，构建完善的区域创新网络；通过专业性培训、经常性学习等措施，鼓励企业进行人力资源的积累等。三是延伸服务。为了企业集群发展，地方政府要积极实施

区域营销战略，树立区域品牌；健全社会信用体系，加强中介机构建设和建立健全知识产权保护制度等。四是打破壁垒。在这里，最重要的就是打破行政区划的壁垒。由于企业集群的发展在地域上需要跨越行政边界，而行政边界形成的区域分割往往是企业分散布局的主要原因。所以地方政府的企业集群政策的贯彻，一个不容忽视的措施就是要通过政府的调控，打破这种行政壁垒。在我们的案例中，广西荔浦之所以能够在资源、交通等条件并无优势的情况下，发展出一个具有一定规模的"农特产品加工企业集群"，一个重要的措施就是实施了"企业发展县域内无边界"的措施，这是企业能够实现空间聚集的关键条件。

（三）注重培育本地企业家，强化企业集群的地域根植性，不能因招商引资而偏废本地资本

"谁英雄，谁好汉，招商引资比比看"是如今西部欠发达区域地方政府乐此不疲的信条，遗憾的是，从现实来看效果并不尽如人意：一是许多招商引资引来的企业，由于无法融入当地的区域社会关系网络，使经营变得困难重重，最后归于失败；二是随着区域间优惠政策的趋同，企业在区域间流动性加强，企业难以扎根，导致不少区域建起来的开发区变成一个空壳，造成资源的浪费；三是一些政府将外地企业引进来后，就把它当成是圈税的对象，结果使企业难以为继。

我们认为，企业集群的健康成长，需要具有良好的地域根植性。因为企业集群的产生有着深厚的历史社会文化背景，一个成功的企业集群是从现有的条件和基础上脱颖而出的，不能想象它会在真空中产生。企业集群是生存在一个社会关系网络中的，这个关系网络的节点包括政府、社区组织、民间组织、研究机构、中介组织、金融机构等，在企业集群的发展过程中，社会网络关系中的血缘、情缘、业缘、亲缘、地缘关系往往是集群中企业发展资源获取渠道。而这种网络关系往往具有明显的地域特征。

那么，谁在获取这样的网络资源时更具有优势呢？显然是本地的企业家。相同的地方文化背景和长期交往中形成的彼此之间的信任，使地方企业家能够很容易嵌入区域社会关系网络中，而外来企业则会有一个较长的适应过程。从这个意义上说，将关注点集中在外来企业，而忽视对本地企业家的培育，是本末倒置的做法。事实上，小企业的问题并不在于小，而是在于分散，如果我们能够通过一定政策的引导，使小企业在空间上集中，在产业上关联，形成良好的集群，就会促进小企业变成"小巨人"。而且，企业的不断衍生是一个发展

良好的集群的重要标志。我们无法通过招商引资的办法来引进如此众多的小企业，因此，培育本地的企业家，降低本地企业创业的门槛，就显得十分必要。

当然，我们不是反对招商引资，但必须强调的是，招来的企业要能够发挥"种子企业"的功能，要培育其良好的地域根植性。如果招来的企业是一个具有良好企业衍生能力的种子企业，那么，对于地方企业集群的生成是有着重要意义的。因此，我们在招商引资中要注意三点：一是要根据本地的要素条件来决定引进企业，要注意培育引进企业的地域根植性，使其嵌入在当地的社会关系网络中，生根发芽；二是引进的企业要具有"种子"功能，能带动某一产业的企业衍生，促成此产业企业集群的形成；三是将外来资本与本地资本一视同仁，不能歧视本地资本，降低本地资本创业的门槛，促成本地企业衍生，加速本地企业家的培养。

（四）注意企业集群发展与"三农"问题缓解相衔接，并以此进行农村企业集群的产业定位

企业集群的形成有赖于产业的合理选择。根据西部区域农村发展的条件，我们认为，西部落后地区的农村应该扶持就业型、资源综合利用型和农副产品加工型产业的小企业发展，并形成企业集群，使西部农村地区劳动力转移、工业化和城市化实现统一起来。事实证明，西部地区的传统产业企业集群发展，不仅可以促进区域经济的发展，同时提供大量的就业机会，从而使"三农"问题得到缓解。我们认为，西部落后地区要抓住发达区域产业转移的机会，大力发展劳动密集型产业，加快工业化进程，完成资本积累，而不应该为了追求政绩盲目发展不符合西部农村地区的工业园区，这只能增加本来就贫穷落后的西部区域农村地区的负担，不断拉大区域差距。

参 考 文 献

[1] 庄晋财. 小企业发展与"三农"问题缓解 [J]. 理论与改革，2003（1）.

[2] 韩纪江. 一种测算农村剩余劳动力的简便方法 [J]. 统计研究，2002（1）.

[3] 于立，姜春海. 中国乡镇企业吸纳劳动就业的实证分析 [J]. 管理世界，2003（3）.

[4] 庄晋财. 西部地区农村富余劳动力转移及其安置模式研究 [J]. 经济问题探索，2003（9）.

[5] 林毅夫. 中国的城市发展与农村城市化 [J]. 北京大学学报，2003（4）.

[6] 傅京燕. 中企业集群的竞争优势及其决定因素 [J]. 外国经济与管理，2003

（3）.

［7］刘友金. 论集群式创新的组织模式［J］. 中国软科学，2002（2）.

［8］庄晋财. 区域要素整合与小企业发展［M］. 西南财经大学出版社，2004.

［9］张维国. 整合资源要素，加快经济发展［J］. 资源开发与市场，2001（4）.

［10］Martin Bell and Michael Albu. "Knowledge systems and technological dynamism in industrial clusters in developing countries". World Development Vol. 27, NO. 9, 1999, pp. 1715 – 1734.

［11］An – Chi Tung. "Taiwan's semiconductor industry：what the state did and did not". Review of Development Economics，5（2），2001，266 – 288.

［12］Hermine Weijland. "Microenterprise Clusters in rural Indonesia：industrial seedbed and policy target". World Development Vol. 27, No. 9, 1999, 1515 – 1530.

（本文发表于《改革》2005 年第 3 期，中国人民大学报刊复印中心《社会主义经济理论与实践》2005 年第 6 期全文转载）

企业集群的区域要素整合能力
评估体系初探

张星文　　庄晋财

【摘要】 企业集群对区域经济发展的重要作用，取决于其对区域要素的整合能力，企业集群的区域要素整合能力主要表现为要素吸附能力、要素整合开发能力和资源要素运用能力三方面。以此三种能力为基础而构建指标体系，并运用综合能力评价模型，可以识别企业集群区域要素整合能力的实际状况，从而为区域企业集群培育与发展提供决策依据。

　　企业集群（Industrial Clusters）是指彼此之间存在竞争和合作关系的最终产品生产商、原料供应商、中间品和专业服务提供商，相关产业领域的企业、政府以及其他机构等共同构成的地理集聚体[1]。企业集群在区域经济发展中的作用和地位越来越重要，企业集群已经成为一个世界性的经济现象，而企业集群是在一定的区位条件、资源禀赋、基础设施、政府政策和社会环境等多种因素共同作用的结果。许多学者对企业集群的发展进行了研究，英国经济学家马歇尔（A. Marshall，1890）从外部经济与规模经济的角度来解释区域的企业集群现象；德国经济学家韦伯（Alfred Weber，1909）的工业区位论认为成本节约是集群形成和发展的动因；美国哈佛大学的迈克尔·波特（M. E. Porter，1990）提出的钻石理论模型认为，集群的发展是需求条件、要素条件、关联产业及企业竞争与战略四大因素之间的密切配合[2]；帕德莫尔和吉布森（Tim Padmore and Hervey Gibson，1997）创立的"供应—企业—市场"模型（GEM Model）从资源、基础设施、供应商、相关企业、当地市场和外部市场等六个方面考察企业间的协作能力[3]。国内学者对企业集群也进行了大量的研究和探讨，取得了丰硕的研究成果，本文将对企业集群的区域要素整合能力及其评估体系进行初步探讨，为西部欠发达区域企业集群培育与发展提供决策参考。

企业集群区域要素整合模式

企业的发展和竞争优势，依赖于企业自身构建、培育和拥有的特殊资源和能力[4]。由于自身条件的限制，单个小企业不具备与大企业相竞争的资源和技术优势。然而，企业拥有的技术和资源仅是影响其竞争力的一个方面，影响企业竞争力的关键在于运营资源的能力、开拓市场的能力和技术创新能力。在现实经济中，有许多企业尽管在资源和技术储备方面可能并不占优势，但由于具备很强的运营资源的能力，同样获得很强的竞争优势。对企业集群来说，由于其区域空间聚集的行为特征和具有强烈的"地域根植性"，其竞争力来源于集群社会关系网络的创新能力和对区域要素的有效整合[4]。区域要素整合是一个创造性的过程，它是物质整合、技术整合、科学整合、文化整合、体制整合、思维整合和思想整合的有机融合和协调，以实现区域要素的合理配置，实现要素收益的最大化，提高区域整体竞争力。我国东部区域以私营为主的企业集群的成功源于区域特有文化和政府制度安排的有效整合，珠三角地区民营企业集群的成功源于区位条件、区域文化和政策制度的有效整合。区域要素整合对企业集群的发展是非常重要和必要的，通过区域要素整合强化"地域根植性"的社会关系网络，实现企业集群内的知识共享机制和信任机制的良性发展，创造企业集群的创新氛围和创新力，以适应多样化的市场需求，使企业集群获得持久的竞争力，避免区域间利益冲突给企业集群发展带来的损害。因此，区域要素整合是企业集群获得可持续发展竞争力的源泉[4]。

企业集群在成长过程中，其要素和资源的空间配置经历了从混沌到秩序、从分散到集聚的过程，从而使集群空间结构也经历了从简单到复杂、从有形到虚实共存的演化过程[5]。为避免西部企业集群发展过程中的无序和分散状态，实现西部不发达地区企业集群实现跨越式的发展，地方政府的产业促进政策和产业布局政策是实现区域要素空间优化配置的关键。因此，企业集群区域要素的有效整合是在地方政府产业政策引导下，通过市场机制实现区域资源要素、区位条件和区域制度背景的融合，以实现基于区域"地域根植性"特征的企业集群发展目标方向和市场定位，从定位层面和执行层面实现企业集群区域要素创新整合，如图1所示[4]。

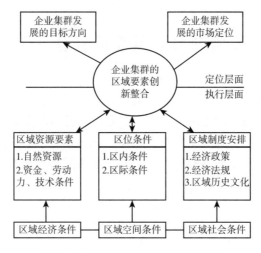

图1　企业集群的区域要素整合模型

企业集群区域要素整合能力指标体系

企业集群区域要素整合的基础是区域经济条件、区域空间条件和区域社会条件。区域要素按流动性可分为流动性要素和非流动性要素。流动性要素包括劳动力、资金、技术、信息和企业家素质等；非流动性要素包括区位条件、自然资源、基础设施和政府等[6]。非流动性要素是企业集群发展的基础，流动性要素是企业集群可持续发展和竞争优势的源泉。企业集群区域要素整合能力的评价，需要设计一套系统的科学评价指标体系，并运用适当的模型加以评价。

（一）企业集群区域要素整合能力评价指标设置原则

企业集群区域要素整合能力评价指标体系，应该能够充分揭示企业集群区域要素整合的内在规律，具有内在的联系，形成一个系统的评价体系，符合评价结果科学性、准确性和实用性的要求。因此，在构建企业集群的区域要素整合能力的评价指标体系时，应遵循以下的一般原则。

（1）科学性原则。企业集群的区域要素整合能力指标体系的构建，应以资源要素流动的相关理论为依据，从不同侧面设计反映企业集群区域要素整合能力的指标，使评估结果能够科学地反映企业集群对区域要素整合的实际效果和对区域外部要素的吸引力。

（2）系统性原则。指标体系是一个全面系统的有机整体，应符合要素优化组合的要求，即：目标一致；指标独立，边界清晰；指标体系结构合理，层次分明；指标全面、完整；指标精简，避免复杂。

（3）导向性原则。指标体系应该具有导向性，即通过评估不仅能够评出企业集群区域要素整合能力的大小，更重要的是通过评估能够找出中小企业集群区域要素整合能力在哪些方面存在不足，从而能够为政府引导企业集群发展指明方向。

（4）可比性原则。为使指标体系具有可比性，需要做到：第一，评估标准一致，通过科学的方法使各评估对象在同一指标上具有可比性；第二，尽可能选用"敏感"指标，以区别评估对象之间的差异。

（5）动态性原则。企业集群的区域要素整合能力是一个不断演化的动态过程，因此，在评价企业集群的区域要素整合能力时，反映其动态演化特征，以便于政府对集群的发展实现动态调控，增强集群的竞争力，实现其可持续发展。

（二）企业集群区域要素整合力评价指标体系的构建

企业集群既是一个有组织结构性的生产系统，也是非正式的市场集聚体，其区域要素整合能力受到许多相互关联的因素影响与制约，如企业集群体的企业、集群的区位条件和政府的干预。区域要素整合能力是一个完整的能力体系，它由区域要素吸附能力、区域要素整合开发能力和区域要素运营能力所组成[4]。它通过对区域的宏观要素、中观要素和微观要素区域要素的有效整合，创造有利于区域要素流动的社会环境和区域环境，实现区域要素的优化配置，实现区域要素合理利用，促使企业集群的形成、发展和壮大，造就吸引区域外部资源流入的动力机制，从而实现企业集群的可持续发展。因此，企业集群区域要素整合能力是要素吸附能力、要素整合开发能力和要素运营能力的综合反映。

（1）要素吸附能力。要素吸附能力是指企业集群集聚区域内部资源要素和吸附区域外部资源的能力，它体现了集群的区位优势，形成资源要素流入的动力机制，从而为提升集群获取资源的能力，构筑集群创新和发展的基础。影响中小集群要素吸附能力的主要因素是区位条件、社会文化、区域文化、社会服务体系、集群品牌、集群产业特色和政府。区位条件是中小企业要素吸附力的物质基础，为区域内部要素整合和区域外部要素流入提供了可能，它包括区域经济条件（如自然资源、资金、劳动力和技术）和区域空间条件（如区内条件和区际条件）。社会文化、区域文化和社会服务体系是中小企业要素吸附力的社会基础。社会文化（如历史文化沉淀和社会创新氛围等）和区域文化有助于创造特有的集群创新氛围，从而有助于实现区域内部要素的整合和吸引区域外部要素的流入；社会服务体系（如金融服务、公共服务、中介组织、人才市场和市场体系等）通过提供良好的社会服务提升集群的运营效益和效率。集群品牌和集群产业特色是企业集群在成长和发展过程中形成的无形资产，它有助于区域外部要素向集群的积聚和形成独具特色的"精专化"产品生产组织体，从而实现集群的可持续发展。政府通过公共投入、管理协调和政策引导，为企业集群发展和进行要素整合创造良好的硬环境和软环境，培育集群优势，促进区域发展。

（2）要素整合开发能力。要素整合开发能力是指企业集群通过内部协作创新网络，整合知识技术资源、信息资源和人力资源，创造性地整合到集群的产业价值链中去[7]，实现集群要素价值与市场价值、市场功能与社会功能、经济结构与产业结构的统一。影响企业集群要素整合开发能力的主要因素是集群内部市场、集群规模、集群产业链、集群内协作关系网络、集群内创新网络、集群内企业、技术水平和人力资源。集群内部市场、集群规模（如产值、从业人数）和集群内企业（如企业数量、企业质量）是企业集群反映发展水平的重要体现，集群的发展水平越高，其要素整合开发能力越强。集群内协作关系网络和集群内创新网络为实现知识、技术传播提供了正式或非正式的渠道，为实现企业内部要素整合提供技术支持，从而提升集群整体的区域要素整合开发能力。集群产业链的长度和附加值是体现企业集群要素整合开发能力。技术水平和人力资源为要素整合提供技术基础和人才保障。

（3）资源要素运营能力。资源要素运营能力是指企业集群开发和提升资源价值的能力。影响资源要素运营能力和主要因素是创新能力、新产品研发能力、市场营销能力、生产制造能力、风险管理能力、创造和满足需求能力、要素周转能力、要素盈利能力。产业集群创新能力是指集群内企业和其他组织机构在社会网络系统中对知识累积、学习能力、竞争合作能力、发展能力、创新能力的有机整合能力。新产品研发能力是指集群内企业将基础研究中所取得的科学发现与科学理论研究成果应用于研制新产品、新工艺、新设备和新材料开发的能力。市场营销能力是指企业集群运用先进的营销理念、发掘和创造市场机会，实现基于社会资本的集群企业市场营销整合，满足消费者的需求的能力。生产制造能力是指中小企业集在现有的生产成本、生产方式和工艺路线下，充分利用现有资源在单位时间里生产制造某种产品的数量。风险管理能力是指企业集群通过内生性资源整合，实现集群的有序竞争，提升集群适应市场的能力，实现集群可持续发展的能力。创造和满足需求能力是企业集群以市场为导向，通过竞争战略和营销战略的有效整合，开拓进取、快速反应和创造顾客的能力。要素周转能力是企业集群实现收入与投入物质资源要素的比率，它反映集群投入资源的利用效率。要素盈利能力是企业集群实现盈利与实现收入的比率，它反映集群利用资源的效益。

在综合考虑企业集群区域要素整合模式和区域要素整合能力分析的基础上，我们构建了企业集群区域要素整合能力的分析指标体系基本框架，如表1所示。本文采用二级模糊评价，因而要素整合能力评价指标体系设计只进行到第三层。虽然有的指标需要进一步详细设计，但都可以从最低层开始逐层评价，从而得到第三层指标的评价值。

表1　　　　　　　　　企业集群区域要素整合能力指标体系

目标层	一级指标（U_i）		二级指标（U_{ij}）	
	指标	权重	指标	权重
中小企业集群区域要素整合能力（U）	要素吸附能力（U_1）	0.1285	区位条件（U_{11}）	0.2591
			社会文化（U_{12}）	0.0468
			区域文化（U_{13}）	0.072
			社会服务体系（U_{14}）	0.1449
			集群品牌（U_{15}）	0.2465
			集群产业特色（U_{16}）	0.0961
			政府（U_{17}）	0.1345
	要素整合开发能力（U_2）	0.2766	集群内部市场（U_{21}）	0.0213
			集群规模（U_{22}）	0.0699
			集群产业链（U_{23}）	0.0521
			集群内协作关系网络（U_{24}）	0.1591
			集群内创新网络（U_{25}）	0.2258
			集群内企业（U_{26}）	0.1448
			技术水平（U_{27}）	0.0948
			人力资源（U_{28}）	0.2323
	资源要素运营能力（U_3）	0.5949	创新能力（U_{31}）	0.2567
			新产品研发能力（U_{32}）	0.1679
			市场营销能力（U_{33}）	0.1184
			生产制造能力（U_{34}）	0.028
			风险管理能力（U_{35}）	0.0676
			创造和满足需求能力（U_{36}）	0.1996
			要素周转能力（U_{37}）	0.0613
			要素盈利能力（U_{38}）	0.1004

企业集群区域要素整合能力评价

（一）建立企业集群区域要素整合能力评价模型

企业集群的区域要素整合能力是企业集群的要素吸附能力、要素整合开发能力和要素运营能力的综合体现，任何某一方面的缺失或失调都将影响集群区域要素整合能力，从而导致企业集群竞争力下降而导致其衰落。由于企业集群的要素吸附能力、要素整合开发能力和要素运营能力各分目标之间具有不完全可补偿性，它们对集群的区域要素整合能力影响不是一种简单的线性关系。因此，在对企业集群的区域要素整合能力进行评价时，我们选择加权积模型[8]，建立企业集群的区域要素整合能力综合评价模型如下：

$$企业集群区域要素整合能力综合评分(U) = \prod_{j=1}^{3} w_j u_j$$

其中，$j=1，2，3$ 分别表示要素吸附能力、要素整合开发能力和要素营运能力三个分目标，w_j 表示第二层各目标的权重，u_j 表示由第三层目标或属性值（u_{ij}）求得的各第二层目标的评价指数。

（二）企业集群区域要素整合能力评价过程

根据企业集群区域要素整合能力综合评价模型，通过如下过程对企业集群的区域要素整合能力进行评价。

（1）调查收集整理资料及确定各评价指标的原始值。由于建立的评价指标包括定量指标和定性指标两大类，定量指标的原始值通过调查资料直接计算而得，定性指标由若干专家根据调查资料进行主观评分，其分值取5、4、3、2、1，分别对应优、良、中、差、很差。

（2）原始评价指标的无量纲化处理。由于反映企业集群区域要素整合能力的各项指标的量纲不同，因而需要对评价指标进行无量纲化处理。根据评价指标的性质选择如下的变换公式：效益属性指标，其变换公式为：$X = \dfrac{x-m}{M-m}$；成本属性指标，其变换公式为：$X = \dfrac{M-x}{M-m}$；区间型指标，其变换公式为：

$$X = \begin{cases} 1 - \dfrac{S_1 - x}{\max\{S_1 - m, \ M - S_2\}} & x < S_1 \\ 1 & x \in [S_1, \ S_2] \\ 1 - \dfrac{x - S_2}{\max\{S_1 - m, \ M - S_2\}} & x > S_2 \end{cases}$$

其中，M 和 m 为各指标样本观测值的最大值和最小值，$[S_1, S_2]$ 为各指标值的最佳区间。

（3）建立企业集群区域要素整合力指标集和确定各评价指标权重。根据表 1 所建立的企业集群区域要素整合力评价指标体系，建立企业集群区域要素整合能力指标集。权重的大小决定其对集群区域要素整合能力影响的大小，权重的大小可以采取集体经验判断法、专家咨询法、层次分析法等方法，可根据具体情况选用不同的方法。本文根据采用层次分析法确定各评价指标的权重，其结果如表 1 所示。

（4）一致性检验。企业集群区域要素整合能力评价指标体系中既有客观性指标，又有主观性指标，因此需要对评分者的信度进行检验，以确定评分者之间是否具有一致性。其方法为：设 U 为 n 阶矩阵，u_{ij} 为 U 的元素，则一致性检验的公式为：CR = CI/RI。

其中，CI 为判断矩阵的一般一致性指标；RI 为判断矩阵的平均随机一致性指标。

判断标准为：当 CR < 0.1 时，认为判断矩阵具有满意的一致性；当 CR > 0.1 时，说明判断矩阵一致性差，需要对判断矩阵进行调整，直到满足一致性的要求为止。

（5）计算各子系统的评价指数 u_j 和系统综合评分 U。根据对企业集群调查资料，从集群区域要素整合能力指标体系的最底层目标或属性值开始，逐层向上分别计算其上一层目标评价指数，最后根据集群区域要素整合能力综合评价模型计算出其综合评分。

集群综合评分值结果范围为 $1 \leqslant U \leqslant 5$。根据企业集群评价结果，根据下列标准对其区域要素整合能力进行评价：若 $1 \leqslant U \leqslant 2$，则集群的区域要素整合能力评价为差；若 $2 < U \leqslant 3$，则集群的区域要素整合能力评价为中；若 $3 < U \leqslant 4$，则集群的区域要素整合能力评价为良；$4 < U \leqslant 5$，则集群的区域要素整合能力评价为优。

（6）敏感性分析。根据不同的企业集群进行各因素的敏感性分析，并根据分析结果，提出不同企业集群提升其区域要素整合力的措施，为政府部门制定决策提供参考建设，促进企业集群可持续的健康发展，推动地方经济的不断增长。

结 束 语

区域内部要素的有效整合是企业集群发展的源泉，创造区域品牌、企业品牌和集群，提升集群的知名度、美誉度和忠诚度，培育和形成区位优势，吸引区域外部流动性要素，实现内部要素有效整合机制下的外部资源流入的区位优势，促进区域经济的发展。企业集群的区域要素整合能力反映其对自然禀赋、资本、技术、制度和创新的有效整合能力的强弱，是其发展的动力源泉。通过科学方法，判别企业集群的区域要素整合能力，形成政府引导和市场机制共同作用下的协同效应，以此提升企业集群的绩效水平。企业集群在区域要素整合的外部动力机制和内部动力机制的共同作用下，通过区域资源、区位条件、区域历史文化和区域政策的有效整合，造就资源、区位、文化和政策优势，延伸集群产业价值链，实现集群产业及其配套服务的"精工细化"式的协作发展模式，实现区域品牌、企业品牌和集群的和谐发展，是区域经济竞争力的重要力量源。

参 考 文 献

［1］ Potter M. Location, Competition, and Economic Development: Local Cluster in a Global Economy ［J］. Economic Development Quarterly, 2000, （14）.

［2］ 麦克尔·波特. 竞争论 ［M］. 北京：中信出版社, 2003.

［3］ Tim Padmore , Hervey Gibson Modeling system of innovation: Ⅱ. A framework for industrial cluster analysis in regions. Research Policy, 1998.

［4］ 庄晋财. 区域要素整合与小企业发展 ［M］. 成都：西南财经大学出版社, 2004.

［5］ 朱华晟, 王玉华, 彭慧. 政企互动与产业集群空间结构演变——以浙江为例 ［J］. 中国软科学, 2005 （1）.

［6］ 李群, 赵嵩正. 资源流动机制与区域经济发展探析 ［J］. 财贸经济, 2005 （6）.

［7］ 蔡宁, 阮刚辉. 中小企业的核心竞争力及其综合评价体系 ［J］. 数量经济技术经济研究, 2002 （5）.

［8］ 模型建立参见岳超源. 决策理论与方法 ［M］. 北京：科学出版社, 2003.

（本文发表于《广西大学学报》哲学社会科学版 2006 年第 4 期）

基于"三农"问题缓解的西部企业集群产业选择问题研究

庄晋财　刘金林

【摘要】 农村富余劳动力大量沉淀,是西部农村经济发展的最大障碍,西部"三农"问题的缓解,关键在于减少农民。经验表明,农村企业集群发展是缓解"三农"问题一条有效路径,但其绩效如何与企业集群的产业选择相关。选择对劳动力吸纳能力强且对其素质要求不高、产业进入门槛较低、产业链延伸相对容易的产业,对企业集群缓解"三农"问题的绩效高低有着重要的意义。因此,制造业、农产品加工业、基于产业链延伸的特色资源产业、经过高新技术改造的劳动密集型产业是西部地区企业集群发展的合理产业定位。

我国"三农"问题严重程度在不同的区域表现迥异:东部地区绝大多数农村已经或者接近实现小康生活水平,而西部地区的广大农村离小康目标尚有较大距离,甚至还在温饱线上徘徊,"三农"问题解决的重点在西部。长期以来,西部地区农村工业化、农村城市化和农业产业化三者相分离,在很大程度上延缓了"三农"问题解决的进程[1]。经验表明,农村企业集群的发展是一条缓解"三农"问题极其有效的路径[2]。不过,农村企业集群对"三农"问题缓解绩效的高低,在一定程度上取决于企业集群的产业定位,本文拟就基于"三农"问题缓解的西部农村企业集群产业选择问题进行探讨,借以抛砖引玉。

企业集群产业选择的一般原则

(一) 产业关联度原则

产业关联度是指社会生产中不同产业部门、不同行业之间相互扩散和相互依存、相互影响、相互推动的程度。从企业集群的角度看,首先需要强调区域优势产业与其他相关产业的关联程度，因为企业集群的实质就是以区域优势产业为主导，按照产业链条多向延展而串联在一起的关联产业的地域集中。通过区域优势产业部门与其他产业部门具有广泛而密切的关联，带动或推动周围一系列部门进一步发展，产生广泛而深入的"乘数效应"，促成整个地域经济的全面成长，并最终形成以优势产业为核心，结合各相关产业共同发展的企业集群格局，是区域经济发展的重要路径。

产业间关联程度可以用产业关联系数来衡量。一般用反映具有直接前、后向关联关系强度的指标和反映包括间接消耗在内的具有综合波及关联关系强度的指标来计算。直接前、后向关联效应系数分别用公式[3]：

$$L_{F(i)} = \sum_{j}^{n} x_{ij}/X_i, (i = 1, 2, \cdots, n)$$

$$L_{B(j)} = \sum_{i}^{n} x_{ij}/X_j, (j = 1, 2, \cdots, n)$$

在两个公式中，分子是某产业对其他产业的中间投入或中间需求之和，分母是此产业的总产出或总投入。直接前向关联效应表示当此产业的总产出增加一个单位时，将能为其他产业提供中间需求的直接关联效应；直接后向关联效应表示当此产业的总投入增加一个单位时，将其他产业产出作为其中间投入的直接关联效应。一般而言，系数较大的产业，与其他产业的联系也比较大。除了这两个指标外，影响力系数、感应度系数也是反映产业关联度的重要指标。通常，把一个产业受其他产业的波及作用称为感应系数，而把它影响其他产业的波及作用称为影响力系数。如果一个产业的影响力系数和感应度系数都较大，则此产业在国民经济发展中具有举足轻重的作用。

（二）经济效益比较原则

产业经济活动的目的主要是获取一定的经济效益，将资源优势转化为现实的经济优势。最佳经济效益是区域优势产业选择的最终目标。企业集群是区域非均衡发展的一个增长点，要求能够较好地解决区域经济发展中的重大问题，如利用区域资源条件、增加国民收入、解决劳动就业等。经济效益比较原则就是通过对各产业部门经济效益的综合评价来选择经济效益好的产业部门作为优势产业，使它们在区域产业结构中的比重上升。

（三）市场导向原则

在波特的"钻石体系"中，市场需求是产业发展的重要推动力量。在市场经济运行过程中,生产是起点,消费是终点,前者要考虑资源要素的供给,后者要考虑产品的需求。所以区域优势产业的选择不仅要分析供给结构状况,更重要的是预测区内、外市场需求状况,要准确地把握市场需求量和产品需求结构。巨大的市场需求是促进区域经济成长的根本动力,也是优势产业迅速成长的出发点和前提条件。

(四)动态比较优势原则

产业发展是一个前后相因的动态过程,且具有明显的阶段性特征。某些区域现在的弱势产业,只要符合区域发展方向,着力加以培育之后也可能会成为未来区域具有强大竞争优势的产业。不同阶段产业发展能力的强弱在一定程度上支配着企业集群由萌芽、成长、成熟、衰退直到下一轮升级这样一个不断循环进行的生命周期演变。因此,在确定区域优势产业时,不但要看到产业的现实表现,更应该看到产业对经济发展趋势不断跟进而具有的潜在生命力。

(五)可持续发展原则

目前,我国生态环境问题相当突出,长期以来,在粗放外延的经营方式下,为了保持经济快速增长,对资源开发强度不断加大,且大多采取掠夺开发的方式,浪费严重,又由于环境意识欠缺,技术水平和管理水平的落后,使环境污染和生态透支日益严重,生态赤字不断加大。因此,优势产业的发展一定要达到经济效益与环境效益的统一。

基于"三农"问题缓解的西部企业集群产业选择约束

(一)劳动力质和量的约束

"三农"问题的核心是农民收入增长问题,而促进农民收入增长的最根本途径是减少农民,这是目前理论界和实际工作部门较为一致的认识。相对于发达地区来说,西部地区的经济发展滞后,劳动力市场发育迟缓,农村富余劳动力的吸纳能力不足,因此,农村富余劳动力沉淀问题十分突出。根据韩纪江(2002)提供的方法[4],我们估算出西部农村富余劳动力的数量及分布状况如

表 1 所示，总量接近 9000 万人，占西部农村劳动力总数的 57%。从理论上说，不同产业由于资本有机构成的不同，对劳动力的吸纳能力有着显著的差别，因此，劳动力数量是区域产业选择的重要约束条件。马克思指出，资本有机构成的提高，"一方面，在积累进程中形成的追加资本同它自己的量比较起来，会越来越少地吸引工人。另一方面，周期地按新的构成再生产出来的旧资本，会越来越多地排斥它以前所雇用的工人"[5]，从而造成大量的相对过剩人口。对于西部地区来说，减少农民，增加收入，缓解"三农"问题的任务十分迫切，因此，在农村企业集群发展中，应该选择资本有机构成相对较低的产业，把产业发展与扩大就业紧密结合起来。

表 1　　　　　　西部地区农村富余劳动力数量一览（**2003**）　　　　　单位：万人

地区代码	广西	云南	贵州	四川	重庆	陕西	甘肃	青海	新疆	宁夏	内蒙古	西藏	合计
L	2216.3	2002.7	1874.9	3759.6	1340.3	1396.2	1050.5	180.6	382.3	208.5	652.3	103.6	15167.8
K	1009.7	702.5	590.6	1806.7	636.2	547.4	405.5	73.5	237.8	98.2	363.1	44.1	6515.3
LS	1206.6	1300.2	1284.3	1952.9	704.1	848.9	645.0	107.1	144.5	110.3	289.2	59.5	8652.6

注：①表中 L 表示西部地区农村劳动力总量，K 表示西部农村必需劳动力数量，L 与 K 之间的差额，就是西部农村富余劳动力 LS，即西部农村富余劳动力数量 LS = L − K。

②本表是根据《中国统计年鉴（2004）》数据计算整理得到，其中的乡村人口数采用户口在乡村的常住人口数，全国劳动力总量则用经济活动人口数量替代。根据统计年鉴的解释，经济活动人口是指在 16 岁以上，有劳动能力，参加或要求参加社会经济活动的人口，包括从业人员和失业人员。

一般地说，劳动力的数量将决定此地区能否发展劳动密集型产业，而劳动力质量将决定此地区能否发展技术和知识密集型产业。如果在一个劳动力规模庞大而质量偏低的地区，试图依托高技术产业发展来促进地方经济发展，就有可能出现产业错位[6]。严格地说，农村富余劳动力充足还不能算作是西部发展劳动密集型产业的固然优势。例如，长期从事传统耕作的农民，经验是他们处理生产问题的主要根据，而在现代工业生产中，则要求严格按照标准和流程行事，这在某种程度上反映了产业工人和农民工的区别。在农民嬗变成工人的过程中，农民工一时可能难以适应大工业流程化生产的要求，培训就成为一种必须。目前西部地区的实际情况是，劳动力存在严重过剩，劳动力素质相对较低。因此，在地方政府尚无财力对农民工进行大规模的、符合现代工业生产要求的培训时，农村小企业发展在产业选择上的脱农化可能导致企业发展的失败。相反，农产品加工等与农业密切相关的产业可能更适合于当前的西部农村劳动力素质状况。

（二）行业进入门槛的约束

企业的繁衍是农村大量劳动力转移的重要依托。据统计，2003 年，地属沿海发达地区的江苏、浙江、广东，拥有中小企业单位数分别为 23655 家、25404 家和 24312 家，而在西部 12 省区中，最多的四川省也只有 5380 家，宁夏、青海、西藏小企业数不足 500 家，中小型企业数量较 2002 年的增长率江苏为 11%、浙江为 16.44%、广东为 8.13%，而在西部 12 省区中，除内蒙古和四川超过 10%（其中内蒙古 2003 年中小企业数只有 1622 家），青海、陕西、贵州几乎没有增长，而西藏、云南、广西、陕西、甘肃甚至出现负增长，甘肃负增长率达到 10.22%[7]。这说明，相对于东部发达地区来说，西部地区的企业衍生相当缓慢。这种状况虽然与西部地区资金、人才、技术储备不足有关，但从一定程度上讲，在劳动密集型产业中，企业成败的关键，不是资本、技术等这些传统基本要素，而是促进企业家创业的制度要素，尤其是政府的政策导向。目前，我国西部农村县域经济发展中出现的一个现象，就是试图通过制定产业政策，培植政府合意的产业目标，来实现区域经济发展。在合意产业的选择上，又倾向于发展高科技产业，因此"高新技术产业开发区"的发展备受追捧。似乎只有发展高新技术产业才会形成强有力的竞争，才会促进落后区域的跨越式发展。从而在政府政策上，传统产业得不到政府的扶持，创业门槛被提高，严重影响着企业衍生。企业衍生的困难，加剧了西部地区的就业矛盾，延缓了"三农"问题缓解的进程。因此，为了缓解西部地区的"三农"问题，其企业集群发展中的产业选择，要考虑西部地区的特殊情况，降低行业进入门槛，促成企业大量衍生，这是一条必然的途径。

（三）产业链延伸难度的约束

西部小企业发展能否形成集群，从而促进农村工业化和城镇化的实现，进而缓解"三农"问题，还取决小企业进入产业的产业链延伸的难度。只有进入产业链延伸相对容易的产业，小企业才有可能形成聚集，催生企业集群，而集群的发展形成增长极效应，才有利于农村城市化、工业化、农民收入增长三种统一。产业链延伸的难易，与此产业的关联效应有关。关联度高的产业部门前后向关联广泛，与其他产业部门之间相互依存，相互促进，促进企业大量衍生，从而吸纳更多的就业，增加农民收入，从而从根本上缓解"三农"问题。因此，西部地区企业集群的发展，在产业选择上必须注重产业链延伸相对容易的产业。

综上所述，西部地区企业集群发展，选择对劳动力吸纳能力强且对其素质要求不高、产业进入门槛较低、产业链延伸相对容易的产业，对企业集群缓解"三农"问题的绩效高低有着重要的意义。

基于"三农"问题缓解的西部企业集群产业定位

（一）以传统优势企业再造为契机，发展劳动密集型的制造业，实施政府主导的大中型企业核心成长的企业集群战略

西部的传统优势企业，是指能体现西部地区专业化优势，具有（或者曾经具有）较强竞争力，由政府投资形成的国有大中型企业。这些企业包括"一五"期间国家以重工业为主的工业化建设过程中确定的156项工业基本建设项目在西部的部分、"二五"期间中央政府在西部的甘肃酒泉和四川攀枝花建立的两大钢铁基地和钢铁企业、"三五"期间至20世纪70年代，中央政府集中力量在西部进行"三线"建设形成的以国防工业为重点，以能源工业和原材料工业为基础，以机械、电子、化工工业为内容的重工业企业[8]。由于这些工业以大中型企业为主体，在产业分布上主要是能源、原材料和军事工业，产业链较短，因此，从发展历史来看，对地方经济的带动较小，而且受国家的控制程度较高。正是由于体制灵活性的缺失和企业组织方式僵化，使之在改革开放后的市场经济冲击下，成为西部经济发展的沉重包袱，而不是经济发展的引擎。

我们也应该看到，西部传统国有大中型企业尽管目前面临着许多困难，但同时它们又是西部区域中重要的资源。如果能将这些传统优势企业拥有的资源盘活利用，将会成为西部经济持续发展的重要推动力。在这个过程中，改变企业组织形式，增加企业运作的柔性是重要的途径。也就是说，改变原有企业的内部一体化组织方式，构建以分工合作关系为主要内容的企业网络，增添企业的柔性，是这些企业优势再造的重要方式。

以西部传统优势企业再造为契机，打造西部制造业企业集群，可以在很大程度上使西部"三农"问题得到缓解。一方面，由于制造业产品绝大部分是劳动密集型产品，其发展可以在很大程度上拓宽就业市场，稳定就业；另一方面，制造业的发展本身具有很好的产业联动效应，能够直接带动服务业等新兴产业的发展，从而推动企业衍生，增加就业机会。例如，柳州是广西的重要工业城

市，汽车制造、工程机械制造业的相对发达，近年来，这些大型传统优势企业不断将技术要求相对较低的零部件生产实行外包，以工业园区为载体，建设多个零部件生产基地，为本地企业家提供了创业机会。由于这些行业技术要求不高，降低了农民工转变为产业工人的门槛，加速了当地农村富余劳动力转移。经验表明，以西部传统优势企业为基础，发展西部制造业企业集群是整合西部工业资源的重要战略选择。

一般地说，在制造业企业集群的形成过程中，由于外部体制环境和资源分布的差异，通常可以区分出两种成长战略：一是以中小企业为核心的基于竞争机制的成长战略；二是以大中型企业为核心的基于混合机制的成长战略，如表2所示[9]。

表2 集群成长战略的特征比较

成长战略	主导协调机制	企业关系类型	行为导向	空间特征
a. 以中小企业为核心的成长战略	市场主导	强竞争、强替代	加工优势与产业导向的灵活性	强聚集性
b. 以大中型企业为核心的成长战略	政府主导	中度竞争性、强互补性	资源依赖与产业导向的相对刚性	弱聚集性

根据西部传统优势企业的特征，发展企业集群的战略应当选择以大中型企业为核心的成长战略。这里要解决的问题是，如何将原有的内部一体化企业组织形式，改变为以大型企业为核心的大小企业互惠共生的企业网络的组织形式。这种企业集群的生成方式，就是以紧密的产业技术关联为纽带而形成产业内部的垂直分工体系，即大企业进行关键部件的生产和组装，而将一些一般部件和零部件以分包、转包等方式由小企业来承担，从而形成大小企业之间有序的分工合作体系。这种方式能够增加企业的灵活性和企业本地化联系，通过产业的延伸带动区域经济的发展。西部传统优势企业组织方式的这种改变，需要政府的大力支持，因为这些企业原本属于国有企业，对国有企业的改革，在某种程度上说，主要的决策层在于政府，因此，这是一种政府主导型的企业组织发展战略。

（二）以特色资源开发为基础，实施产品链延伸的集群成长战略

西部区域辽阔，地区间各种条件差异很大，特色资源丰富，这些特色资源主要包括：储量丰富的矿产资源；种类繁多的生物资源；品种多样的农产品资源；底蕴深厚的民族特色旅游资源；等等。目前的问题是，对这些资源缺乏深

度开发，没有形成产业链，因此难以形成产业竞争力，导致资源优势无法转化为区域经济优势。解决这一问题的关键在于，对特色资源进行深度开发，延伸产业链。通过产业链基础上的企业衍生，形成企业集群，强化企业间的分工与合作，实现企业组织的创新发展，实现区域资源优势向竞争优势的转型。

　　例如，广西有着极其丰富的铝矿资源，仅平果县就有铝矿储量2.9亿吨，并且矿体大，埋藏浅，开采容易。但由于没有重视产业链的延伸，目前仅处于铝矿冶炼阶段，铝锭成为最主要的交易产品，因而难以惠及农村居民，使这里的农民长期处于贫困状态。2003年，平果县农民人均纯收入1527.9元，同期的广西农民人均纯收入为2094.51元，西部地区平均为1936.01元；2004年平果县农民人均纯收入为1762元，仍没有达到广西乃至西部2003年的平均水平。事实上，铝业是产业关联度很高的产业部门之一，如图1所示。西部地区经济发展中，以特色资源开发为基础，延伸产业链，促进本地企业家创业，衍生企业，打造企业集群，增加就业机会，转移农村富余劳动力，促进农村城市化实现，是西部县域经济可持续发展的可行路径。

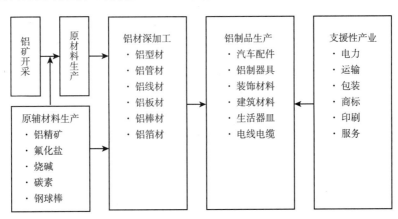

图1　铝业产业链简图

（三）大力发展农产品加工业，推动农业产业化，实施农业企业集群发展战略

　　农业是关联度很高的产业部门之一。农业产业一方面为工业发展提供原料，另一方面，农业发展又为工业发展提供市场，因此对工业的发展有着极强的带动作用。尤其值得关注的是，随着技术的提高，农业的发展将为吸收农业产出的相关部门提供数量更多、种类更丰富的加工对象，促成农业产业化经营，催生农业企业集群。西部地区围绕农业资源，形成农业资源导向型的企业集群，

符合西部的实际情况。

例如，广西是我国的著名甘蔗生产基地，在此基础上发展起来的资源加工型工业——制糖业在全国拥有一定的地位，但是，由于长期以来的"支柱产业"思想的指导，人们仅在蔗糖方面苦苦经营，遇上糖业市场行情变化，无法抵御市场变化带来的风险，使制糖业的发展没有起到推动区域经济发展的应有作用。尤其是目前蔗糖在甜味剂领域的优势下降，使制糖业面临极大的挑战。所以延伸产业链，形成企业集群，是这一行业走出市场危机的重要途径。根据制糖业的原料和生产流程特点，糖业产业链的延伸是完全有可能的，而且经济效益会比单独制糖更可观。根据现有的技术，利用化学和生物方法，建立蔗糖精细化工工业，使蔗糖从传统的食品领域拓展到新兴的领域，就可以大大延长产业链，如图2所示[10]，这些分布在不同产业链上的企业在区域的集中，就有可能孕育出一个良好的企业集群。

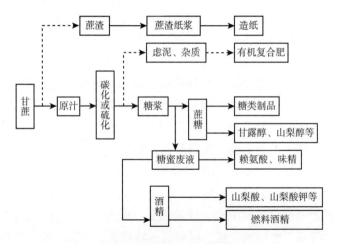

图2　蔗糖产业链示意图

在西部区域，这种整合资源导向型的企业集群很有发展前途。这里的许多特色资源的开发，都具有产业链延伸的可能性。而且，对于大多数资源的开发来说，技术要求不高，目前都有成熟的技术可以利用，延伸产业链遇到的壁垒较低，行业进入相对容易。这类产业大多属于劳动密集型产业，就业创造能力强，有利于安置西部大量的农村富余劳动力，推动西部农村城市化进程，保证区域经济的持续发展。

（四）以西部积累的智力、技术资源挖掘利用为基础，运用高新技术改造劳动密集型产业

从技术基础来看，我国西部地区在 20 世纪 60 年代到 70 年代中期的"三线"建设时期，得到了国家投资的重点倾斜，在一些地区形成了冶金、建材、化工、电子、军工机械等门类较为齐全的工业体系，从而使西部工业化进程业已达到一定水平，并拥有一定的技术优势。而且，在成都、西安、重庆、兰州等城市，分布着数量不少的国内著名高校和科研机构，形成了一定的人才及科研能力的聚集。这些为科技型小企业的发展奠定了良好的基础。西部科技型小企业的发展，主要的目标是要实现西部传统技术向高新技术过渡。这一方面要求在传统技术基础上经过改进生成新技术、新工艺；另一方面要求促进新技术领域中的相关技术对传统产业的渗透与扩散。因此，西部科技型小企业的产业选择，既要重视原有的民用电子、机械、重型工业配套设备、军工机械辅助产品等的发展，也要进军集成电路、个人电脑、现代通信工具、信息网络、电子软件、新材料、生物工程等高新科技领域。新兴高科技产业的衍生，可以推动西部落后区域的技术进步，为工业化进程中产业结构高度化打下基础。用那些投资企业容易掌握、企业竞争和发展迫切需要的成熟的适用技术和高新技术尤其是信息技术成功改造的劳动密集型产业，是西部经济发展的产业优势[11]。

例如，广西玉林市福绵区的服装业形成了服装生产及原料、机械、市场、服务等相关产业组成的，以产业链分工为基础的企业集群。企业经营涵盖了纺织、漂染、成衣缝制、辅料生产、辅助加工、服务、市场营销等各个领域。企业拥有高速平缝机、电脑绣花机、定型机、特种机、电剪、抽湿烫台、钉纽机、水磨机等先进设备、机械 3 万多台，初步实现了由单纯手工操作转变为现代化的流水线生产，部分企业还实现了信息化管理，使服装这一传统的劳动密集型产业加入了现代技术的新元素，既提升了产品的技术含量，又保留了这个产业吸纳劳动力的传统优势，十分适合西部欠发达地区经济发展的要求。

参 考 文 献

［1］庄晋财. 西部地区农村富余劳动力转移及其安置模式研究［J］. 经济问题探索，2003（9）.

［2］庄晋财. 企业集群发展与"三农"问题缓解：广西的证据［J］. 改革，2005（3）.

［3］臧旭恒，徐向艺，杨蕙馨. 产业经济学［M］. 北京：经济科学出版社，

2002：311.

　[4] 韩纪江．一种测算农村剩余劳动力的简便方法 [J]．统计研究，2002 (1)．

　[5] 马克思．资本论 [M]．北京：人民出版社，1975：689.

　[6] 郑茜．劳动力资源现状与主导产业选择 [J]．企业经济，2004 (1)．

　[7] 张俊喜，马钧，张玉利．中国中小企业发展报告（NO1）[M]．社会科学文献出版社，2005：357 – 358.

　[8] 朱方明，张军，肖丕楚．西部传统优势企业再造 [J]．经济理论与经济管理，2001 (6)．

　[9] 赵沂蒙，孙林岩，王瑛．信息化与西部制造业企业集群战略 [J]．中国机械工程，2002 (4)．

　[10] 汪宇明等．新世纪城市工业发展布局规划——广西南宁市的探索与实践 [J]．科学出版社，2003.

　[11] 张智勇，梅建明．西部农村剩余劳动力转移的产业选择 [J]．上海经济研究，2002 (11)．

（本文发表于《广西大学学报》哲学社会科学版 2006 年第 6 期）

链式招商与西部地区企业集群培育：北流市西埌镇的案例

庄晋财　蓝　信　李立民

【摘要】粤桂经济合作与珠三角产业转移给广西县域经济中培育有竞争力的企业集群提供了契机。北流市西埌镇利用这一契机，通过链式招商，将珠三角传统电子生产企业群体引进，旨在打造广西电子产业专业镇。这一思路与方法符合现代产业组织和市场竞争的发展趋势，链式招商有可能成为西部欠发达地区培育企业集群的路径，不过，在这一过程中，需要政府的大力扶持，并要在生产要素支撑、创新网络支撑、市场条件支撑、制度条件支撑等方面找准政府政策的着力点。

近年来，关于企业集群在区域经济发展中的作用，引起了理论界和政府部门的高度关注，"重视形成一批小而强、小而精、小而专的小企业群，发挥中小企业在活跃城乡经济、扩大就业、满足群众需要等方面的作用"[1]已经成为人们的共识。根据中央落实科学发展观的要求，促进城乡区域协调发展是必须坚持的原则之一，而全面建设小康社会的难点在农村和西部地区。因此，探寻西部农村地区企业集群的生成路径，对西部地区经济发展和"三农"问题缓解有着极其重要的理论和现实意义。

西部农村地区如何才能培育有竞争力的专业化企业集群呢？最近，笔者在北流市西埌镇调研，发现这里通过链式招商，将深圳近10家传统电子生产企业引进到西埌镇，力图打造广西电子产业专业镇，引起了笔者浓厚的兴趣。我们认为，西埌镇利用珠三角产业转移的机会，通过链式招商培育专业化企业集群的思路，可以为西部地区农村经济发展提供一些有益的经验或思考，本文拟就西埌镇电子企业集群发展问题做些探讨，借以抛砖引玉。

粤 桂 经 济 合 作 与 珠 三 角 电 子 产 业 转 移 ： 西 埌 镇 电 子 产 业 发 展 的 契 机

广东是我国经济最发达的省份之一，而广西则是我国较为落后的省区，但两广共饮一江水，珠江水系联系着两广从昨天走到今天迈向明天。为了促进广西经济发展，自治区政府将广西定位为广东的"后花园"，强调在两广合作中，广西将进一步发挥区位优势、独特的资源优势和宽松的政策优势，主动接受广东的经济辐射，借粤兴桂，实现双赢。经过 20 多年的发展，广东已经面临着产业结构升级重要任务。珠三角的电子产品及通信设备制造业、家用电器、电子机械及专用设备制造业和服务业已具有相当的竞争力，呈现出向资本密集型和技术密集型产业转移的态势，其劳动密集和资源密集型产业将逐步向外转移，这为广西民营企业尤其是中小企业发展拓展了空间。

西埌镇是广西北流市下辖的一个镇，地处广东与广西的交界处，村民操粤语方言及客家语，与广东语言相同，人员往来频繁，深受岭南文化的影响。目前，西埌镇经济仍处于工业化的起步阶段，产业结构中农业仍占据主导地位。据统计，西埌镇 2004 年的 GDP 为 2.6 亿元，人均仅 5200 元，相对较低，这主要源于其工业发展的滞后。分析西埌镇的产业发展，存在着以下两个明显的不足：

（一）产业涉及面广，主导产业不明确

从西埌镇的情况看，产业发展中没有明确的主导产业，2004 年西埌镇有工业企业 92 家，其中规模以上工业企业 10 家，规模以下工业企业 82 家；批发零售企业 6 家；服务企业 5 家，工业总产值为 3.83 亿元，其中规模以上工业总产值为 1.01 亿元，规模以下工业企业产值 1.58 亿元，个体工业企业 221 家，产值 1.24 亿元。从行业分布看，主要涉及陶瓷（2 家）、兽药制造（8 家）、皮革（7 家）、针织服装（13 家）、现代家具（20 家）等领域，但每一个产业的规模都很小，尚未形成有竞争力的产业。

（二）产业特色不明显，并与周边地区的产业分布出现高度重叠

目前西埌镇的工业行业分布涉及陶瓷、兽药制药、皮革、服装、家具等领

域，每一行业的总量都很小，没有一个具有明显优势的产业。而且所涉及的行业均与北流市乃至玉林市其他地方的工业具有较高的重叠性，如陶瓷业主要分布在北流市的北流镇、民安镇、民乐镇，在西埌镇仅有2家，而且，随着北流市工业布局规划的进一步实施，北流陶瓷业的发展将不断向陶瓷工业园区集中；制药是玉林市的传统优势产业，在玉林的各县市均有分布，在北流市，兽药制药业也在不同的乡镇有分布，西埌镇不是主要的生产基地；玉林市服装业最发达的地区在福绵，已经形成了具有相当规模的服装业产业集群，被称为"服装王国"，已有600多家企业集聚在一起，产值达到15亿元，远远超过西埌镇的服装业规模。现代家具业在北流市相邻的容县，已经被当作支柱产业在发展。从这些情况看，西埌镇尚没有自己特色的产业，作为一个乡镇，产业过分分散，并与周边地区形成高度重叠的态势，就难以形成有竞争力的产业，从而会影响区域经济的持续性发展。当地党委与政府在认真分析西埌镇产业发展现状的基础上，认为承接珠三角电子产业转移（这里主要指传统的电子装配业）可能使西埌镇产业发展跃上一个新台阶。

电子产业曾是深圳市的主导产业，但最初发展起来的电子产业生产的是一些低端产品，属劳动密集型产品。随着深圳经济发展水平的不断提高，这种传统的劳动密集型产业将会面临着一些难以克服的障碍：一是劳动力成本不断攀升。目前已经出现的"民工荒"现象表明，包括深圳市在内的珠三角都存在劳动力不足的问题，劳动力不足必然带来劳动力成本上升，从而使传统的劳动密集型的电子产业发展受到影响。近年来出现的电子产业厂商不断向长三角转移的迹象表明，这种影响开始显现。二是土地供应严重不足。深圳工业用地资源十分有限，特区内可供利用的土地资源不足，特区外用于连片开发的集中工业用地也越来越少，而传统电子产业是属于需要占地较大的产业，在深圳的发展越来越受到限制。所以可以预见，随着深圳市的产业发展实现从传统产业为主导到高技术产业为主导的转变，在"十一五"时期，像电子产业这样的传统产业将会向内陆经济欠发达地区转移，这是珠三角地区特别是深圳市产业发展的必然趋势。

西埌镇的经济条件十分适合承接来自珠三角如深圳市这些经济发达地区转移的电子产业的发展。

第一，从经济条件上看，西埌镇发展电子产业有着丰富的劳动力资源。西埌镇本身虽然只有5万人口，但其所在的玉林市是一个拥有587万人口的城市，人多地少的矛盾，使这里的农村富余劳动力达到230万人，近年来，这些农村富余劳动力主要在珠三角地区外出务工，大部分民工在珠三角从事电子产业的生产。同时，政府加强了农民工的培训工作，使许多农民工都拥有从事电子产业产品生产的基本技能。

第二，从区域空间条件看，西埌镇不仅有着离北流市、玉林市不足20公里的优越区位，而且，位于西埌镇的横木岗工业园区、田心工业园区是玉林市经济发展的重要载体——玉贵经济走廊的重要节点，地理位置介于玉林和北流市之间，处在投资置业的"金三角"地带。这两个工业园区经过10年的建设，已经具备良好的投资环境，基础设施相对完善，为企业投资奠定了良好基础。

第三，从区域制度要素看，首先，西埌镇乃至于玉林市都是在历史上深受岭南文化熏陶的地区，与珠三角有着较深的文化历史渊源，语言相同，文化相同，极大地方便了珠三角客商在此置业，使企业能够很快嵌入区域社会关系的网络中，为企业的发展排除了沟通的障碍；其次，北流市的工业布局已经初步将西埌镇确定为"电子产业发展基地"，并在政策上加以扶持。

2004年，北流市把珠三角产业转移作为重点招商引资目标，加大产业链延伸性的招商力度，推动工业结构调整和产业升级，充分利用社会资源，采取"走出去"和"请进来"方式大力发展招商引资，秉承以"招商、安商、亲商、护商"的理念，为区域内企业提供"一条龙""一站式""零成本，保姆式"的服务，在此基础上以商招商，利用深圳电子企业跨区域群体投资机会，有计划、分层次地引进外部资本。在北流市和西埌镇党委、政府的努力下，一些深圳知名的电子企业开始前往西埌镇投资生产。已经投产的嘉裕电子实业（深圳）有限公司北流分公司，是由香港现代电子有限公司在深圳投资建设的一家企业，厂址在深圳龙华镇，有员工7200多人，主要生产VCD、收录机、电视组合机、MP3等传统电子产品。由于近年来深圳市调整劳动密集型产业政策出台和公司原厂区分散、招工面临困难等原因，经与北流市政府协商，公司整体搬迁至西埌镇横木岗工业区内，并已经投产。目前此厂已有10条生产线，年产各种电子板500万套，产值达3000万元以上，安排1300名农村富余劳动力就业。而且，在随后的协商中，还陆续有近10家配套企业准备在西埌镇落户，一个以传统电子产业为主体的电子企业集群开始在西埌镇落户，深圳电子产业群体跨区域转移，给西埌镇产业结构调整提供了极好的发展契机。

区域产业转移与链式招商：西埌
电子企业集群生成的可能路径

西埌镇将其主导产业发展战略定位为：利用珠三角电子产业跨区域群体转移投资机会，承接珠三角电子产业转移，坚持链式招商理念，培育电子企业集群，打造广西电子产业专业镇。

那么，西垠镇能否在承接珠三角产业转移过程中，坚持链式招商方式打造电子产业企业集群呢？

所谓链式招商，是指以主导产业为依托，根据产业链延伸的要求，将产业链上、下游企业及产业关联企业引进某一区域的招商引资方式。这种招商引资的方式具有如下特征：一是重招商质量，轻招商数量。在招商引资过程中，重视引进企业的质量，努力寻找具有种子功能的企业，增加了通过引进企业衍生产业的可能性。二是重产业链招商，轻单一项目招商。在招商引资过程中，注重引进企业的产业关联性，努力将产业链中的关联企业一起引进，克服目前落后地区招商引资中"见一招一"只见项目不见产业的情况，有利于避免单一项目招商引发的"移动公司""游动公司"现象。三是重产业培植，轻优惠政策。把招商引资与本地企业衍生结合起来，努力使本地企业与引进企业一起构建具有明显产业属性的企业网络，实现产业配套，强化企业的网络根植性。克服了以往招商引资中互相比拼优惠政策引发的政策外溢对本地经济的损害，走出"外地企业成群地来又成群地走"招商引资怪圈。

链式招商将产业链中上、下游企业及其相关企业一并引进，形成企业网络，符合现代产业组织发展的要求。我们知道，当代产业组织一个重要变化趋势，就是从单一企业垂直一体化到专业化分工的企业网络发展。垂直一体化的大型企业在 19 世纪末期开始出现，1913 年，美国福特汽车公司运用一种以"少品种、大批量、标准化"为特征的生产方式，并以特殊的组织形式来控制大范围市场，这种特殊的组织形式就是垂直一体化的大型企业。到 1917 年，纵向结合的工业企业已经成为美国经济中最有力的机构，直到 20 世纪 70 年代之前的相当长时间中，垂直一体化成为主导美国、德国、英国等发达国家主要产业的主要产业组织形式。70 年代以后，市场结构产生了深刻的变化，由原来的卖方市场变为买方市场，消费者需求与消费结构产生巨大的改变。在这样的背景下，福特主义倡导的垂直一体化企业管理模式，充分暴露了其灵活性的缺失，不能根据市场作出及时调整以适应消费者的多元化需求，这样，垂直一体化大企业面临严峻挑战。可以说，垂直一体化大型企业的危机是标准化大量生产危机的必然结果。70 年代以后，日本丰田公司倡导了一种新的生产方式，旨在最大限度降低市场的不确定性给企业造成的损失，这种生产方式被称为丰田主义的"弹性专精"或称为"柔性生产"。丰田主义倡导的"弹性专精"生产方式，导致了企业组织形式从垂直一体化到纵向分解的极大变化，即垂直一体化企业将原来在企业内部的纵向链条上的生产过程分离出去，或者是从价值链体系的某些阶段撤离出来，转而依靠外部供应商来供应所需商品[2]。90 年代以后，越来越多的企业由原来一体化的上下游关联产业分拆成一个个独立的产销环节，由业务范围单一的专业化公司独立经营。这些企业通过契约关系建立外部联系，从而形成企业网络，当这种企业网络在特定的空间聚集，形成企业集群，就获得了聚集经济。

以企业集群为特征的企业网络是企业之间形成的介于企业和市场之间的一种交易合作关系，是一种新型的产业组织形式。这种产业组织的出现，改变了以往企业以独立个体的原子形式参与市场竞争的方式，网络中的企业一方面重视发挥自己的核心能力；另一方面注重利用网络中的外部资源，企业间的竞争日益转变为所处价值链和价值网的竞争[3]。由此看来，在现代市场环境下，单个企业独立参与市场竞争面临的风险将会相当大，单个企业发展将越来越依赖其他相关企业提供的支持，从而形成企业网络。因此，对于欠发达地区来说，招商引资的目标应该是通过引进企业的衍生或带动功能，形成具有产业特色的企业集群。

从企业集群的形成方式看，中国的企业集群有三种形成模式：一是内源传统型企业集群模式，多以传统劳动密集型工业部门为主；二是内源品牌型企业集群，多以资金和技术密集型的工业部门为主；三是外商投资型企业集群，主要集中在东部沿海地区[4]。对于欠发达地区来说，由于资金和技术的缺乏，难以形成内源品牌型企业集群，一些地方由于历史的沉淀形成了内源传统型企业集群，但数量十分有限。因此，通过招商引资形成具有特色的企业集群就成为欠发达地区产业发展的一条途径，而区域间产业转移为欠发达地区"嵌入性"企业集群的形成提供了良好的契机。

如前所述，珠三角地区的电子产业由于面临劳动力成本和土地成本不断攀升的困难，需要向内地转移。但是，在珠三角传统产业向内地转移过程中，遇到了不少困难，其中之一就是转移出去的企业因为失去原有的企业网络导致经营困难重重。我们知道，在珠三角地区，传统产业的发展具有明显的"集群"特征，"专业镇经济"是对珠三角经济的最好概括。这种企业集群形成的聚集经济，有着极强的极化效应，集群中的单个企业转向外地要付出极高的成本，导致珠三角地区传统劳动密集型产业出现区域黏性。珠三角地区完善的产业配套使单个企业无法形成的企业网络而获得生存，而这一地区日益昂贵的劳动力成本和土地成本又使其逐渐失去往日的竞争优势，从而使珠三角地区的传统劳动密集型产业面临两难的境地。近年来，东部地区一些产业出现跨区域群体投资的趋势，引起人们普遍的关注。所谓群体投资，是指联合供应链上协作配套的多家企业或者产业内存在间接交易关系的群体企业所进行的跨区域投资，这种投资方式，满足了企业依赖集群发展的要求，为企业跨区域发展创造了集群环境[5]。而且，现代市场竞争不是单个企业之间的竞争，是供应链优势之间的竞争，具有产业关联性的企业聚合在一起进行跨区域群体投资，可以实现供应链群体企业投资的最大化效益，因此成为东部地区跨区域产业转移的重要途径。

西部欠发达地区抓住这一重要的机会，利用链式招商的理念，强化招商引资的产业培植功能，注重本地企业与引进产业之间的配套，就极有可能以"嵌入"的方式发展地方特色企业集群。东莞地区成功地从台湾地区引进跨区域群体投资企业，打造了极有竞争力的IT产业企业集群就是一个例证。西埌镇在招商引资过程中，运用链式招商方式，将深圳市成熟的传统电子产业中具有产业链关系的近10家企业同时引进，力争打造一个西部的电子产业专业镇，是我国东西部地区产业转移中，利用跨区域群体投资发展落后地区产业的一次尝试。

西埌镇电子企业集群发展的支撑条件与政策建议

根据波特的集群理论，区域产业的竞争优势，来自四个内生性要素和两个外生要素条件的支撑。四个内生性要素就是区域生产要素条件、需求要素条件、相关产业与支援性产业条件、企业竞争战略的选择；两个外生性条件是政府的扶持和历史机遇。从历史机遇来看，西埌镇电子产业的发展可以说正是时候：首先，国家西部大开发政策惠及西埌镇，为西埌镇经济发展奠定了良好的交通基础设施条件；其次，广西壮族自治区区政府"富民兴桂新跨越战略"实施，确立了"工业兴桂"的指导思想，西埌镇承接珠三角电子产业转移正符合政府的扶持方向；最后，玉林市提出"建设中小企业名城"战略，正需要各乡镇加快工业发展，推进城镇化建设。所有这些均表明，西埌镇电子产业发展有着极为宽松的宏观环境。

从产业发展的内生要素看，西埌镇电子企业集群发展的支撑体系应该包括以下内容：

（1）储备高等生产要素，尤其是人才，提升生产要素支撑条件。目前西埌镇几乎没有电子产业发展的相关人才储备，与电子产业发展相适应的人才十分缺乏，这是制约西埌镇电子企业集群发展的最大障碍；

（2）配合电子产业发展，构建区域创新网络。一是与高等院校和科研院所合作，提高技术创新能力；二是在适当时候组建行业协会等中介组织，以加强企业之间的联系；三是与金融机构密切配合，同时考虑启动民间资本，解决产业发展资金"瓶颈"问题；四是加强与其他服务性企业的联系，为产业发展提供诸如电子信息管理等方面的服务，创新产业发展的新平台。

（3）拓展市场空间，发展需求要素支撑条件。加强企业间的联系，努力构建完整的供应链，以供应链管理方式参与国际市场竞争，以满足在激烈竞争中拓展国际市场的需要。

（4）促进企业衍生，发展相关产业与支援产业条件。降低本地企业进入电子产业的门槛，消除进入壁垒，促成本地企业与引进企业的合作关系，提高本地企业和民众对电子产业发展的认同感，以形成浓厚的产业氛围。

（5）准确进行政府角色定位，发挥政府在产业集群发展中的服务功能，同时又不破坏产业集群发展的一般规律，使电子产业集群发展步入良性发展轨道。

西埌镇电子企业集群发展尚处于起步阶段，政府引导与扶持有着十分重要的意义。为了西埌镇电子企业集群顺利成长，真正成为广西电子产业专业镇，我们提出以下政策建议：

（1）坚持链式招商理念，吸引珠三角电子企业跨区域群体投资在西埌落户。在招商引资过程中，政策侧重点在于：一是采用可行的引资政策，强化优质的服务意识，创造良好的投资环境；二是实施严格的外来企业甄别制度，防止不良企业的进驻对电子产业集群发展产生危害；三是鼓励引进企业与北流市乃至玉林市企业进行紧密合作，拓展产业链。

（2）努力构建区域创新网络。政策侧重点在于：一是鼓励引进的电子生产企业与附近的科研机构合作，联合进行技术攻关；二是加强职业教育，特别强调要着手与北流、容县、玉林市的职业高中联合，开办电子专业班，为西埌镇电子产业发展培养电子专业人才；三是争取上级政府支持，鼓励金融、法律、信息咨询、中介服务等相关组织为电子企业集群提供优质的服务；四是确保西埌镇电子产业集中区的开放性，加强产业集中区与其他经济区域的联系与互动。

（3）加强环境保护，维护电子产业的可持续发展。政策侧重点在于：一是加强环保知识、生态环境的宣传和教育，提高企业的环保意识；二是建立生态环境预防监测系统，定期监测产业区的大气、水质和固体废弃物的情况；三是规划建设专业化的废弃物回收系统，发展循环经济；四是制定环保管理制度，严格限制不符合环保要求的原料、产品进入电子产业集中区，防止电子垃圾流入西埌镇；四是加强执法队伍建设，严格执法程序，依法保护电子产业集中区的生态环境。

参 考 文 献

［1］编写组．国民经济和社会发展"十一五"规划建议若干问题学习读本［M］．北京：人民日报出版社，2005.

［2］［3］李晓华．产业组织的垂直解体与网络化［J］．中国工业经济，2005（7）.

［4］陈佳贵，王钦．中国产业集群可持续发展与公共政策选择［J］．中国工业经济，2005（9）．

［5］徐维祥，彭霞，张荣．跨区域群体投资模式研究［J］．中国工业经济，2005（2）．

（本文发表在《广西大学学报》（哲学社会科学版）2006 年第 2 期）

第二篇

>>

西部农村地区企业集群三重
绩效的动态协调

企业集群三重绩效动态协调与区域产业竞争力研究

庄晋财　程李梅

【摘要】信息经济时代，区域产业竞争力研究范式发生了转换，主要表现在：产业组织成为区域产业竞争力理论关注的重点；生产网络范式成为产业组织研究的新范式；企业集群成为生产网络范式下的区域主导产业组织形式。然而，并非所有的企业集群对区域产业竞争力的形成都具有正面绩效。将企业集群看作是一个由经济子系统、社会子系统和生态子系统复合而成的复合系统，其"经济—社会—生态"三重绩效的关联互动所形成的协同效应，是区域产业竞争力的重要来源。企业集群复合系统三重绩效的关联互动具有多重性、非均衡性特征，只有三重绩效实现动态协调，才能维持区域产业持久的竞争力。因此，地方政府在培育企业集群的过程中，要注意保持企业集群三重绩效的动态协调关系。

问题的提出

企业集群在获取区域产业竞争优势方面的作用得到学术界和政府部门的普遍认同，甚至已经进入地方政府的决策层面。例如，在我国的各区域中，各式各样的工业园区、经济开发区、高新技术园区等等可谓不一而足，不少地方政府设立这些开发区的目的就在于培育具有区域竞争优势的企业集群。但由于缺乏基于科学发展观的企业集群发展战略思维，经济绩效基准下的政府政策偏向已经导致许多区域企业集群发展过程中出现了诸多问题：（1）资源利用率低、能耗高等粗放型发展方式导致企业集群缺乏后劲，难以形成持续竞争力；（2）经济绩效至上的企业集群发展模式导致环境恶化，生态失衡；（3）产业选择盲目性导致工业化与城市化相脱离，失地农民就业难引发"三农"问题加剧，社会矛盾激化，等等。[1]显然，不是所有的企业集群对区域发展都具有同样的绩效贡献，即使在发达国家也存在着绩效低下的企业集群。根据我国提出的转变经济发展方式，建设资源节约型、环境友好型社会，促进经济发展与人口、资源、环境相协调的战略，那么，企业集群发展应该遵循怎样的发展路径，才能成为获取区域产业持续竞争优势的有效载体呢？本文拟从复合系统论出发，探寻企业集群三重绩效动态协调与区域产业竞争力的相互关系，以期为我国区域经济发展中培育"经济—社会—生态"三重绩效动态协调的企业集群，提升区域产业竞争力提供理论基础和决策依据。

信息经济时代区域产业竞争力研究范式的转换

（一）产业组织成为区域产业竞争力理论关注的重点

区域竞争力主要表现为区域产业方面的竞争力，培育区域产业竞争力，是促进区域经济发展的政策着力点。从空间角度看，产业竞争力包括国际和国内两个层面，区域产业竞争力是国内层面的产业竞争力，是指一国内部各区域之间的竞争中，某一特定区域的特定产业在国内市场上的表现或地位。[2]一般认为，区域是一个具有空间含义的经济学概念，是根据一定目的和原则而划定的地球表面的一定空间范围内，由自然、经济、社会等方面的内聚力而形成的具有相对完整结构、能够独立发挥作用的有机整体。区域产业竞争力来自产业的竞争优势，而产业的竞争优势来自区域产业比较优势在市场竞争条件下的转化，这种转化能力的大小，最终取决于相关企业的市场竞争力。因此，归根到底，区域产业竞争力是由区域比较优势和企业竞争优势决定的。[3]按照古典经济学的观点，区域产业竞争力的强弱主要取决于区域生产要素的相对优势，即区域比较优势源自于区域资源禀赋的差异，如区位条件、自然资源、人口数量等方面的差异。但麦克尔·波特指出，具有比较优势并不必然拥有竞争优势，竞争优势来源于经济资源和要素分工协作的系统化，一国竞争力的获取，就是要把比较优势转化为竞争优势。波特提出了竞争优势决定因素的钻石模型，认为竞争优势主要取决于此区域的生产要素、需求条件、相关产业和支援性产业状况、企业数量、结构与战略等因素，并认为在不同的发展阶段，竞争优势的来源是不同的。在经济发展相对封闭的情况下，竞争被视为是静态的，而且是以成本最小化为手段的，因此，生产要素的比较优势是决定竞争成败的关键。但随着越来越多的国家对全球经济开放，竞争具有动态性，传统生产要素（如位置、自然资源、人口数量等）的重要性日渐减轻，竞争的成败取决于企业的创新和战略性的差异。[4] 由于产业竞争力着眼于同一产业内部的企业的整体，因而产业内企业间的竞争合作关系，对产业资源配置效率会形成重要的影响。因此，产业组织的合理化水平成为决定区域产业竞争力的重要因素。正如金碚所说，产业竞争力归根到底是一个产业组织问题，增强竞争力的关键是优化产业组织。[5]

人们注意到，20 世纪 70 年代石油危机后，一些地区呈现出产业大规模衰退，经济陷入低谷，企业纷纷破产，工人失业率不断攀升的景象。而与此相反，在意大利的艾米利亚—罗马格纳、美国的硅谷、印度的班家罗尔、德国的巴登—符腾堡等地区，经济发展一直保持增长势头，成为战胜衰退的"经济之星"。学者们对这些地区的研究发现，它们共同特征就是，区域内部企业间存在着高效率的竞争和合作关系，形成了高度灵活的专业化生产协作网络，从而获得了创新能力并保持了区域产业竞争优势。经济学家意识到，生产组织方式是一种甚至比技术、资本等流动性生产要素更重要的生产要素，生产组织形式的选择对整个社会生产效率的提高具有重要的作用。因此，产业组织这一长期被正统经济分析模型抽象掉或作为固定外生变量处理的因素，重新被纳入经济理论分析的视野中，并成为区域产业竞争力理论关注的重点。

（二）生产网络范式成为产业组织研究的新范式

19 世纪末出现的垂直一体化（Vertical Integration）大型企业把大量生产过程和大量分配过程结合于一个单一的公司之内，完成制造和销售一个产品系列所涉及的许多交易和作业程序，成为主导美国、德国、英国等西方发达国家的主要产业组织形式。在以物质资本为主导的工业经济时代，产业组织之所以出现垂直一体化倾向，在威廉姆森看来，是因为它可以减少资产专用性所带来的交易成本过高的问题。但是，这一情形在信息经济时代发生了改变，信息技术的发展，使信息传递的成本与时间大减，而且，信息技术还使信息不断透明化，这样，过去大型企业依靠专门的内部情报贮存机构获取情报并对此加以垄断利用的优势被大大削弱，柔性生产、敏捷制造、虚拟组织与模块化组织等新的生产组织方式的出现，使企业的资产专用性明显降低，大大减少了交易成本，因此出现了与垂直一体化反向的企业组织变化过程，即企业垂直分解（Vertical Disintegration）。20 世纪 80 年代以来，越来越多的企业将原来在企业内部的许多功能外包给专业化的市场厂商，而专注于自己更擅长的部分。从产业层面上看，垂直分解有两种方式，即在位企业的垂直分解和新建企业的垂直分解。前者指已经存在的企业将原来垂直一体化的某个环节分离出去，后者指新建立的企业采取非垂直一体化的生产方式。在位企业的垂直分解与新建企业的垂直分解从总体上构成了产业组织垂直分解的趋势。[6]产业组织垂直分解后，并不是简单地从一体化的科层回到市场，而是与原有企业之间在生产和销售上会保持一种密切的联系。因为企业为了适应专业化生产的要求，需要整合企业内外部资源，因此会依据产品价值链进行分拆、重组、整合，通过分包、转包等方式将企业内非专业化生产的环节从企业内部分离出去，原有的科层制企业通过垂直分解，就被现在一种以合同关系为基础或长期合约为基础形成的网络关系所替代，企业组织呈现出一体化、网络化形态。创新链条和创新网络也成为提高区域产业竞争力最积极、最活跃、最有效的因素。Sturgeon 将这种新的产业组织形式称作生产网络范式（Production Network Paradigm），关注的焦点从现代公司内部结构转到企业间相互作用产生的外部经济，从而使传统产业组织研究范式面临多重危机：[7]

一是分析视角的危机。传统产业组织理论分析中企业与市场的边界是清晰的、企业与企业的边界是清晰的、产品与产品的边界是清晰的，但在生产网络范式下，这些边界变得模糊起来：生产网络是介于企业和市场之间的中间性组织，在生产网络中，产品可能是由网络节点中的许多企业共同完成的，一种产品并不固化于某一特定产业领域，而是游离于传统的企业与市场的边界间。

二是分析框架的危机。新古典经济学的企业同质性假设无法破解"企业成长之谜"和"企业利润之谜"。哈佛学派修正了企业同质性假设，认为企业效率差异源自于外在市场结构的特征，市场结构、市场行为与市场绩效之间存在递进制约的因果关系，市场结构决定企业的市场行为，而企业市场行为决定市场配置资源的绩效，这种"结构—行为—绩效"（即 S－C－P）分析范式一直被视为是产业组织理论分析的基本框架。但在生产网络范式下，"结构—行为—绩效"的传导机制被打破，出现垄断结构不具有垄断绩效、有垄断结构但不存在垄断行为、竞争性绩效与竞争性结构不一致的情况。[8]原因在于，在传统产业组织理论中，边界清晰的企业之间的关系是原子式的竞争关系，企业的种种行为就是要通过谋求价格优势取得利润最大化。在这样的条件下，某一企业一旦取得某种支配市场的势力，就会强化并进而形成垄断，并以此获得高额垄断利润。因此出现垄断条件下的垄断厂商高价谋利导致社会资源纯损失及产生所谓的 X 非效率问题。但在生产网络范式下，处于网络节点的各企业之间的关系不再是原子式的竞争关系，企业之间除了产品市场交易关系外，更多的是互信合作的关系，每个企业都需要其他节点企业的支持，才能获得持续发展的条件。网络的价值就在于通过节点企业之间的合作行为取得网络的溢出效应，因此，节点企业连接的密度成为网络价值创造的源泉，价值创造越多，各节点企业获利也越多，节点企业间的关系是一种互惠共生关系。尽管网络中的节点企业也具有异质性，市场支配势力在企业间的分配不是均衡的，但网络中声誉机制的作用，抑制了传统市场支配势力下"敲竹杠"问题的产生，可见，在生产网络范式下，垄断的结构不会产生垄断的行为，因而也不具有垄断的绩效。

三是分析领域的危机。传统产业组织理论的分析领域不外乎是竞争、垄断、垄断竞争和寡头四种市场结构，并把市场低效率的主要原因归结为垄断或者竞争不完全，认为只有完全竞争才能提高市场效率。但在生产网络范式下，企业之间的边界变得模糊，企业之间的关系不再是单纯的产品市场交易关系。在网络共享性、外溢性、扩散性作用下的报酬递增，使原先需要通过扩张规模才能降低的各种成本，现在保持小规模、柔性化的生产方式也能实现，也就是说，在生产网络范式下，企业的最小有效规模得以提高，使横向或纵向一体化不再成为主导经济成长的产业组织形式。大量中小企业聚集而成的生产网络组织，改变了原有企业与市场关系下的竞争范式或垄断范式，转而形成企业间基于竞争合作的共生关系，企业集群就是这种范式下的具体实现形式。[9]

（三）企业集群成为生产网络范式下的区域主导产业组织形式

在信息经济时代，垂直一体化科层组织的垂直分解是按照价值链体系进行的，即垂直一体化企业将原来在企业内部纵向链条上的生产过程分离出去，或者说从价值链体系的某些阶段撤离出来，转而依靠外部供应商供应所需产品与服务。价值链既有所有权属性，又有空间结构属性。所谓所有权属性，是指从价值链中分解出来的企业不属于原有企业的一部分，也不接受原有企业的指令，具有自己的独立性和独立利益。空间结构属性则是指价值链垂直分解出来的各个生产环节的地理位置分布。从生产网络组织的概念看，网络节点并没有很强的空间要求，例如，跨国公司的生产网络可以在全球范围内整合资源。一般而言，由于价值链各环节对生产要素的需求存在较大的差异，因此，企业可以根据需要将价值链的不同环节安排在不同的区域空间中，从而形成垂直分解后价值链的空间结构。当前，价值链的空间分布呈现出两种趋势：全球化与本地化。[10]但两者不是相互割裂的关系，而是相互依存，互为条件的，有人称这种关系为"全球—本地"二重性，而企业集群就是这种二重性的最好反映。[11]因为在经济全球化的时代，一方面，生产要素在全球范围内流动，原本在一个国家之内完成的商品生产过程发生分化，每个国家仅承担商品的某些特定环节，进行专业化生产，形成全球价值链（GVC）；另一方面，特定产业价值活动在某一区位集中，在较小范围内形成相对完整的产业价值链，最典型的就是企业集群。它通过同种产业或相关产业的企业在区域内有机结合和不断创新，获得区域产业竞争优势。

具有明显区域特色的企业集群，既是对全球化挑战的回应，又是全球化发展的结果，在全球经济中，区域产业持久的竞争优势是通过地方企业集群获得的。原因在于随着信息经济时代的到来，市场不确定性增加，加上柔性技术的发展，使规模经济的重要性减弱，垂直一体化变得低效而僵化，使高度专业化的小企业获得了更多的发展机会。由于整合外部资源能力的不同，小企业与大企业相比，区位选择上更不具灵活性，因而需要依赖专业供应商、转包商等价值链不同环节上的企业结成本地网络形成企业集群来获得竞争力。就发展中国家而言，在全球化的背景下需要回答的问题：是以吸引外资的分支工厂为主，还是以培育本地具有特色产业优势的企业集群为主？从实践看，吸引外资的分支工厂，使本土企业获得向外资企业进行技术学习的契机，从而获得产业创新的技术能力，是技术落后国家吸引外资所希望实现的长期目标。但是，追求自身利益最大化的动机，使国外资本转移到本土后，对本土企业产生产业配套的需求，而本土企业针对这种配套需求形成的投资往往具有高度的资产专用性，本土企业投资的资产专用性程度越高，产业配套程度越高，被外资企业套牢的风险就越大，如果外资企业再次发生转移，本土企业就可能出现"产业空洞化"的危险。[12] 而地方企业集群的培育，不仅使吸引的外来资本在本地形成强烈的地域根植性，还会使许多企业得以衍生和成长，集群内企业之间的相互学习和交流，强化了知识技术的溢出效应，从而使本地企业的产业创新能力不断加强。因此，企业集群逐渐成为区域生产网络组织中的主导形式，从而也是获取区域产业竞争力的重要产业组织形式。

复合系统视角下的企业集群及其绩效

如前所述，在信息经济时代，企业集群在获取区域产业竞争过程中扮演着重要的角色。正如麦克尔·波特所说，一种新的被称为"集群"（Clusters）的产业组织形式正在支配着当今世界经济版图，它使全球经济中持久的竞争优势根植于远方竞争者无法匹敌的当地要素。[13] 通过企业集群提升区域产业竞争力的机制可以简单描述为"区域主导产业的选择—区域主导产业集中度的提高—

主导产业相关企业的空间聚集—区域企业集群形成—区域产业竞争力提升"。①
遵循"竞争—特色—优势—发展"的逻辑，培育有竞争优势的企业集群，从而
形成有竞争优势的区域特色产业，是提升区域产业竞争力的可行路径。目前关
于企业集群的讨论，主要关注集群内部企业间的关系及其效应，根植性、信任、
知识溢出、技术外溢、资源共享等被视为企业集群竞争优势的要素，对集群绩
效的解释主要遵循的是交易费用和生产成本的分析。我们知道，企业集群作为
区域产业空间组织形式，必然与区域环境发生物质、信息、能量的交流，它的
可持续发展必然要从区域环境中得到能量输入。因此，仅仅从集群内部企业间
的关系难以解释集群发展的可持续问题，将企业集群看作是一个复合系统为我
们揭示企业集群乃至于区域产业持续竞争力问题提供了新的视角。

（一）复合系统视角下的企业集群

复合系统是由多个独立的子系统组成，各子系统之间不是简单叠加关系，
而是相互作用、相互依存关系。人们通常把地球空间系统看作是"经济—社
会—生态"复合系统。按照波特的观点，企业集群是在某一特定领域内相互联
系的、在地理位置上集中的公司和机构的集合。企业集群作为一种集中在某个
地理空间上的网络组织，它与一般网络组织的不同，就在于它具有强烈的区域
性特征，是地域生产综合体。企业集群发展过程事实上是与区域环境进行物质、
信息、能量交换的过程，把这个地域生产综合体看作是一个复合系统，同样是
由"经济—社会—生态"三个子系统组成。

企业集群作为一个经济系统，其目标指向是效率，即通过创造出人们需要
的各种产品，实现价值最大化目标。收入扩大、成本降低和永续经营是企业集
群价值实现的关键。与单个企业不同的是，集群内部企业间的竞争合作关系导
致的聚集效应，放大了单个企业叠加的价值总和。企业间合作使集群市场开拓
能力增强，收入扩大；企业间的信任关系降低了交易成本；集群的知识、技术
溢出效应，促成产品创新和技术升级，保证了集群企业的永续经营。总之，从
系统论的角度来看，区域要素输入集群后，集群内部企业按照一定结构形成一
定的经济技术联系，增强了要素向产品与服务转化的效率，给集群所在区域的
经济发展带来新的生产力。

企业集群作为一个社会系统，其目标指向是公平，目的是改善集群所在区

① 王向阳. 产业集中、产业集群与区域产业竞争力提升 [J]. 郑州航空工业管理学院学报，2007
（4）：20 – 23.

域人们的社会福祉。人口要素是社会子系统的核心因素。社会就是以各种关系联系在一起的人的总体。在企业集群中，群内企业职工、供应商、消费者乃至所在的区域社区形成一个复杂的社会关系网络，在这里，群内企业的活动对区域社会生活方式准则和公民生活模式形成重要影响。例如，在集群所在的区域，经济结构趋于合理，工业化和城市化进程加快，原有的农民变成工人，收入水平提高导致教育得以普及，卫生健康事业得到发展，社会福利得以改善，道德水平得到提高等。总的来说，企业集群能够通过推动区域工业化和城镇化的实现促进区域社会文明发展，通过创造收入和对收入的公平分配，促进区域社会福利改善，通过集群发展对产业结构和就业结构的影响促进区域社会结构变迁，这就是企业集群的社会功能。当然，这一切并不都是必然的，它与区域制度文化因素有关，区域政治经济体制、组织制度、社会习俗、伦理观念等对企业集群社会子系统的功能有着重要的影响，这也是社会子系统是人造系统的重要表现。

企业集群作为一个生态系统，其目标指向是可持续。企业集群是一个以群内企业为主体的系统，群内企业的生产活动是与外界实现的一种物质交换，它在生产过程中必然要从区域环境中获取资源和能量，同时输出产品和服务。但是，任何经济活动都不具备百分之百的转换效率，生产活动带来的废气、废渣、废水等排入环境中，在环境不能自我净化的情况下，就会形成对区域环境的破坏，从而形成对未来生活质量的影响。环境容量是对经济发展的一个限制因素，企业集群作为一个生态系统，必须保持它与环境物质交换的平衡关系，以促进区域资源再生和经济持续发展。

以上分析可知，企业集群是一个由经济子系统、社会子系统、生态子系统构成的复合系统，如图1所示。从投入角度看，企业集群的各网络节点的生产

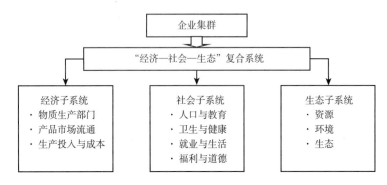

图1 企业集群"经济—社会—生态"复合系统框图

经营活动，除了直接依赖其物质资本配置外，还必须有人力资本、社会资本和生态资本的优化配置；从产出角度看，企业集群不仅是产品和服务的产出系统，也是生态影响产出系统和社会影响产出系统；从补偿角度看，企业集群的发展不仅需要物质补偿，而且需要进行社会资本和生态资本的不断补偿。

（二）复合系统视角下的企业集群绩效

由前可知，企业集群是一个具有多重目标、多重产出、多重身份的复合系统，企业集群绩效水平并非是单个企业绩效的简单相加，而是通过特定区域内具有一定产业属性的企业之间优势互补、资源共享，进而达到节约成本，增加综合实力，实现单个企业无法实现的协同效应。在企业集群网络组织中，企业间网络化协作的绩效如何，不仅关系到此网络组织本身的发展，更与本区域经济社会发展密切相关，因此，其绩效衡量也应该是多层面的，它除了包括企业集群本身运作的经济绩效外，还应包括企业集群运作对区域发展产生的社会绩效和生态绩效，如图2所示。

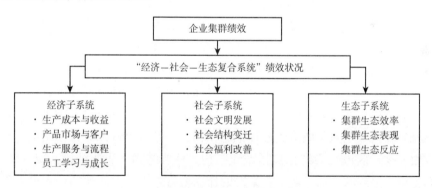

图2　复合系统视角下的企业集群绩效

复合系统视角下的企业集群绩效（CP）是经济、社会、生态三个子系统发展绩效水平变量的函数，各子系统的绩效水平又是此系统诸因子的函数。因此，可以将这个三维复合系统绩效水平的概念模型表达为：[①]

$$CP = F (X, Y, Z, R)$$

其约束条件为：

---

① 参见袁旭梅，韩文秀．复合系统的协调与可持续发展［J］．中国人口资源与环境，1998（2）：51－55.

$$X = f_x(x_1, x_2, \cdots, x_m) ; Y = f_y(y_1, y_2, \cdots, y_n)$$
$$Z = f_z(z_1, z_2, \cdots, z_p) ; R = f(r_1, r_2, \cdots, r_i) ;$$

其中，CP 为企业集群绩效水平；X 为经济子系统绩效水平变量；Y 为社会子系统绩效水平变量；Z 为生态子系统绩效水平变量；R 为关联向量。

系统的基本特征是系统与环境所发生的物质、能量、信息的交换关系。从系统的观点看，企业集群与区域环境有着物质、能量、信息的交换关系，集群系统从区域环境中得到物质、能量和信息的输入（如土地、资本、劳动力、技术等），通过集群企业间的合作，将这些输入转换成符合人们需要的产品和服务的输出，即集群向环境的输出，这些输出在经济绩效中表现为经济产出。经济绩效就是反映这种经济产出的状况。但是，这种经济产出状况与集群系统的转换过程密切相关，因为集群企业的地理靠近并根植于区域社会关系网络，它们之间的竞争与合作，最终会使企业经营效率放大。因此，在衡量企业集群的经济绩效时，不仅要考虑结果绩效，也要考虑过程绩效。所以集群企业员工的学习与成长、生产与服务的流程、产品市场与客户这些反映过程的因素和生产成本与收益这些反映结果的因素是决定企业集群经济绩效的重要因素。

企业集群对区域社会发展的作用程度用企业集群的社会绩效来表达。社会发展不仅表现在社会财富量的增加，更重要的表现，是在社会财富量的增加过程中，社会结构趋于合理，人类的文明程度得以提高和社会福利得到改善。因此，企业集群的社会绩效可以从以下三方面来说明：一是在促进区域社会文明进步中的作用程度，如对区域从农业文明向工业文明转变所做的贡献，具体来说，就是在区域工业化城镇化过程中的作用；二是在促进区域社会结构变迁中的作用程度，区域社会结构包括产业结构、就业结构、职业结构、城乡结构、性别结构、民族结构等，就企业集群的作用而言，主要对产业结构和就业结构会产生重要影响，因此，可以用产业结构和就业结构的变化来反映企业集群对区域发展中结构变迁的绩效贡献；三是在促进区域社会福利改善中的作用程度。区域社会福利改善一方面需要财富创造不断增加，另一方面需要财富分配公平。通过财富创造增加来提高区域居民的收入水平，通过公平分配制度来使财富增加导致的收入增加能够惠及社会更多的人。财富不断增加过程中让更多的人享受益处，是社会稳定发展的追求目标，所以可以用收入增长和收入分配结构来衡量企业集群对区域社会福利改善的贡献。

企业集群对区域生态环境的影响涉及资源利用、环境保护等方面的问题。从可持续发展的角度来说，企业集群发展不能因现在的产出破坏了未来的产出，因此，要考察企业集群在追求经济绩效的驱动力下，如何缓解集群发展对区域生态系统的压力。一般地说，良好的集群应该能够用较小生态压力来获取更大的经济产出，这也意味着有较高的生态效率。由于生态压力对人类的影响只有超过一定的阈值后才能被感知，从而才会有需要改善的需求。这个"阈值"就成为人们判断企业集群对区域环境的影响程度的重要参量。人们根据这个"阈值"得到的判断结果，来决定是否需要采取相关的行动，企业集群的生态响应就是企业集群为实现生态化发展目标而采取的对策与行动。集群企业间的协同行动能够提高生态响应的速度与效果。因此，从生态效率、生态表现和生态反应三方面来考察企业集群的生态绩效，实现了对生态绩效水平考察的过程与结果的统一。

企业集群复合系统整体绩效水平，应该是"经济—社会—生态"三重绩效的统一，而企业集群复合系统整体绩效水平的高低，取决于其"经济—社会—生态"三个子系统的关联互动及其互动的方向。

基于企业集群三重绩效动态协调的区域产业竞争力形成机理

（一）企业集群衰退的原因：基于复合系统理论的视角

企业集群所具有的竞争优势有利于形成区域产业优势，并进一步形成区域核心竞争力，这一点已得到普遍认同。原因在于，具有区域特色的企业集群，是大量具有相关产业属性企业的空间聚集，它所形成的本地化产业氛围和产业综合竞争力，具有其他区域所难以模仿的特征，从而成为区域经济持续增长的源泉。但是，企业集群的正效应并不是无限扩大的。[14]许多学者从集群内部特征探讨了集群衰退的原因。例如，集群内部企业间的专业化分工，提高了产业价值链纵向各环节的资产专用性、地理空间上的邻近导致产业价值链横向各企业战略趋同、群内企业间的信任导致集群的封闭与自守、协同与溢出效应容易滋生群内企业的创新惰性等，吴晓波等将企业集群演进中由此产生的风险称为"自稳性风险"。[15]如果从系统论的角度来看，企业集群的风险不仅仅来自集群内部企业间的关系。企业集群是一个具有经济属性、社会属性和自然属性的复合系统，因此，经济绩效、社会绩效和生态绩效的协调统一，是集群得以不断演化升级的关键。如果把企业集群看作是一个可持续发展的系统，那么，这个系统中经济、社会、生态子系统的相互关系在系统自组织机制中起着重要作用。

我们知道，经济—社会—生态子系统既可以形成正向协同关系，也可以形成负向作用关系，这种关系一经形成，对整个系统演进有着决定性意义，它可能导致这个系统的不断强化，也可能导致系统功能的衰退。

（1）复合系统各子系统的多重关联与企业集群衰退。

复合系统各子系统之间的关联互动具有多重性的特征，企业集群"经济—社会—生态"各子系统之间的关联关系既存在着正向的积极作用，也存在着负向的消极作用。如果企业集群经济绩效提高，导致就业状况改善，收入水平增加，福利水平改善，从而促进人们环保意识增强，使生态环境得到有效保护，这就是正向的互动；相反，如果企业集群在追逐经济绩效过程中，导致结构失衡，从而引发公平和效率的难题，在产业结构和就业结构发生重大偏差的情况下，可能出现的就业压力增加，形成财富分配的不均衡，社会福利降低，生活水平下降，为了生存，就有可能进一步破坏环境，从而陷入"经济—社会—生态"的恶性循环，这就是负面的互动。企业集群复合系统中经济、社会、生态子系统的关联关系如果发生错位、异位，就会形成企业集群复合系统运行的不协调问题，从而造成企业集群衰退。这里主要的问题表现在三个方面：一是企业集群经济绩效与生态绩效的冲突。例如，在我国经济发达的地区，一方面出现具有集群性质的特色产业不断发展；另一方面则是区域森林被毁、水体污染、江河断流等生态灾难的出现。二是企业集群经济绩效与社会绩效的冲突。主要是集群发展的成果不能惠及区域中大多数人，造成社会贫困差距拉大，导致社会不稳定。例如，不少地区在工业园区取得蓬勃发展的同时，由于不能妥善吸纳农民就业，造成大量失地农民生活面临困境就属于这种情形。三是企业集群社会绩效与生态绩效的冲突。例如，企业集群的发展促进了农村工业化和城镇化的进程，增加了农民的收入，改善了居民的社会福利。但是工业化与城市化所消耗的资源尤其是不可再生的资源如果超过环境的补偿能力，就会形成对生态环境的破坏。

（2）复合系统各子系统关联的非均衡性与企业集群衰退。

在企业集群复合系统中，"经济—社会—生态"三个子系统相互作用的关系强度并不总是均衡的。在复合系统理论中，用复合度来衡量子系统之间的关系强度，复合度越大，表示耦合关系越强，反之，复合度越小，表示耦合度越弱。图3表示了企业集群复合系统复合度强弱的关系：[①] 如果用 P（A，B，C）表示企业集群"经济—社会—生态"三个子系统之间的复合度，（a）、（b）、（c）表示三个不同的企业集群，由图可见，图3（a）中的 P（A，B，C）大于图3（b）中的 P（A，B，C），表明企业集群（a）的三个子系统复合度较企业

---

① 参见白华，韩文秀. 复合系统及其协调的一般理论［J］. 运筹管理，2000（3）：1–7.

集群（b）的三个子系统复合度高。而在企业集群（c）中，P（A，B）远远大于 P（A，C）、P（B，C）及 P（A，B，C），表示在企业集群（c）中经济子系统与社会子系统复合度较高，但经济—生态、社会—生态子系统之间的复合度则较差。

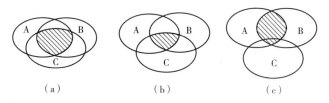

图3 复合系统结构复合的示意图

理想的企业集群发展模式，应该是集群的经济绩效、社会绩效和生态绩效水平都能够不断得到提高，并且三者之间没有冲突，经济—社会—生态绩效的动态协调，不断扩大集群的市场影响力，强化集群产业的竞争优势。但是，在现实中，企业集群发展往往出现许多不足：一是企业集群经济绩效很高，也对区域的社会进步、结构优化和社会福利改善中起到重要支撑，但由于集群产业链耦合程度不足，产业循环性差，导致区域生态压力增大，如果生态环境得不到合理的恢复，集群产业发展的可持续也就受到威胁。另一种情况是，集群三重绩效之间没有明显的冲突，但绩效水平提高却受制于子系统功能放大的困难，可能使集群发展处于一种停滞状态中，类似于图3（b）的情况，集群三个子系统的复合度处于低水平均衡状态，不能获得持续的发展与升级。就区域产业竞争力而言，市场是动态的，如果一个区域某种产业的市场势能长期维持在一个状态中，总有别的区域会实现赶超，从而使区域产业竞争力最终丧失，企业集群最终必然衰退。

从上述三维复合视角下企业集群绩效水平概念模型来看，企业集群复合系统各子系统之间相互依存和制约（即子系统之间的关联互动）决定了其运行过程及演进方向，各子系统中任何一方的不正常"扰动"和"越轨"都会影响到整个复合系统功能的正常发挥，正是这种"扰动"和"越轨"导致了企业集群的衰退，使区域产业发展失去原有的竞争力。

（二）企业集群三重绩效动态协调下区域产业竞争力的形成机理

集群中企业间网络化合作是一种创造价值的合作，不过，这里的价值不仅仅包含经济价值，企业集群也不仅仅是一个生产产品和服务的经济产出系统，而且也是一个社会影响产出系统和生态影响产出系统。企业集群的价值增加与创造来自集群网络成员在互动合作引起的经济、社会、生态价值的增进过程，这一增进过程就是区域产业竞争力形成过程。当然，是否能够达成这一结果，关键要看企业集群复合系统三个子系统之间绩效水平的关联互动是否是趋于有序方向的动态发展以及这种发展的程度。如果企业集群"经济—社会—生态"三个子系统三者关联互动趋于有序化，经济系统运行中能够降低物耗能耗，提高资源利用率，就能够为社会系统提供更多的产品和服务，推动社会文明进步，同时降低对生态环境的污染；同样，生态运转合理，也能够为经济系统持续提供更多的自然资源和活动空间，从而为人类社会提供更多的生活资源和良好的工作生活环境；社会系统的合理有序发展，能够为经济系统提供更多的人力资本，从而降低成本或提高产品或服务的品质，同时由于人们文明程度的提高，会增强环境保护意识，减少污染环境行为，使生态环境得到保护。这样，企业集群复合系统三重绩效实现动态协调，就成为区域产业竞争力永续发展的源泉。企业集群不是一个封闭的系统，它需要源源不断地从外界输入能量，三个子系统的协调有序，保证了这种能量输入的持续性，从而也保证了区域产业竞争力的持续性，如图4所示。

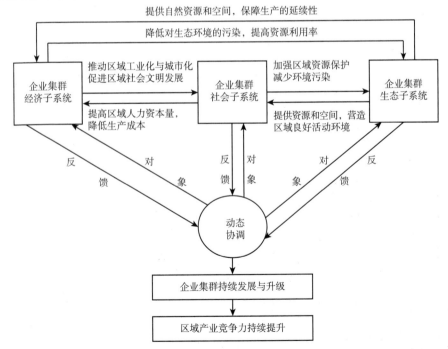

图4 基于企业集群三重绩效关联互动的区域产业竞争力形成机理

从系统的自组织观点来看，一个系统如果能够在一定的外部条件下自发从一种初级的有序状态向更加高级的有序状态演进，这个系统就是可持续的；相反，如果一个系统停滞不前甚至从有序走向无序，出现退化，系统必然走向解体。[①] 由此看来，企业集群对区域产业竞争力形成的重要作用，取决于集群三重绩效关联互动的两个基本要求：一是协调有序；二是动态发展。如果不协调，就有可能出现三重绩效之间的冲突而导致系统整体功能丧失；没有动态发展，就可能是系统整体功能止步不前，最终丧失系统势能而走向解体。

根据能量守恒定律，能量既不能被生产，也不能被消灭，但可以从一种形态转换为另一种形态。"熵"被用来描述被人类消耗了的不能再做功的能量总和，熵的大小反映了人类消耗的能量的大小及组织能力的变化程度。复合系统是一个开放的系统，一个非平衡的系统要维持有序和自组织，其前提就是从外界吸收"负熵流"。因此，通过提供"负熵源"可以改变复合系统的非平衡状态。人类智慧活动是提供系统负熵的人工源，通过科学知识的运用向复合系统输入负熵流，可以促进系统保持平衡，并使系统各种构成要素围绕系统目标产生协同放大效应，实现复合系统各子系统绩效的动态协调发展。

在企业集群复合系统中，人类通过引入循环经济的管理理念，可以为系统提供"负熵流"，例如，集群企业基于产业链的分工与合作，使物质资源得到循环利用，可以有效地延缓总熵的增加过程：在经济子系统中，企业基于产业链关系的合作，使原料和废弃物得到循环利用，增加系统的负熵流，降低成本，增加产出，实现经济增长；在社会子系统中，废物回收与利用，不仅可以增加收入，也可以衍生企业，增加就业机会，从而增加社会福利；在生态系统中，使环境净化，资源再生，增加资源存量，减轻生态压力，提高生态效率。由此可见，区域产业发展中选择企业集群这种产业组织形式，使以上这种循环得以实现，企业集群三重绩效的动态协调确保了产业竞争力的持续性，这显然是单个企业所无法做到的。

结 语 与 政 策 建 议

通过以上分析我们得出以下基本结论：随着信息经济时代的到来，越来越多的科层制企业组织将实现纵向分解是一种趋势，生产网络将成为一种重要的产业组织形式。企业集群作为一种区域产业空间组织形式，它对获取区域产业

---

① 井然哲，覃正. 企业集群系统自组织和谐发展探析［J］. 科学学研究. 2005（4）：550–554.

竞争优势具有重要意义。但是，基于企业集群的区域产业竞争优势，不仅来自集群内部企业间的关系，也来自集群与区域环境的物质能量交换关系。从系统论的角度看，企业集群是一个具有多重目标、多重产出、多重身份的系统，这个系统由"经济—社会—生态"子系统复合而成。因此，企业集群"经济—社会—生态"三重绩效的动态协调决定了其整体绩效状况。企业集群三重绩效间的任何冲突与矛盾，将会影响到集群的可持续发展，从而降低区域产业持续竞争力。只有培育"经济—社会—生态"三重绩效动态协调的企业集群，才能维持区域产业持久竞争力。因此，我们给地方政府培育区域企业集群提出如下政策建议：

（一）集群政策导向实现由原来的"经济效率"一维目标向"效率、公平、可持续"多维目标导向转换

目前许多地方政府都有意识通过培育企业集群来获取区域产业竞争优势，工业园区、经济开发区、工业集中区是培育企业集群的重要载体。要使工业园区不仅成为区域经济产出的主要来源，而且成为区域居民社会福利改善、区域生态环境优化的主要动力源，政府政策关注点必须从"经济效率"一维目标向"效率、公平、可持续"多维目标转换。在这里，主要是要改变用单一经济指标考核工业园区业绩的办法，将工业园区对区域居民社会生活水平提高的贡献和对区域生态环境优化的贡献纳入考核体系中，以实现工业园区"经济—社会—生态"三重绩效的动态协调发展，通过工业园区培育的企业集群真正成为区域产业竞争力的来源。

（二）集群政策应有意识地建立社会制衡机制，确保区域企业集群发展中的社会公平原则不被破坏

区域企业集群的培育，必然调动许多社会资源，牵涉面广，利益相关者多。如果没有相应的社会制衡机制，会导致社会公平受到威胁。例如，工业园区的发展使农民失去赖以生存的土地，如果园区产业选择不能够很好吸纳农民就业，就会导致农民因园区的发展而陷入贫困。这种情况在我国时有发生，是社会不稳定的重要因素。因此，需要政府政策规制来保证所有利益相关者都能公平参与到区域企业集群发展中来，并享受到其中的利益。

（三）集群政策应贯彻循环经济发展新思维，促进区域产业可持续发展

地方政府不合适的政策措施，会影响经济、社会、生态的协调发展，进而导致一个非可持续发展的世界。针对可持续发展，学者们提出了许多具有代表性的政策：稳定人口、保护耕地、植树造林、节约能源、使用再生性能源等。这些措施在区域企业集群培育中可资借鉴。就我国目前情况而言，在区域企业集群发展过程中，政府政策应该贯彻循环经济理念，努力构建基于产业链分工合作关系的人工生态系统，使企业集群成为一个自我净化能力较强的地方生产综合体。

参 考 文 献

［1］庄晋财，程李梅. 企业集群三重绩效综合评价系统方法论纲［J］. 云南财经大学学报，2007（6）.

［2］陈红儿，陈刚. 区域产业竞争力评价模型与案例分析［J］. 中国软科学，2002（1）.

［3］唐志红. 区域层次上的产业竞争力剖析［J］. 财经科学，2003（6）.

［4］麦克尔·波特. 竞争论［M］. 北京：中信出版社，2003.

［5］金碚. 经济全球化背景下的中国工业［J］. 中国工业经济，2001（5）.

［6］［10］李晓华. 产业组织的垂直解体与网络化［J］. 中国工业经济，2005（7）.

［7］［8］［9］陆伟刚. 传统产业组织理论的危机及实践含义：基于企业网络的视角［J］. 中国工业经济，2005（11）.

［11］王缉慈. 地方产业群战略［J］. 中国工业经济，2002（3）.

［12］郑江淮，高春亮. 国际制造业资本转移、最优产业配套与政策转变［J］. 中国工业经济，2005（2）.

［13］麦克·E. 波特. 簇群与新竞争经济学［J］. 经济社会体制比较，2000（2）.

［14］李煜华，胡运权，孙凯. 产业集群规模与集群效应的关联性分析［J］. 研究与发展管理，2007（4）.

［15］吴晓波，耿帅. 区域集群自稔性风险成因分析［J］. 经济地理，2003（6）.

（本文发表于《郑州航空工业管理学院学报》2009 年第 1 期）

企业集群三重绩效综合评价系统方法论纲

庄晋财　程李梅

【摘要】产业组织理论研究正经历着从科层范式向生产网络范式的转变。但是，对产业组织绩效的研究仍停留在科层范式的视野中，从而无法对企业集群绩效进行科学的评价。以系统论哲学观为主导，在自然科学、社会科学及交叉科学中的复合系统理论、协同学原理、产业组织理论、现代企业理论、社会资本理论等相关理论构成的"多维理论分析框架"下确立的企业集群"经济—社会—生态"三重绩效综合评价系统研究框架，可以为企业集群网络组织运行绩效的评估奠定方法论基础。

研究回顾与问题提出

在以信息技术和各种网络为代表的信息经济时代，产业组织的研究跨越了单个企业的边界，在"市场—科层企业"两分法中引入了企业网络组织，并把它当成经济活动的第三种组织形式。新制度经济学家威廉姆森（Williamson，1975）指出，"在以完全竞争市场和一体化的企业为两端，中间性体制组织介于其间的交易体制组织系列上"，从而首次提出了"中间性组织"的概念，把"中间性组织"看作是资源配置的一种新方式，并认为这一方式的协调机制是不同于价格机制和权威机制的企业间的信任关系。"中间性组织"概念的提出，引起了经济学家的普遍关注，经过多年的研究和争论，构建了产业组织和经济发展的新范式，斯特金（Sturgeon）称这一范式为生产网络范式（Production Network Paradigm）。[1]关注焦点从现代公司的内部结构转到企业间相互作用所产生的外部经济，同时，企业网络组织也成为对这一范式转变的最集中的理论概括。由此，产业组织理论研究正经历着从科层范式到生产网络范式的转变。

生产网络范式下的企业集群，是与特定的区域经济紧密联系的企业网络组织形式，它所反映出来的区域本地企业之间既竞争又合作的关系，正是网络组织形式的基本特征之一。但是，当我们试图识别不同企业集群的绩效水平时发现，在现代企业理论和产业组织理论研究向生产网络范式转变的同时，作为管理学重要内容之一的产业组织绩效评价的研究仍然停留在科层范式的视野中。

在管理学的研究中，绩效评价受到越来越多的关注。综观企业绩效评价的大量研究成果，我们发现已经出现了三个转变：一是在绩效评价指标的选取上，从传统的单一财务指标到包含非财务指标、从单一指标到多维指标方向转变，把顾客满意度、质量、交货期、安全性、生产柔性、企业文化等纳入绩效评价的范围中；二是在绩效评价体系上，从传统的简单指标组合到采用综合体系构架转变，国外学者提出了许多企业绩效评价框架模型，著名的有将企业绩效评价与战略计划过程紧密结合的"Sink and Tuttle"模型（Sink and Tuttle，1989）、绩效改进度量方法（PIMM – Performance Improvement Measurement Methodology）模型等；三是在绩效评价系统上，从传统的静态系统到动态系统转变，强调评价体系对环境变化的适应性。[2]与此同时，研究者们开始注意企业社会绩效的评价，并提出了相关的评价模型，如卡罗尔（Carroll，1979）把企业面临的社会问题定义为销售服务、环境保护、雇佣歧视等，并建立了三维立体评价模型；沃提克和寇克兰（Wartick and Cochran，1985）从经济、法律、道德及其他责任入手，提出了企业社会绩效的评价体系；埃尔金顿（Elkington，1998）则提出了"三重底线"（Triple Bottom Line）概念，认为企业在追求自身发展过程中还要满足经济繁荣、环境保护、社会福祉三方面的平衡发展，为社会创造持续发展的价值。[3]

以上表明，对科层企业绩效评价的研究相对比较完整和系统，但对企业网络组织绩效的研究却还刚刚起步。近年来，学者们开始关注企业网络组织的绩效问题，对不同网络组织形式的绩效评价进行了研究，例如，克拉克（Kim Clark，1989）考察了日本汽车生产供应链网络中的绩效问题；拉莫斯（Lummus）从供应、转换、交运、需求管理四个方面列举了供应链绩效的10个考核指标；[4]欧蓝德（Osland，1993）则提出了用满意和不满意两个绩效指标指导企业建立战略联盟；乌西（Uzzi，1996）研究了结构性嵌入与网络绩效的关系问题；阿纳加（Ahnja，2002）等人从任务特征、组织结构和绩效之间关系入手，考察了虚拟组织的绩效问题。[5]这些关于网络组织绩效的研究成果为企业集群绩效的研究提供了理论借鉴。

不过，企业集群作为一种集中在某个地理空间上的网络组织，它与一般的网络组织不同，就在于它具有强烈的地域性特征，其绩效水平并非是单个企业绩效的简单相加，而是通过特定区域内具有一定产业属性的企业之间优势互补、资源共享，进而达到节约成本，增加综合实力，实现单个企业无法实现的协同效应，促进区域全面、协调、可持续发展。企业集群中企业间网络化协作的绩效如何，不仅关系到此网络组织本身的发展，更与本区域经济社会发展密切相关。因此，有必要从理论上构建企业集群绩效评价方法体系。

生产网络范式下企业集群绩效系统评价的研究框架

（一）多维理论分析架构

目前，关于企业集群的研究尽管十分炙手，但从研究方法上看，科层范式下的宏观经济学分析和社会学的分析方法仍然处于主导地位。经济学注重企业集群中的各个节点参加集群网络的成本效率和创新，而对网络整体，则从集聚效应的角度关注网络的收益，而且仅仅以解释和判断企业集群的类型为目的，对不同区域、不同形式企业集群的相对优势分析明显不足。社会学研究则注重于企业集群中节点间治理机制的分析，在这里，"信任"被当成基本的治理规则。事实上，企业集群作为区域发展中的新型产业组织形式，不同于科层制企业组织，它深嵌于区域社会网络之中，应该是具有经济属性、自然属性和社会属性三重属性的复杂系统。从系统论的观点看，任何系统都是"由若干要素以一定的结构形式联结构成的具有某种功能的有机整体"，[6]对这样的复杂系统的绩效进行研究，尽管从学科层面上看属于管理学科的分支，但必须汲取多学科的研究成果，从而形成对这一系统分析的"多维理论构架"，如图1所示。

第一层为哲学。哲学是关于世界观和方法论的科学，经济思想和经济学研究方法论会受到、并已经受到不同哲学的影响，每一种哲学都会在经济研究中的活动、态度，以及所使用的方法方面对什么是"恰当的"持有不同看法，提出不同处理办法，[7]对企业集群绩效的研究也是如此。联系观点和发展观点是唯物辩证法的基本原则，恩格斯指出："当我们深思熟虑地考察自然界或人类历史或我们自己的精神活动的时候，首先呈现在我们眼前的是一幅由种种联系和相互作用无穷不尽地交织起来的画面，其中没有任何东西是不动的和不变的，而是一切都在运动、变化、生成和消逝。"[8]在唯物辩证法哲学观看来，整个宇宙，包括自然、人类社会甚至是人的精神意识领域，都是一个普遍联系的网，宇宙间的任何事务就是这张网上的一个节点，节点与节点之间都存在着直接或间接的联系。系统是实体内部相互联系存在的方式，通过这种联系实现系统的整体性，而网络则是系统存在的普遍结构形式。因此，用唯物辩证法的哲学观来考察企业集群，可以把它看成是由许多企业通过一定方式联结起来的一张网络，每个企业都是这个网络中的一个节点，各节点之间的相互依存，相互竞争，给各企业个体及集群整体带来新的竞争优势。同时，集群整体作为一个系统，又是外部更大的网络中的一个节点。企业集群在与外部环境的能量交换过程中，使自己不断得到强化，从而表现为产业体系的整体竞争力。因此，唯物辩证法的系统观，是我们研究企业集群绩效的基本哲学立场。

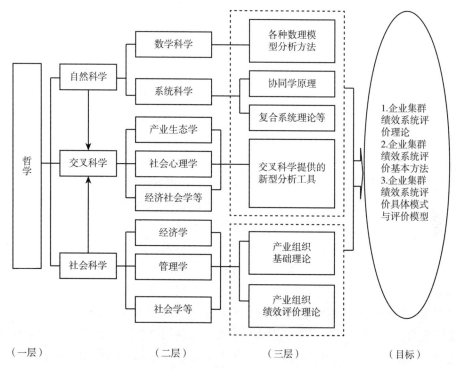

图1　企业集群绩效系统评价的"多维理论分析架构"

第二层次为自然科学和社会科学及其交叉学科。自然科学中的数学和系统科学，为企业集群绩效评价提供了具体的评价工具和认识方法的支持。我们知道，判别企业集群不同形式的优劣，仅靠定性分析方法无法完成，而数学就为绩效评估的定量分析提供了工具。系统科学不仅使我们认识到评价对象的系统性，而且为我们观察系统的演进规律提供了理论支持。社会科学中的经济学、管理学、社会学等为企业集群的绩效评价提供了理论基础和研究手段。此外，在现代科学技术革命的进程中，整个人类的科学、生产实践和社会生活日益显现出系统化、整体化的特征，科学与技术的统一、自然科学与社会科学的统一成为一种潮流,由此产生的交叉科学(Interdisciplinary)也越来越多,为科学研究提供了许多新的视角和工具。企业集群是一个具有经济属性、自然属性和社会属性三重属性的复杂系统,对其绩效的评价,不能仅关注经济绩效,还要关注其社会绩效、生态绩效,因此必须运用交叉科学提供的研究方法,对其进行更深入的解剖。

第三层次为各学科细分中的相关理论。经济学中的现代企业理论、产业组织理论,社会学中社会网络理论、社会资本理论等为我们深入认识企业集群网络组织奠定了理论基础,管理学中系统管理理论、战略管理理论、财务管理理论等,则形成了企业集群网络组织绩效评价的理论来源。在生产网络范式下,网络化是区域经济发展的基本范式,大大小小的网络具有"相同、相似、相通"的"共相"特征,数学科学中的集合论、拓扑学、分形几何等可以通过数理模型分析方法来揭示企业集群的形成、空间定位和网络演化过程;系统论中的协同学原理揭示的是系统结构性质变化的一般规律,竞争、合作或协同是协同学的基本概念,运用协同学原理可以揭示企业集群中各企业之间是如何合作以产生宏观的空间结构、功能结构的,从而找出它的自组织演化规律,对促进企业集群内部协同有序发展,提升集群绩效有着重要作用。

这个"多维理论构架"的分析体系,以产业组织理论和产业组织绩效评价理论为背景,以管理系统理论为依据,将系统分析方法看作是最基础的分析方法,对企业集群网络组织这个具有多重投入、多重产出、多重目标的复合系统进行层次分析,理清各系统群之间的相互关系,找出分析重点。我们知道,与科层制企业不同,企业集群网络组织是由许多相对独立的节点依据某种关系链接而成。在几个不同组织的合作中,即便每一个组织本身是有效的,组织间的合作努力也不一定有效,网络组织的绩效要靠各网络节点协作产生协同效应才能提升。因此,利用协同学原理分析网络节点在竞争和协同作用下的自组织过程和绩效水平,使我们准确把握企业集群网络组织的整体绩效成为可能。数理模型分析方法则将系统分析方法和协同学分析方法具体化和实用化,是进一步深化研究的工具。将系统分析方法和协同学原理揭示出来的企业集群网络组织三重绩效动态协调的互动关系用数理模型揭示出来,使我们能对企业集群网络组织动态变化有更准确的了解和把握。

(二)研究框架

从认识论上,我们应把企业集群看作是具有多重投入、多重身份、多重产出、多重目标的综合复杂系统。因此,我们把企业集群绩效定义为:聚集在特定区域空间的大量具有某种产业属性的企业，在集群网络竞争合作（竞合关系）的框架内，相互依赖、相互补充、通过一系列协同互动的交互作用在一定时间内形成和创造的经济、社会、生态价值总和。这个概念表明了以下三点：

（1）系统性。与其他任何系统一样，企业集群系统也是一个有机的整体，是由集群内部企业相互影响、彼此联系结合而成，但它不是集群内单个企业的简单叠加。亚里士多德的"整体大于部分之和"赋予了系统新的特质。尽管提高集群中合作节点自身的绩效是集群中企业参与合作的出发点，但是，集群网络的运作绩效的着重点应该是网络整体绩效，在企业集群网络中，企业合作的价值应是一个整体性判断，而非局部性判断。所以按照系统论的观点，对企业集群绩效的评价不能仅从单个节点的绩效去判断，而要将这些节点放置于整个网络系统整体框架内来把握。

（2）综合性。集群中企业间的网络化合作是一种创造价值的合作，不过，这里的价值不能仅理解为经济价值。因为从投入角度看，集群中各企业的发展不仅需要物质资本的投入，还需要人力资本、社会资本、生态资本的投入，集群中基于创新的人力资本、基于信任的社会资本、基于环境优化的生态资本都是集群网络不断延续、扩展、演进的重要源泉；从产出的角度看，集群中的企业不仅要通过不断的竞争和合作，创造出大量适销对路的产品和服务，从而使集群成为产品和服务的产出系统，同时，集群网络的发展又是一个生态影响产出系统和社会影响产出系统，例如，在经济欠发达地区，一个绩效良好的企业集群，不仅创造大量价廉物美的产品，而且能够吸纳大量劳动就业，加速工业化进程，缓解"人—地"矛盾的瓶颈约束。因此，按照科学发展观的要求，企业集群绩效的衡量不仅要关注经济绩效，还要关注社会绩效和生态绩效，只有通过经济绩效、社会绩效、生态绩效三者的综合评价，才能准确揭示企业集群的真正绩效水平。

（3）协调性。企业集群是一个具有经济属性、社会属性和自然属性的复合系统，因此，经济绩效、社会绩效和生态绩效的协调统一，是集群得以不断演进升级的关键。如果把企业集群看成是一个可持续发展的系统，那么，这个系统中的经济、社会、生态子系统的相互关系在系统的自组织机制中起着重要的作用。我们知道，经济—社会—生态子系统既可以形成正向协同关系，也可以形成负向作用关系，这种关系一经形成，对整个系统演进有着决定性意义，它可能导致整个系统功能不断强化，也可能导致系统功能衰退。

（4）动态性。企业集群的价值增加与创造来自集群网络成员在互动合作引起的经济、社会、生态价值的增进过程。企业集群三重绩效的动态协调是指企业集群的经济、社会、生态三重绩效趋于有序方向的动态发展程度。不同时期，企业集群三重绩效的发展程度和发展速率会有差别，从而影响集群网络的整体绩效水平，运用三重绩效的动态协调度，可以分析三重绩效发展非协调性的原因，从而为基于三重绩效动态协调发展的决策提供依据。根据以上分析，我们形成企业集群绩效系统评价的研究框架，如图 2 所示。在这个研究框架下，主要的研究内容包括三个：

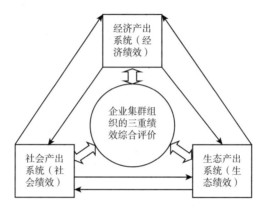

图 2　企业集群的三重绩效系统评价研究框架

（1）企业集群网络组织的经济绩效、社会绩效、生态绩效衡量指标体系及评价模型研究。包括生产网络范式下企业集群网络组织绩效含义的界定；企业集群整体绩效与网络结点绩效之间的关系研究；企业集群网络组织经济、社会、生态绩效各自的指标确定的依据、原则与方法；企业集群网络组织经济、社会、生态绩效评价模型。

（2）企业集群网络组织的"经济—社会—生态"三重绩效之间的关系模型研究。包括企业集群网络组织三重绩效协调性与区域可持续发展的关系研究；企业集群网络组织三重绩效之间的关系及三重绩效动态协调的条件研究；三重绩效动态协调条件下的企业集群网络组织运行机制研究。

（3）企业集群网络组织"经济—社会—生态"三重绩效动态协调的综合评价系统模型研究。包括企业集群网络组织三重绩效动态协调的综合评价系统模型构建、模型检验及基于三重绩效动态协调的企业集群网络组织培育的路径研究。

（三）具体研究路径

在前述多维理论架构和研究框架下，根据研究目标和内容，可以将具体研究模式设计如图 3 所示。

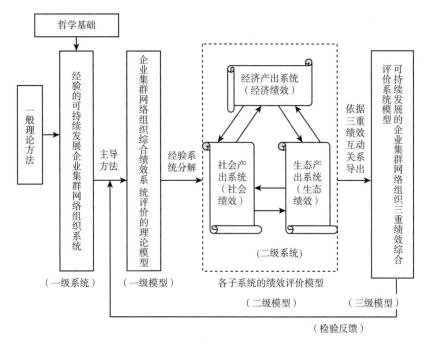

图 3　企业集群三重绩效评价系统方法研究路径

首先，根据系统论的哲学观，将企业集群网络组织看作是具有经济产出、社会产出和生态产出三重功能的可持续发展组织系统（一级系统），在理论分析架构和实践经验的支持下，构建企业集群网络组织的综合绩效分析理论模型（一级模型）；其次，将可持续发展的企业集群网络组织一级系统分解为三个子系统（二级系统），即经济产出系统、社会产出系统和生态产出系统，并构建各子系统的绩效评价模型（二级模型）；再其次，根据协同学原理，这三个子系统之间都存在两两相互关系，且正向、负向作用形式同时存在，根据各子系统相互关系，运用数理模型分析方法，构建企业集群三重绩效的综合评价系统模拟模型（三级模型）；最后，运用实证数据进行模型检验和对模型进行修正。

结　语

尽管企业集群在获取区域竞争优势方面的作用得到学术界和政府部门的普遍认同，甚至已经进入地方政府的决策层面。但是，由于缺乏一套基于科学发展观的企业集群网络组织绩效的评价理论与方法，经济绩效基准下的政府政策偏向，已经导致许多区域企业集群培育过程中出现了诸多问题，严重影响区域经济的可持续发展：（1）产业选择盲目性导致农村工业化与城市化相脱离，失地农民就业难引发城乡矛盾激化，"三农"问题加剧；（2）经济绩效至上的企业集群发展模式导致环境恶化，生态失衡；（3）没有形成良好竞合关系导致集群内部企业间及区域企业集群间的恶性竞争；（4）资源利用率低、能耗高问题等粗放型经济增长方式导致企业集群发展缺乏后劲，难以形成持续竞争力。因此，在生产网络范式替代科层范式成为产业组织演进的主要方向的今天，构建企业集群绩效的科学的评价方法与体系，为政府培育高绩效水平的企业集群有着重要的现实意义。

企业集群网络组织绩效系统评价研究框架，克服了现有文献中对企业集群绩效研究多局限在经济学范围内，并以集群网络节点绩效为主进行局部的、静态的研究缺陷，从系统论的哲学观出发，把企业集群看作是一个具有经济属性、社会属性和自然属性的复杂系统，认为企业集群的绩效应该涵盖经济绩效、社会绩效和生态绩效三方面，强调企业集群三重绩效动态协调是其可持续发展的基础。依此建立起来的企业集群三重绩效综合评价系统方法，不仅能够从经济、社会、生态三方面对企业集群网络组织进行静态绩效评价，而且能够对三重绩效进行动态协调性评价，是对企业集群网络组织绩效评价方法的一种创新。以此研究框架构建起来的评价模型，不仅能够比较不同形式企业集群绩效水平的优劣，而且还能对同一企业集群网络组织不同发展阶段的绩效表现进行动态观察。此外，就经济欠发达地区而言，通过构建企业集群"经济—社会—生态"三重绩效动态协调的综合评价系统方法体系，来研究企业集群整体绩效最佳的运行机制和生成路径，是一种新的设想。这种设想如果获得成功，将改变过去落后地区一味地对成功区域进行模仿的范式，从而找到一条内生自主创新的道路。

参 考 文 献

［1］Stugeon, T., and Lester, R. "Upgrading East Asian Industries: New Challenges for Local Suppliers"［R］. Paper Prepared for The World Bank's Project on The East Asia's Economic Future, Industrial Performance Center , Working Paper, 2002.

［2］霍佳震. 企业评价创新——集成化供应链绩效及其评价［M］. 河北人民出版社，2001.

［3］温素彬，薛恒新. 基于科学发展观的企业三重绩效评价模型［J］. 会计研究，2005（4）.

［4］霍佳震. 企业评价创新——集成化供应链绩效及其评价［M］. 河北人民出版社，

2001：22－28.

　［5］孙国强．网络组织运作绩效的研究现状分析与研究框架构建［J］．科学管理研究，2003（2）．

　［6］安中涛，崔援民．从系统论角度构建企业绩效评价的理论框架［J］．哈尔滨工业大学学报（社会科学版），2005（2）．

　［7］唐·埃思里奇．应用经济学研究方法论［M］．北京：经济科学出版社，1998：65.

　［8］马克思，恩格斯．马克思恩格斯选集：第 3 卷［M］．北京：人民出版社，1995：359.

（本文发表于《云南财经大学学报》2007 年第 6 期）

系统论视角下的企业集群经济
绩效评价方法与模型研究

庄晋财　黄晓治　程李梅

【摘要】 生产网络范式正在成为一种新的产业组织研究范式，企业集群作为一种网络组织，其绩效水平影响着区域经济的发展，但理论界对企业集群绩效评价的研究却还刚刚起步。从系统的观点来看，企业集群是一个开放的系统组织，遵循平衡型计分卡的思路，将企业集群经济绩效分为学习与创新、内部流程、客户和市场、集群财务绩效四个层面，然后运用层次分析法建立企业集群经济绩效评价的指标体系，再采用线性加权求和建立绩效评价的数理模型，最后利用广西宾阳县再生纸企业集群的案例对此评价模型进行了初步运用。

全球经济一体化和信息经济的发展，使产业组织形式发生了深刻的变革，生产网络范式[1]（Production Network Paradigm）成为产业组织研究的新范式。企业集群作为一种网络组织，在县域农村经济发展中起着举足轻重的作用，浙江的"块状经济"、广东的"专业镇经济"就是典型。然而，目前产业组织绩效评价的研究仍然停留在传统科层范式的视野中，企业集群经济绩效评价方法的缺失，导致集群发展过程中存在的许多问题不能及时被发现，最终致使集群衰退，影响农村经济社会的进一步发展。[2]本文试图构建企业集群经济绩效评价的指标体系、方法与模型，对广西宾阳县再生纸企业集群的经济绩效进行评价与分析，这是对企业集群绩效评价的一种尝试。

基于系统观的企业集群经济绩效评价理论模型

以系统的观点来看，企业集群与区域经济环境有着物质、能量和信息的交换关系。这里的交换包括两方面的意思：一是集群系统从其周围环境中得到（输入）物质、能量和信息，如土地、资本、劳动力、技术等生产要素和客户需求信息的输入；二是集群系统又向环境释放（输出）物质、能量和信息，即利润等经济产出。其基本关系如图1所示。

图1 企业集群系统与区域环境的基本关系

平衡型计分卡是用于科层制企业的绩效评价的有效工具，但随着理论和实践的发展，学者们已经开始尝试将平衡型计分卡的分析框架用于网络组织的分析。例如，陈畴镛和胡保亮（2003）、郑传锋（2005）、李永祥等（2006）利用平衡型计分卡思想对供应链绩效进行了评价；李雪梅、张二红（2007）提出了基于平衡型计分卡的网络组织绩效评价的理论框架。我们在此借助平衡型计分卡的思想来解释企业集群与区域环境的基本关系，并建立企业集群经济绩效分析的理论框架，如图2所示。

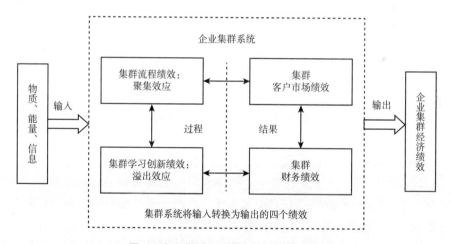

图2 企业集群经济绩效评价理论模型

（一）企业集群的财务绩效

从财务方面看，与科层制企业不同的是，由于企业集群是由各个独立的企业所组成的，作为一个整体，集群并不具有法人地位，并没有统一的财务报表，我们主要从总量上对企业集群的财务收益进行考察，关注的重点是企业集群的总产出对区域总产出的贡献和集群企业作为一个整体的盈利能力。

（二）企业集群的客户市场绩效

从客户方面看，将顾客满意和企业柔性等方面的内容纳入企业绩效的考察是绩效评价的发展趋势。需要关注两个方面：一是从企业集群的生产过程角度来看，集群网络是否具有柔性化生产能力，即集群是否能够灵活地按照顾客的要求进行定制化生产，这是集群能否满足顾客需要的重要方面；二是从企业集群与区域经济环境的关系来看，集群是否创造了良好的区域品牌效应，这是从结果的角度衡量企业集群满足顾客需求的绩效。

（三）企业集群的流程绩效：聚集效应

对于科层企业来说，平衡型计分卡所考察的"流程"一般是基于产品生产、销售的具体过程，而对于企业集群来说，"流程"就是集群内企业的分工与合作的过程，即由于企业地理集中，使集群能够充分地获取资源，降低成本，实现分工合作与专业化生产，从而提高劳动生产率，这既是集群聚集效应的表现，又是集群内部流程的绩效的表现。

（四）企业集群的学习创新绩效：溢出效应

企业集群的学习创新绩效主要反映在集群的溢出效应。一是知识溢出与集群学习创新的关系。在企业集群中，对集群学习极为重要的是隐性知识。集群内部由于知识流动形成的"知识溢出"效应，对于提高产业集群整体创新能力发挥着不可替代的作用。二是集群学习与集群创新的关系。由于正式或非正式互动学习的存在，导致了集群内部各成员研究开发活动所产生的知识技能以及外部吸收的知识技能得以在集群内顺畅地流动，从而促进了集群成员创新能力的提高。

前述理论模型结合了平衡型计分卡的思想和系统论的观点，其基本模型基于系统论的"输入——流程——输出"（IPO）的分析框架，其输入部分是集群从环境中输入的物质、能量和信息。模型的关键是对"流程"，即 IPO 中 P 的部分的处理，我们运用了平衡型计分卡的思想，从集群学习与创新、集群内部流程、客户市场、集群财务绩效四个方面来解释集群系统将输入转化为输出的过程与结果，在这四个方面中，集群学习与创新、集群内部流程是过程，分别反映的是集群的溢出效应和聚集效应；而客户市场、集群财务绩效是结果，分别反映集群在顾客满意以及盈利能力方面的成果，对这四个方面的一个综合的考察，作为系统的输出，就是我们将要进行评价的集群的经济绩效。

根据前面的分析，我们知道企业集群对资源的转换存在着财务、客户市场、集群内部流程以及集群企业学习与创新等四个方面相互影响的逻辑关系。根据这一逻辑关系，企业集群经济绩效包含四个层次的含义：即财务绩效、客户市场绩效、流程绩效以及学习与创新绩效。因此，我们将企业集群经济绩效定义为：集群企业在网络化协作的框架内，通过集群与区域经济环境的互动，集群企业之间实现优势互补、资源共享，从而达到集群在组织学习与创新、组织内部流程、客户市场以及财务目标等四个方面平衡发展的过程与效果。

企业集群经济绩效评价指标体系构建

（一）财务绩效评价指标

财务目标是从财务角度来反映集群成员的协同效果，反映企业集群对区域经济发展的贡献。企业集群作为一种网络组织，其财务方面所取得的成果也是其经济绩效的重要的组成部分，这主要体现在集群财务绩效是集群企业分工合作取得的效益的集中体现。我们将从集群总产值与区域总产值比率、集群总资产报酬率和集群销售利润率三个方面来衡量集群的财务成果。

（二）客户市场绩效评价指标

客户市场代表了企业集群财务目标的收入来源。现代营销理念认为从顾客身上获取利润是通过创造满意、忠诚的顾客，并获取顾客终身价值，从而提高市场份额和客户份额来获得的。累积的客户满意会形成客户忠诚，提高他们再次购买的意图，从而构成集群稳定的客户来源，使集群能够保持一个稳定的市场份额。我们从客户满意和区域品牌效应两个方面来进行衡量，其中，客户满意以两个指标来衡量，分别是集群网络柔性和顾客回头率，区域品牌效应通过集群区域品牌知名度指标进行衡量。

（三）流程绩效评价指标

聚集效应是集群产品流程合理化的反映，聚集效应包括降低成本、增加融资渠道、通过分工和专业化提高劳动生产率等方面的内容。我们分别设立企业集群成本节约效果、资金筹措能力、网络成员信任度、集群劳动生产率指标来考察集群的聚集效应。通过调查问卷进行收集，评价集群从企业间资源整合中带来的成本节约效果、集群从区域经济环境筹措资金的难易程度、企业集群网络内部成员的信任度。企业集群劳动生产率则用集群年总产值与集群职工人数之比来衡量。

（四）学习与创新绩效评价指标

组织学习与创新从长期的角度考察集群的成长性，是前面三个方面获得卓越成果的驱动因素。综合对已有文献的研究，我们用集群员工知识结构和集群集体学习水平、集群网络专利率、企业集群新技术采用率四个指标来考察集群的学习创新绩效，其中集群员工知识结构和集体学习水平两个指标着重考察的是集群知识溢出效应，而专利率和新技术采用率则着重考察集群的技术溢出效应。

综上所述，我们利用层次分析法（AHP）建立企业集群网络组织的经济绩效评价指标体系，如表 1 所示。

表 1   企业集群经济绩效指标体系

目标层	准则层	一级指标 B_i	权重	二级指标 B_{ij}	权重	备注
企业集群经济绩效	集群财务绩效	企业集群财务评价指标（B_1）	0.160	集群总产值/区域总产值比（B_{11}）	0.539	集群年总产值/所在区域年总产值
				集群总资产报酬率（B_{12}）	0.164	集群年销售收入/年资产平均余额
				集群销售利润率（B_{13}）	0.297	集群年利润总额/年销售收入净值
	集群客户市场绩效	客户满意与市场份额（B_2）	0.467	集群柔性（B_{21}）	0.539	定性指标
				区域品牌知名度（B_{22}）	0.297	定性指标
				顾客回头率（B_{23}）	0.164	老顾客/客户总量
	集群流程绩效	聚集效应（B_3）	0.278	企业集群成本节约效果（B_{31}）	0.278	定性指标
				企业集群资金筹措能力（B_{32}）	0.160	定性指标
				企业集群内部信任机制（B_{33}）	0.467	定性指标
				企业集群劳动生产率（B_{34}）	0.095	集群年总产值/集群职工人数

续表

目标层	准则层	一级指标 B_i	权重	二级指标 B_{ij}	权重	备注
企业集群经济绩效	集群学习创新绩效	知识技术溢出（B_4）	0.095	企业集群员工知识结构（B_{41}）	0.160	集群高级人才数/集群员工总人数
				企业集群集体学习水平（B_{42}）	0.467	定性指标
				专利率（B_{43}）	0.095	获得专利总数/专利申请总数
				企业集群新技术采用率（B_{44}）	0.278	采用新技术企业数/集群企业总数

企业集群经济绩效的评价模型与方法

（一）指标体系权重的确定

（1）判断矩阵的建立。

采用德尔菲法（1~9标度），根据重要性程度不同就一级指标（B1、B2、B3、B4）对总目标的重要性进行评分，得到判断矩阵A。具体结果见一级指标各自的两两比较判断矩阵表2，其中B1为财务绩效，B2为集群客户市场，B3为集群流程绩效（集聚效应），B4为集群学习创新绩效（知识技术溢出效应）。同样方法可得到各二级指标的判断矩阵。

表2　　　　　　　　　　　　　一级指标判断矩阵A

A	B_1	B_2	B_3	B_4	权重
B_1	1	1/3	1/2	2	0.160
B_2	3	1	2	4	0.467
B_3	2	1/2	1	3	0.278
B_4	1/2	1/4	1/3	1	0.095
	$\lambda_{max} = 4.031$;	C.I. $= 0.0103$;		C.R. $= 0.0116$	

（2）相对重要度计算和一致性检验。

对表2的两两比较判断矩阵进行相对重要度计算，即层次单排序，在此采用连乘开方法确定各指标的权重（见表2）。一致性检验如下：

根据公式 $\lambda_{max} = \dfrac{1}{n} \sum\limits_{i=1}^{n} \dfrac{(AW)_i}{W_i}$，求得矩阵的特征根 $\lambda_{max} = 4.031$，由一致性

指标公式有 $C.I. = \dfrac{\lambda_{max} - n}{n - 1}$，计算得一致性指标 $C.I. = 0.0103$，查表 3 得平均随

机一致性指标，当 $n = 4$ 时，$R.I. = 0.89$，则一致性比例 $C.R. = \dfrac{C.I.}{R.I.} = 0.0116$

< 0.1，满足判断矩阵的一致性条件。按照上述方法，对二级指标层进行权重排序和一致性检验（计算过程略），其中的 $C.R.$ 值均小于 0.1，因此各判断矩阵都符合一致性的条件。

表3　　　　　　　　　　　　　平均随机一致性指标值

n	1	2	3	4	5	6	7	8	9	10
RI	0	0	0.52	0.89	1.12	1.26	1.36	1.41	1.46	1.49

（3）综合重要度计算及一致性检验。

按照单排序的计算结果，依次进行综合重要度计算，即总排序权重向量，同时计算一致性指标 $C.I.$、总平均随机一致性指标 $R.I.$ 和总一致性比例 $C.R.$，其中 $C.R.$ 值小于 0.1，因此各判断矩阵都符合一致性条件（计算过程略），各层指标权重见表 1。

（二）评价的方法与过程

（1）各评价指标原始值的确定方法。

企业集群经济绩效评价指标体系包括定量指标和定性指标两类。定量指标的原始值根据调查资料直接计算；定性指标通过问卷调查和专家咨询的方式进行主观评分，采用 5 级李克特量表设计问卷，问卷项依次取 5、4、3、2、1，分别对应优、良、中、差、很差；个别计算占比的问题采用"是"或"否"的二值指标，则取"是"为 1，"否"为 0。

（2）原始指标无量纲化的方法。

因为反映企业集群经济绩效的各项指标的量纲往往是不同的，所以需要对评价指标进行无量纲化处理。定性指标以原始值作为无量纲，而定量指标根据其指标性质可分为正指标、逆指标和区间型指标，故应区别对待。本文运用功效系数法对指标进行无量纲化处理，设 x 为单个原始指标值，b 为经过处理后的无量纲指标，具体处理方法如下：

对于正指标，无量纲化公式为：

$$b = \frac{x - x_{min}}{x_{max} - x_{min}} \times 4 + 1 \qquad (1)$$

其中，x_{max} 和 x_{min} 分别根据各指标的特点进行取值。

对于逆指标，无量纲化公式为：

$$b = \frac{x_{max} - x}{x_{max} - x_{min}} \times 4 + 1 \qquad (2)$$

其中，x_{max} 和 x_{min} 分别根据各指标的特点进行取值。

对于区间型指标，无量纲化公式为：

$$X = \begin{cases} 1 - \dfrac{S_1 - x}{\max\{S_1 - m, M - S_2\}} & x < S_1 \\ 1 & x \in [S_1, S_2] \\ 1 - \dfrac{x - S_2}{\max\{S_1 - m, M - S_2\}} & x > S_2 \end{cases} \qquad (3)$$

$$b = X \times 4 + 1$$

其中，M 和 m 分别根据各指标的特点进行取值，$[S_1, S_2]$ 为此类指标值的最佳区间。经过上述方法处理后，所有的评价指标都转换为正指标，并且取值范围界于 $[1, 5]$ 之间。

（三）综合评价模型的确定

企业集群经济绩效评价是一个包括其财务绩效、客户和市场、组织内部流程以及组织学习与创新的多维评价过程，此过程的多层次性与多因素性决定了其不可能由某项指标的简单相加予以确定。由于评价指标体系的不同层次和因素对系统综合评价效果的影响各不相同，决定了对各指标必须给予区别对待，因此采用线性加权求和得出企业集群网络经济绩效的综合评价模型。

$$A = \sum_{i=1}^{i} B_i \alpha_i, B_i = \sum_{j=1}^{j} B_{ij} \alpha_{ij}$$

其中，B_i 表示一级指标层的各指标评价值，α_i 表示一级指标层相对应的 B_i 指标的权重；而 B_{ij} 则表示对应于 B_i 的各二级指标层的各指标评价值，α_{ij} 是各二级指标的权重。

（四）计算各层次评价指数和系统综合评分

根据实地调查资料和相关统计资料，从前述经过无量纲化处理后的指标值开始，逐层向上分别计算其上一层目标的评价指数，最后根据企业集群经济绩效综合评价模型计算其综合评分。

显然，企业集群经济绩效评价值 A 介于 1~5 之间，且平均水平为 3，根据综合评价值能够做出如下判断：当 $1 \leq A < 2$ 时，则集群经济绩效评价为差；当 $2 \leq A < 3$ 时，则集群经济绩效评价为中；当 $3 \leq A < 4$ 时，则集群经济绩效评价为良；当 $4 \leq A \leq 5$ 时，则集群经济绩效评价为优。

初步运用：广西宾阳县再生纸集群经济绩效评价

（一）广西宾阳县再生纸业发展的基本情况调查

宾阳县位于广西中南部，隶属于广西首府南宁市，行政区域面积 2308 平方公里，现有再生纸企业约 100 家，再生纸生产从业人员 2800 多人，约占全县工业企业从业人员总数的 15%。2006 年年末，宾阳县再生纸企业实际生产机制纸及纸板 22.26 万吨，实现销售收入 50765 万元，实现利润 3185 万元。

（1）总体、样本和数据。

本案例所研究的目标总体为宾阳县全部再生纸生产企业，抽样框架为全县再生纸企业名录，抽样单位为企业，抽样方法采用非概率抽样法中的便利抽样。经过研究小组近一周的访谈，共收集有效问卷 40 份，占总体的 40% 左右，对总体具有较强的解释力。

除了调查问卷收集的定性数据外，本文还从宾阳县政府有关部门收集了《宾阳县第一次全国经济普查主要数据公报》（于 2006 年 5 月公布）、《宾阳县"十五"期间主要经济指标数据表》，宾阳县造纸及纸制品企业基本情况材料（2006 年）以及《中国统计年鉴》（2005、2007）等统计资料。由于数据收集方面的原因，本文在做实证研究时并不完全是根据某一年的数据进行分析的，而是综合了最近几年的数据所做的一个实证研究。

（2）描述性统计分析。

宾阳县再生纸企业均为私营企业，企业平均雇佣工人 21 人，从生产规模上看，年生产机制纸及纸板 2000 吨以下的企业有 71 家，占总体的 71%，年生产能力在 2000～6000 吨的企业有 27 家，占总体的 27%，年生产能力在 6000 吨以上的企业有 2 家，占总体的 2%。

从销售收入上看，年销售收入在 400 万元以下的企业有 12 家，占总体的 12%，年销售收入在 400 万～600 万元的企业有 67 家，占总体的 67%，年销售收入在 600 万～800 万元的企业有 18 家，占总体的 18%，800 万元以上的企业有 3 家，占总体的 3%。

从生产原材料看，企业主要使用三种类型的原材料，以低档甘蔗渣为原材料的企业有 19 家，占总体的 19%，以废旧书报、废旧纸边等为主要原材料的企业有 40 家，占总体的 40%，以甘蔗浆和原木浆为主要原材料的企业有 40 家，占总体的 41%。宾阳再生纸企业集群的一个主要特点是利用废旧原材料及异地厂商提供的纸浆进行生产，很少有企业自己生产纸浆，因此称为再生纸生产企业。

（3）集群属性描述。

宾阳县再生纸生产初步具备了集群属性[3]。一是从产业属性看，企业围绕再生纸生产形成了产业链关系。再生纸生产企业主要生产的核心产品有 7 种，包括日用原料纸，包装原料纸、板纸、涂布纸、瓦楞纸、衬垫纸、炮筒原料纸。近年来，有不少企业开始延伸下游产品，主要包括卷筒纸、餐巾纸、手抽纸、卫生纸、炮筒、纸箱等。由于再生纸企业的不断发展，因此衍生出不少配套企业，主要有原料供应企业，如糖厂纸浆回收厂、标签商标印刷厂、中间商、经销商；辅料供应企业，如漂白液厂、淀粉和变性淀粉厂、增白剂厂、脱墨剂厂、填料厂、能源供应厂商（如煤炭供应商）等；造纸设备供应企业，如打浆机、磨浆机、洗浆机、搅拌机、切纸机、卷纸机、折纸机等设备供应商。此外，还有包装、运输等服务企业，从而形成较为完整的产业链。二是从地理空间聚集上看，这些企业主要集中在宾阳县的芦圩镇、新桥镇和思陇镇，其中芦圩镇最为集中，约有 70 家再生纸生产企业。

（二）评价值计算结果

按照前述的评价方法，我们对宾阳县再生纸企业集群的经济绩效进行评价，首先通过表 4 给出了各二级指标评价值的计算结果。

表4 各二级指标的计算结果值

目标层	一级指标（B_i）	二级指标（B_{ij}）	计算结果
企业集群网络组织经济绩效	企业集群财务评价指标（B_1）	集群总产值与区域总产值比（B_{11}）	3.56
		集群总资产报酬率（B_{12}）	2.89
		集群销售利润率（B_{13}）	1.14
	客户满意与市场份额（B_2）	集群网络柔性（B_{21}）	3.91
		区域品牌知名度（B_{22}）	2.9
		顾客回头率（B_{23}）	3.38
	聚集效应（B_3）	企业集群成本节约效果（B_{31}）	2.55
		企业集群网络资金筹措能力（B_{32}）	2.35
		企业集群网络内部信任机制（B_{33}）	3.6
		企业集群劳动生产率（B_{34}）	2.11
	知识技术溢出（B_4）	企业集群员工知识结构（B_{41}）	2.35
		企业集群集体学习水平（B_{42}）	3.00
		专利率（B_{43}）	0.00
		企业集群新技术采用率（B_{44}）	2.8

在表4中各指标无量纲转化中，X_{max}和X_{min}取值，B_{11}分别为宾阳县全部工业总产值按行业分组占比的最大值和最小值（20.46%、0.03%）；B_{12}分别为宾阳县全部工业总产值按行业分组总资产报酬率的最大值和最小值（4.11、0.17）；B_{13}中X_{max}取值为当年行业主要上市公司利润率平均值，笔者根据相关部门提供的数据整理，$X_{max}=15\%$，X_{min}取值为当年全国行业销售利润率的平均值，根据《中国统计年鉴（2007）》数据整理为5.31%；B_{21}分别抽样调查中按客户要求定制生产占比最大和最小的企业（100%、0）；B_{23}取值分别抽样调查中顾客回头率最大和最小的企业（100%、50%）；B_{34}中X_{max}取值当年全国造纸行业平均劳动生产率，X_{min}取0；B_{41}取值分别取调查企业技术员工占比的最大值与最小值（60%、3%）；（B_{44}）取值分别为所有的企业均采用了新技术和所有企业均没有采用新技术（100%、0）；B_{22}、B_{31}、B_{32}、B_{33}、B_{42}数据由问卷收集，采用1~5级李克特量表评分，无须无量纲化。B_{43}由于所有的企业均没有专利，故取值为0。

根据前述二级指标计算值，按照前述评价方法和权重，计算各一级指标的评价值，结果如表5所示。

表5		一级指标评价值计算结果		
	财务绩效（B$_1$）	客户满意与市场份额（B$_2$）	聚集效应（B$_3$）	知识技术溢出（B$_4$）
评价值	2.81	3.52	2.97	2.58

根据综合评价模型 $A = \sum\limits_{i=1}^{i} B_i \alpha_i$ 以及 B_1，B_2，B_3，B_4 的评价值和权重，计算集群经济绩效为：

$$A = 2.81 \times 0.16 + 3.52 \times 0.467 + 2.97 \times 0.278 + 2.58 \times 0.095 = 3.16$$

（三）总体评价

（1）集群成为县域经济发展的重要支撑。根据评价结果，宾阳县再生纸企业集群的经济绩效评价值为3.16，处于良好水平。其中集群总产值在区域总产值中的占比的指标评价值为3.56，反映出此集群在总量上成为宾阳县经济的重要组成部分，根据调查数据，2004年，此集群造纸及纸制品业实现工业总产值54875万元，占全县工业总产值的16.9%。此产业在经济总量上的贡献，直接依赖于众多小企业分工合作形成的企业集群网络，正是这一产业组织形式的演进，给县域经济带来了活力。我们知道，企业追求利润最大化的过程中，企业组织总是尽可能加大横向结合和纵向结合的力度和广度，企业组织也从个体原子式企业不断向企业协作群络演进，而这正是企业组织演进序列的标志。[4]此集群的网络柔性指标评价值达到3.91，接近优秀水平，说明集群能够很好地按照客户要求提供产品，这没有企业间的分工合作是难以做到的。集群内部企业的信任机制与集群企业相互学习水平等指标评价值均达到良好水平（分别为3.6，3.0），说明企业间有着良好的合作倾向。也正是企业间良好的分工合作，能够提供柔性化产品，赢得顾客满意，此集群产品的顾客回头率二级指标评价值为3.38，达到良好水平。顾客满意是产品市场占有率的保证，此集群客户满意与市场份额一级指标评价值为3.52，处于良好偏上水平，较好解释了集群经济总量占重要份额的原因。

（2）集群尚处于发展的初期阶段。企业集群是一个有机的具有生命力的企业群落，本身有一个形成和演化的过程，我们将企业集群演化过程称为企业集群生命周期。池仁勇等人运用企业出生率与死亡率、企业成长率、集群网络联结度、集群产业配套度等指标，将我国企业集群发展分为四个阶段：孕育阶段、快速成长阶段、成熟阶段、衰退阶段；[5]王志敏则根据 Ahokangas 和 Rasanen

（1999）提出的演化模型，将企业集群演化过程分为孕育、成长和成熟三个阶段。[6]企业集群发展初期的孕育阶段的特征是以家庭手工业为主的创业方式、以简单模仿创新为主的技术创新方式和以迎合市场需求为主的竞争方式而形成的具有产业属性的企业的空间聚集。从宾阳县再生纸企业集群发展来看，符合企业集群初期阶段的特征。首先，这里的企业基本上属于家庭作坊性质的小型企业。其次，简单模仿是这里企业创新的主要方式。从指标评价值来看，一级指标知识技术溢出分值为 2.58，评级为中，但其二级指标中的专利率指标评价值为 0，整个集群没有企业申请专利，更没有获得专利，更谈不上专利转化了；集群企业新技术采用率二级指标评价值却达到 2.8，属于中偏上水平，说明企业的模仿性较强。集群企业员工知识结构二级指标评价值为 2.35，属于中偏下水平，高层次技术人才较少，不足以支持集群创新的需要。最后，迎合市场需求的低成本扩张是集群企业的主要竞争方式。从指标评价值来看，财务绩效一级指标下的集群销售利润率二级指标评价分值仅为 1.14，评级为差，说明产品的利润率很低，这主要是由于产品档次低决定的。这里的产品多为劳动密集型产品，并且运用传统方法进行生产，因此劳动生产率相对较低，聚集效应一级指标下的集群劳动生产率二级指标评价值为 2.11，接近差的水平，同时，从集群的资金筹措能力和成本节约效果两个二级指标评价值看，也属于中偏下水平，说明企业间的网络联结不够紧密，集群网络聚集效应不够明显。根据以上判断，宾阳县再生纸企业集群尚处于发展的初期阶段，即孕育阶段。

（四）评价结论与政策建议

通过分析，我们得出的基本结论是，宾阳县再生纸企业集群是宾阳县农村经济发展的重要支撑力量，但其发展尚处于企业集群生命周期的初期阶段，具有企业集群初期发展阶段的基本特征：企业大量衍生与死亡、网络联结较松散、产业配套度尚不高等。因此，企业间竞争方式较为粗放，创新能力和市场风险规避能力较弱，从而使集群的整体绩效不高，聚集效应不突出（经济绩效整体评价值为 3.16，刚刚达到良好水平，而聚集效应一级指标评价值为 2.97，仅达到中等水平）。这一阶段的企业集群，如果能够得到政府政策的扶持，就有可能不断演进升级，否则，如果引导不好，则有可能出现衰退甚至夭折。为此，我们提出如下政策建议：

（1）制定企业集群发展政策，完善创业激励机制，鼓励企业集群内部创业，加速集群内企业的衍生。如制定优惠政策、建设良好基础设施等，为本地企业家创业和外地企业家进驻企业集群提供必要的服务和宽松的环境，使集群规模能够扩大，尽早度过孕育阶段，形成具有自我生长能力的集群。

（2）建立完善的交易平台，规范市场秩序，避免出现企业间因恶性竞争导致"柠檬市场"现象，使集群发展具有可持续性。企业集群衰退或夭折，往往原因来自内部企业间的恶性竞争，如果没有规范的市场秩序，低价格的恶性竞争最终会使集群企业无利可图而走向倒闭，集群当然就不复存在了。

（3）制定企业集群创新支持政策，培育具有专门技能的人力资源，帮助集群提高创新能力。政府可以使用多种形式推动产学研相结合，为企业集群提供新技术、新工艺、新市场，实施企业集群品牌工程，促进集群的演化升级。

（4）制定企业集群与城镇发展互动政策，将企业集群发展与城镇建设相融合，强化区域环境保护，控制集群发展对区域环境的负面影响，降低集群内人员的生活成本，增加集群企业人员尤其是企业家的非正式交流机会，拓展集群网络，放大企业集群的聚集效应。

结　语

在产业组织演进过程中，企业集群对区域发展的影响力日益显现，对企业集群经济绩效评价方法的探索不仅有着重要的理论意义，更是实践的迫切要求。本文提供的方法与模型是一种尝试，它不仅能够从结果方面测定企业集群的财务绩效，而且能够从过程考察此结果形成的影响因素，使集群能够在短期目标和长期目标、结果和动因、硬性客观指标和软性主观指标之间达到平衡。不过，需要指出的是，由于目前我国还没有关于企业集群的专门统计资料，而且企业信息披露一般仅局限于财务信息，许多指标值的获取仍有相当的困难。我们认为，开展区域企业集群的信息统计工作应该提上议事日程。当然，如何通过更多的企业集群案例对此方法与模型的准确性进行检验与修正，是需要进一步研究的问题。

参 考 文 献

［1］Stugeon，T.，and Lester，R. Upgrading East Asian Industries：New Challenges for Local Suppliers，Paper Prepared for The World Bank's Project on The East Asia's Economic Future，Industrial Performance Center，Working Paper，2002.

［2］庄晋财，程李梅. 企业集群三重绩效综合评价方法论纲［J］. 云南财经大学学报，2007（6）.

［3］巫文强. 经济运行的制度因素［J］. 北京：线装书局，2007.

［4］王德忠，龚山．从企业组织成长机制论现代企业组织与区域经济发展［J］．经济地理，1995（4）．

［5］池仁勇，郭元源，段姗，陈瑶瑶．产业集群发展阶段理论研究［J］．软科学，2005（5）．

［6］王志敏．从集聚到集群：产业集群形成机制分析［J］．企业经济，2007（2）．

（本文发表于《改革与战略》2008 年第 12 期）

企业集群生态绩效评价方法及其运用

庄晋财　黄　凡　程李梅

【摘要】 企业集群是一个网络组织系统，它与所在区域的生态互动，是其可持续发展的重要保证。借助于可持续发展理论的 DPSIR 模型，构建起企业集群生态绩效评价体系的"生态效率—生态表现—生态响应"三个维度分析框架，该分析框架遵循"原因—效应—回应"这一思维逻辑，在此基础上建立企业集群生态绩效评价指标和评价模型，从过程和结果相统一的角度识别企业集群的生态绩效水平。模型在广西宾阳县再生纸企业集群中进行了初步运用。

企业集群是一个网络组织系统，是具有相关产业属性的企业在某一特定区域的聚集现象。实践表明，企业集群中企业间的分工合作关系使区域整个生产系统的总功能大于各企业叠加功能之和，从而成为区域产业竞争力的重要来源。但是不少区域片面追求经济效益的做法，已使企业集群发展给区域生态环境带来了极大的压力。因此，有必要加强对企业集群生态化发展的定量研究。本文拟建立企业集群生态绩效评价指标体系与评价模型，试图量化企业集群生态绩效水平，为区域企业集群的良性发展提供科学的决策依据，促进区域经济和生态系统的协调发展。

企业集群生态绩效评价的理论模型：基于 DPSIR 模型的视角

DPSIR 概念模型是由经合组织（OECD）在 1993 年提出并为欧洲环境局所采用，此模型描述了环境问题从最初的起源到产生结果的演变路径[1]。在 DP-SIR 概念模型中，"驱动力"（Driving Force）是造成环境变化的潜在原因；"压力"（Pressure）是指人类活动对其紧邻的环境以及自然环境的影响，是环境的直接压力因子，如废物排放、基础设施建设等；"状态"（State）是指环境在上述压力下所处的状况，如污染水平、土地退化程度等；"影响"（Impact）是指系统所处的状态反过来对人类健康和社会经济结构的影响；"响应"（Response）过程表明人类在促进可持续发展进程中所采取的对策，如提高资源利用效率、减少污染、增加投资等措施。

我们借助可持续发展的 DPSIR 概念模型，通过全面分析企业集群生态化发展的"驱动力"、"压力"、"状态"、"影响"和"响应"，探寻影响集群生态绩效水平的各因素的作用过程以及彼此之间的因果关系，依此建立集群生态绩效评价的三维分析模型，如图 1 所示。

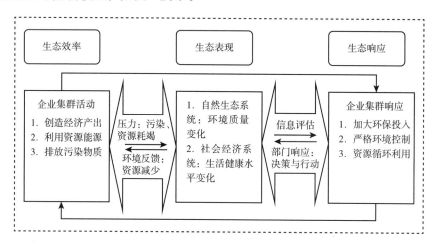

图1　企业集群生态绩效的三维分析模型

企业集群生态绩效评价体系的三个维度是通过"原因—效应—回应"这一思维逻辑紧密地联系在一起的。企业集群要实现自身的发展必须从外部环境中摄入资源与能量，经过自身的消费活动实现一定的经济产出，同时也向外部环境排放出废弃物质与能量。如果集群摄入的资源与能量增加，而产出增长缓慢甚至停滞的话，则意味着其排放的废弃物质与能量呈上升趋势，这说明集群的生态效率在下降。与此同时，由于集群生态效率下降，它自身的发展也会面临着资源与能源存量减少和废弃物排放增多的双重压力。环境的恶化最终也会影响到区域经济社会的正常发展，集群的生态表现也由此变差。可见，集群的生态效率下降成为生态表现变差的原因，生态表现也反映了集群发展对区域自然经济社会复合系统的作用结果。为了降低企业集群对区域资源环境经济可持续发展的负面影响，决策部门通过制度政策的调整和环境监督工作的实施，以促进循环经济在集群整体层面上的实现，这就构成了企业集群应对生态环境变化风险的生态响应。这种响应最终会提高集群企业的资源能源利用效率，减少集群整体的废弃物排放，改善集群的生态效率。由此可见，企业集群生态绩效评价的三维分析框架揭示了集群发展与区域生态环境系统之间的相互作用关系，并通过作用—反馈—再作用的循环过程逐步提高集群生态化发展的水平。企业集群生态绩效的三维分析框架，是从过程和结果两个方面对集群生态绩效进行的综合评价。

企业集群生态绩效评价指标与评价方法

（一）评价指标确定

（1）生态效率及其评价指标。

企业集群发展的驱动力源于对经济效益的追求，而集群发展过程中从外部环境摄入的资源、能量以及排放的废弃物则构成了其对生态系统的压力。为了综合考虑集群在实现经济效益和施加环境压力方面的双重影响，我们借用促进可持续发展全球企业委员会（WBCSD）于 2000 年 8 月提出的生态效益评估标准作为集群生态绩效评价的第一维度，即企业集群的生态效率，它被定义为集群创造的产品与服务的价值（产值、增加值等）与生态环境影响值（资源、能源耗用量、污染物排放量等）的比值[2]。因此，我们用土地集约利用率，能源使用效率，原材料耗用率，废气、废水、固体废物排放量作为生态效率的评价指标。显然，集群创造的产品与服务价值越高，生态环境影响值越低，生态效率也就越高。

（2）生态表现及其评价指标。

DPSIR 模型中状态被定义为特定区域和时间内环境系统的物理、生物和化学现象的数量与质量的变化，而影响则是指这种变化对人类健康和社会经济结构的作用，两者之间具有紧密的因果联系。根据西方学者威勒和西帕兰对组织利益相关者的分类思想，利益相关者被分为社会利益相关者和非社会利益相关者，顾客、员工和社区等被归为社会利益相关者，而自然环境、未来几代人和非人类物种等则被归为非社会利益相关者[3]。自然环境的状态变化只有通过人类科学的测量方法才能被感知，人类在无形中也成为自然生态系统"福利"的代言人，通过各种反映生态系统健康水平的数据来揭示其所受的影响。当生态系统受到的干扰超过一定的阈值后，人类社会的各利益相关者的主观感受才会发生，表现为社会对环境满意度的下降和投诉的增加等，自然生态系统的影响最终也波及人类社会。我们将集群生态化发展的状态与影响维度归纳为生态表现维度，正是为了反映集群活动对其利益相关者群体的影响，自然环境和人类社会都应作为利益相关者被囊括进来。因此，可以选用空气污染情况、水体污染情况、区域噪声平均值、周边居民满意度、员工工作环境满意度、重大环境污染情况作为生态表现的评价指标。

（3）生态响应及其评价指标。

生态响应被定义为企业集群为实现生态化发展的目标而采取的对策与行动。集群的最大优势就在于其有利于促进各网络节点的有机整合，实现"整体功能大于部分功能之和"的协同效应。因此，我们有必要从集群的组成要素出发来分析其在实现生态化运作方面的特点。国内学者孙国强（2001）认为网络组织的构成要素一般包括网络目标、网络结点、经济联结、运行机制、网络协议等五大要素，而其中经济联结和运行机制应该是网络组织最为关键的两大特征[4]。企业集群作为网络组织的一种具体形式自然也不例外，但就其生态绩效评价而言，我们不仅应重视各集群成员在其内部实施环保工作的力度和广度，更应注重分析集群成员间的生态联结及集群整体的环保运行机制。生态联结反映的是企业集群通过资源、能源、信息、废弃物等在不同成员间的流转利用，而形成的类似生态学中"食物链网"的共生关系；而环保运行机制则是企业集群的调节器，对各成员的行为发生有效的协调、约束与激励作用，力图使企业集群整体处于较高生态绩效水平的运行状态。[5]因此，我们选用环保设施投资情况、环保宣传教育情况、环境管理体系实施情况、环境法规遵守情况、"三废"综合利用率、生态网络建设情况来评价企业集群的生态响应。

由此，我们从众多的评价指标中选择了与生态绩效分析框架中的生态效率、生态表现和生态响应三维度相适应的具体指标，建立起企业集群生态绩效评价指标体系，如表1所示。

表1　　　　　　　　　　企业集群生态绩效评价指标体系

一级指标	权重	二级指标	权重	备注	参考值
企业集群生态绩效综合评价	生态效率 B1	0.377	土地集约利用率 B11	0.064	万元/KM²	21591~538
			能源使用效率 B12	0.188	吨标煤/万元	0.76~4.09
			原材料耗用率 B13	0.188	%	0.1~0.5
			万元产值废水排放量 B14	0.248	吨/万元	0.49~163.65
			万元产值废气排放量 B15	0.248	千克/万元	0.09~153.85
			万元产值固废排放量 B16	0.064	吨/万元	0.002~20.577

续表

	一级指标	权重	二级指标	权重	备注	参考值
企业集群生态绩效综合评价	生态表现 B2	0.496	空气污染情况 B21	0.204	%	56.16 ~ 100
			水体污染情况 B22	0.204	定性指标	—
			区域噪声平均值 B23	0.204	定性指标	—
			周边居民满意度 B24	0.066	定性指标	—
			员工工作环境满意度 B25	0.066	定性指标	—
			重大环境污染情况 B26	0.256	定性指标	—
	生态响应 B3	0.127	环保设施投资情况 B31	0.193	%	1.57 ~ 0.06
			环保宣传教育情况 B32	0.087	定性指标	—
			环境管理体系实施情况 B33	0.193	%	100 ~ 50
			环境法规遵守情况 B34	0.247	%	100 ~ 80
			"三废"综合利用率 B35	0.247	%	100 ~ 0
			生态网络建设情况 B36	0.033	定性指标	—

我们采用主客观组合赋权法进行权重设置，主观赋权法选用层次分析法，[6] 这样可以充分利用专家的知识和经验，客观赋权法选用熵值法，[7] 以充分利用指标决策矩阵本身提供的信息。由于评价指标体系各指标的单位不同，必须通过为每一指标设置相应的参考值，实现指标原始值向评价值的转换，才能实现不同指标的横向比较，并进而汇总求得生态绩效的综合分值。本文研究中除定性指标不需要参考值外，其余指标均存在上限和下限参考值，具体参考值是根据相关文献及资料的整理得到的。

（4）指标解释与计算方法。

① 土地集约利用率。使用此指标既能体现土地资源的使用效率，又可以反映集群集聚效应的大小。其计算方法为：土地集约利用率 = 企业集群生产总值（万元）/集群企业占地总面积。

② 能源使用效率。本指标反映企业集群生产经营过程中的能源使用效率。其计算方法如下：能源使用效率 = 集群企业能耗折合标准煤总量/企业集群生产总值。

③ 原材料耗用率。本指标反映企业集群生产经营过程中原材料的使用效率。其计算方法为：原材料耗用率 = 企业集群原材料使用总成本/企业集群生产总值。

④ 万元产值废水排放量。本指标反映企业集群对废水排放控制的平均水平。其计算方法为：万元产值废水排放量 = 企业集群废水排放总量/企业集群总

产值。

⑤ 万元产值废气排放量。本指标通过计算废气中主要污染物的总质量来间接反映企业集群对废气排放控制的平均水平。具体计算方法为：万元产值废气排放量＝企业集群废气排放量/企业集群生产总值。

⑥ 万元产值固废排放量。本指标反映企业集群对固体废弃物排放控制的平均水平。具体计算方法为：万元产值固废排放量＝企业集群固废排放总量/企业集群生产总值。

⑦ 空气污染情况。空气污染指数（API）值越大表示空气污染程度越严重，空气质量越差。我国对城市空气质量评价通常采用全年 API 指数小于 100 的天数所占比例这一评价方法，考虑到原始数据获取的便利性，我们定期对企业集群所在区域进行抽样 API 检测，通过统计 API 小于 100 的天数占检测总天数中的比例来间接反映企业集群对所在区域空气的污染情况。

⑧ 水体污染情况。此指标主要反映企业集群污水排放对区域水体质量的影响程度。根据国家地表水环境质量标准的分类方法，可以将地表水的级别划分为Ⅰ、Ⅱ、Ⅲ、Ⅳ、Ⅴ五大类，本文拟采用此类方法对水体污染情况进行评价，并将五类水体的得分依次设定为 5、4、3、2、1。具体地，首先由环保部门工作人员定期进行水质抽样检测，然后将每次评定的水体级别转换成相应级别的分数并汇总求和，最后进行简单平均即得到此指标的分值。

⑨ 区域噪声平均值。根据《中华人民共和国环境保护法》和《中华人民共和国环境噪声污染防治条例》对城市环境噪声标准的划分，我们可以将噪声值小于 35dB（A）定义为优，依次可将噪声值处在 35 dB（A）～45 dB（A），45 dB（A）～55 dB（A），55 dB（A）～65 dB（A），大于 65 dB（A）等五个范围内的情况分别定义为良、中、差和很差，并分别赋予 5、4、3、2、1 的分值。具体地，先由环保部门工作人员对企业集群区域内不同地点的噪声值进行测定，得到结果后按照评级标准分别对各地点的噪声情况进行评分，然后将各分值汇总后进行简单平均即可得到这一指标最终的数值。

⑩ 周边居民满意度。通过随机走访的形式，对集群区域内的人口进行抽样调查，以了解其对生态环境的主观感受。具体地，我们可以在问卷中设置"满意"、"一般"和"不满意"三个选项，并分别赋予 5、3、1 的分值，并分别统计选取各项人数占总抽样人数的比例，将其作为权重与对应分数相乘并求和，最终得到此指标的数值。

⑪ 员工工作环境满意度。从员工工作环境满意度方面来间接反映集群企业工作环境状况的平均水平，具体指标的计算方法可参考周边居民满意度指标的计算过程。

⑫ 重大环境污染事故发生情况。按照国家环保总局给出的重大环境污染事故认定标准，只要有重大环境污染事故发生，则此指标取值为 1，否则取值为 5。

⑬ 环保投资情况。此指标主要是为了反映企业集群在环保工作实施方面的投资情况。具体计算方法为：环保投资比例 = 企业集群环保投资总额/企业集群生产总值。

⑭ 环保宣传教育情况。本指标属于定性指标，主要设置优、良、中、差四个级别进行评价，并将各级别依次赋予 4、3、2、1 的分值，同时，根据集群企业之间环保交流学习的情况好坏，依次赋予 1、0.8、0.6、0 的分值。通过统计企业集群中环保宣传教育情况分别为优、良、中、差的企业所占比例，并将其作为权重与所评定级别对应的分值相乘，然后逐项相加，最后我们再将企业间环保交流学习情况的得分与前述的汇总值相加，得到此指标的分值。

⑮ 环境管理体系实施情况。通过考察企业集群中依 ISO 14000 体系运营（包括通过 ISO 认证和尚未通过认证）的企业所占比例来反映这一指标的实际情况。

⑯ 环境法规遵守情况。我们使用当年没有环保违规记录的企业数在集群企业总数中所占比例来反映企业环境法规遵守情况。

⑰ "三废"综合利用率。本指标则反映了企业集群对废水、废气和固体废弃物的综合利用情况，"三废"的利用既可以发生在企业内部，也可以发生在企业之间。我们通过将"三废"产品各自利用率进行简单平均来获得此指标的原始数据，具体计算方法如下：

$$\text{"三废"综合利用率} = \left(\frac{\text{废水利用量}}{\text{废水产生量}} + \frac{\text{废气利用量}}{\text{废气产生量}} + \frac{\text{固废利用量}}{\text{固废产生量}} \right) / 3$$

⑱ 生态网络建设情况。此指标主要反映本地集群成员企业之间的生态关系，即衡量废弃物质（资源、能源等）在集群企业之间的流转利用情况。本指标属于定性指标，我们将分别从"良好""一般""不好"三个级别对其进行评价，并对三个级别依次赋予 5、3、1 的分值。

（二）评价过程

（1）模型。

企业集群生态绩效评价是一个包括其行为和结果的多维评价过程，此过程的多层次性与多因素性决定了其不可能由某项指标的简单相加予以确定。[14] 由于评价指标体系的不同层次和因素对系统综合评价效果的影响各不相同，决定了我们对各指标必须给予区别对待，同时，兼顾到"整体—部分—整体"的系统论一般方法，我们采用线性加权求和模型得出企业集群生态绩效的综合评分值。

$$B = \sum_{i=1}^{i} B_i W_i , B_i = \sum_{j=1}^{j} B_{ij} W_{ij}$$

其中，B_i 表示一级指标层的各指标评价值，W_i 表示一级指标层相对应的 B_i 指标的权重；而 B_{ij} 则表示对应与 B_i 的各二级指标层的各指标评价值，W_{ij} 是各二级指标的权重。

（2）指标的无量纲化。

由于企业集群生态绩效评价的各指标量纲不同，因而需要对评价指标进行无量纲化处理，本文运用改进的功效系数法对原始指标进行处理。[15]定性指标和二值指标以原始值作为无量纲，而定量指标根据其指标性质可分为正指标和逆指标，故应区别对待。设 x 为原始指标值，b 为经过处理后的无量纲指标，具体处理方法如下：

对于正指标，无量纲化公式为：

$$b = \frac{x - x_{min}}{x_{max} - x_{min}} \times 4 + 1 \qquad (1)$$

其中，x_{max} 和 x_{min} 分别为各指标标准值的最大值和最小值。

对于逆指标，无量纲化公式为：

$$b = \frac{x_{max} - x}{x_{max} - x_{min}} \times 4 + 1 \qquad (2)$$

其中，x_{max} 和 x_{min} 分别为各指标标准值的最大值和最小值。

（3）综合评分的确定与评判。

根据对企业集群生态绩效的原始调查资料，从上述经过无量纲化处理后的指标值开始，逐层向上分别计算其上一层目标的评价分值，最后根据企业集群生态绩效综合评价模型计算其综合评分。显然，企业集群生态绩效评价值 B 介于 1~5，且平均水平为3，根据综合评价结果能够做出如下判断：当 $1 \leqslant B < 2$ 时，则企业集群生态绩效评价为极差；当 $2 \leqslant B < 3$ 时，则企业集群生态绩效评价为偏差；当 $B = 3$ 时，则企业集群生态绩效处于中等水平，即临界点；当 $3 < B \leqslant 4$ 时，则企业集群生态绩效评价为良好；当 $4 < B \leqslant 5$ 时，则企业集群生态绩效评价为优秀。

初步运用：广西宾阳县再生纸企业集群生态绩效评价

（一）广西宾阳县再生纸企业集群基本情况

宾阳县位于广西中南部，隶属于广西首府南宁市，行政区域面积2308平方公里，现有再生纸企业约100家，再生纸生产从业人员2800多人，约占全县工业企业从业人员总数的15%。2006年年末，宾阳县再生纸企业实际生产机制纸及纸板22.26万吨，实现销售收入50765万元，实现利润3185万元。

宾阳县再生纸生产初步具备了集群属性。一是从产业属性看，企业围绕再生纸生产形成了产业链关系。再生纸生产企业主要生产的核心产品有7种，包括日用原料纸，包装原料纸、板纸、涂布纸、瓦楞纸、衬垫纸、炮筒原料纸。近年来，有不少企业开始延伸下游产品，主要包括卷筒纸、餐巾纸、手抽纸、卫生纸、炮筒、纸箱等。由于再生纸企业的不断发展，因此衍生出不少配套企业，主要有原料供应企业，如糖厂纸浆回收厂、标签商标印刷厂、中间商、经销商；辅料供应企业，如漂白液厂、淀粉和变性淀粉厂、增白剂厂、脱墨剂厂、填料厂、能源供应厂商（如煤炭供应商）等；造纸设备供应企业，如打浆机、磨浆机、洗浆机、搅拌机、切纸机、卷纸机、折纸机等设备供应商。此外，还有包装、运输等服务企业，从而形成较为完整的产业链。二是从地理空间聚集上看，这些企业主要集中在宾阳县的芦圩镇、新桥镇和思陇镇，其中芦圩镇最为集中，约有70家再生纸生产企业。

（二）指标评价值计算结果

首先，将调查获得的原始数据汇总整理并计算得到各指标的原始值；其次，除定性指标外，其余指标均可分为正指标和逆指标，依据表1确定的各项指标的参考值，并按照前述指标的无量纲化公式将各指标原始值转换成[1，5]区间内的分值（以定性指标依照指标计算方法直接计算分值）；最后，将各指标的分值与其对应权重相乘并逐层汇总得到企业集群生态绩效评价的综合分值。结果如表2所示（计算过程略）。

表2   指标评价值计算结果

一级指标	权重	二级指标	权重	评价值
		土地集约利用率 B11	0.064	2.74
		能源使用效率 B12	0.188	3.50
生态效率 B1	0.377	原材料耗用率 B13	0.188	2.26
		万元产值废水排放量 B14	0.248	2.96
		万元产值废气排放量 B15	0.248	3.21
		万元产值固废排放量 B16	0.064	4.86
		空气污染情况 B21	0.204	3.48
		水体污染情况 B22	0.204	3.42
生态表现 B2	0.496	区域噪声平均值 B23	0.204	3.40
		周边居民满意度 B24	0.066	2.26
		员工工作环境满意度 B25	0.066	2.82
		重大环境污染情况 B26	0.256	5.00
		环保设施投资情况 B31	0.193	3.73
		环保宣传教育情况 B32	0.087	2.73
生态响应 B3	0.127	环境管理体系实施情况 B33	0.193	1.00
		环境法规遵守情况 B34	0.247	2.60
		"三废"综合利用率 B35	0.247	3.40
		生态网络建设情况 B36	0.033	3.00

（注：一级指标列最左侧整体为"企业集群生态绩效综合评价"）

根据综合记分模型 $B = \sum_{i=1}^{i} B_i$（其中 $B_i = \sum_{j=1}^{j} B_{ij}\alpha_{ij}$），计算得到宾阳县再生纸企业集群生态绩效一级指标评价值，如表3所示。

表3   一级指标评价值计算结果

	生态效率 B1	生态表现 B2	生态响应 B3
评价值	3.10	3.55	2.76

最后，根据总评价模型 $B = \sum_{i=1}^{i} B_i W_i$，计算总评价结果：

$B = B_1 \times W_1 + B_2 \times W_2 + B_3 \times W_3 = 3.10 \times 0.377 + 3.55 \times 0.496 + 2.76 \times 0.127 = 3.28$

（三）评价结论与政策建议

（1）结论。

根据计算结果，宾阳县再生纸企业集群的生态绩效综合评分为3.28，总体状况处于良好水平，这基本反映了此集群的生态化发展现状。这说明此企业集群的产业属性不是通常意义上的造纸产业，由于在这里仅进行纸业加工，不生产纸浆，当地人称为再生纸产业，因此，对环境的影响没有造纸产业的影响大。但即便如此，环境问题的隐患仍然存在，主要表现为：

① 粗放经营带来资源浪费问题依然存在。尽管此集群生态效率评价值达到3.1，接近良好水平，但其中的土地集约利用率、原材料耗用率、万元产值废水排放量指标评价值均在3以下，仅达到中的水平。在我们的调查中，发现企业将废水循环利用的程度较低，另外，企业布局较分散，不能共同利用基础设施，一方面导致土地集约利用程度低，另一方面也增加了单个企业实现环境安全达标排放的成本。

② 企业员工和社区居民工作生活环境仍需改进。尽管此集群生态表现评价值达到3.55，处于良好偏上水平。但是，由于有不少企业仍将废水直接排放如附近河流，影响了区域居民的饮水安全，尽管没有发生重大污染事故，但仍使居民心存不满。另外，这里的企业大多属于家庭作坊的民营企业，工作环境相对较差，员工对工作环境的满意度也较低。周边居民满意度和员工工作环境满意度两个指标评价值均在3以下，表明此集群中企业员工和社区居民工作生活环境仍需改进。

③ 环保意识仍然较薄弱，环保措施相对不足。此集群生态响应指标评价值偏低，只有2.76分，说明集群环保响应程度较低，对环保工作不够积极。从指标评价值看，环保宣传教育、环保管理体系实施、环保法规的遵守三个指标的评价值均低于3，说明集群行为主体的环保意识相对较弱，环保措施不力，环保体系不健全。

（2）政策建议。

① 引导企业由分散布局走向集中，鼓励企业改进工艺流程，打破企业边界，共同利用相关设施，实现资源整合。这既可以使土地达到集约利用，又可降低企业运营成本，还可以使废物排放达到集中净化处理所要的规模，从而实现达标排放。目前宾阳县委县政府正在考虑建设再生纸工业集中区，这是一个大胆而有效的尝试。

② 实行环境安全责任制度，严格执法，规范企业生产环保管理，严禁"三

废"非达标排放，保护企业员工和社区居民的工作与生活环境。家庭作坊式的小企业环保设施简陋，企业排放较随意，这是管理不严的结果，实行环境安全责任制度，加强督促引导，加强执法力度是当务之急。

③ 实行环保安全教育的制度化管理，强化环保设施的综合利用，鼓励企业积极通过 ISO 14000 体系认证。调查显示已有部分小企业通过收购群内规模较大企业的生产废料和报废产成品进行再加工生产，生态网络构建也已初见端倪。这些都需要在科学的管理体系下才能发挥更大的作用。

参 考 文 献

［1］European Environment Agency, Europe's Environment：The Second Assessment ［R］. Elsevier Science Ltd. , Oxford. 1998.

［2］顾强. 提高产业集群生态效率促进循环经济发展 ［J］. 中国科技投资，2006 (8) .

［3］Wheeler D, M Sillanpaa, Including the Stakeholder：The Business Case, Long Range Planning, 1998, (31) 2：201 – 210.

［4］孙国强. 网络组织的内涵、特征与构成要素 ［J］. 南开管理评论，2001 (4) .

［5］王发明，蔡宁. 基于产业生态：企业集群的发展趋势 ［J］. 改革，2005 (4) .

［6］汪应洛. 系统工程理论、方法及应用 ［M］. 北京：高等教育出版社，1998.

［7］谢赤，钟赞. 熵权法在银行经营绩效综合评价中的应用 ［J］. 中国软科学，2002 (9) .

(本文发表于《云南财经大学学报》2009 年第 2 期)

企业集群社会绩效评价方法及实证检验研究

黄启发　　庄晋财

【摘要】社会绩效是指企业集群的行为对所在区域产生的社会价值，主要表现为对区域社会发展、社会结构变迁和社会福利改善的影响。其中，社会发展主要表现为区域的工业化和城市化水平；社会结构变迁主要表现为区域的产业结构升级和就业结构变迁；社会福利改善主要表现为区域居民收入的增长和收入分配均等化。利用西部欠发达的地区的案例进行实证检验，发现企业集群确实取得了比较好的社会绩效，对区域发展做出了重要贡献，社会绩效是企业集群综合绩效的重要组成部分。

引　　言

三十多年来，国内外学者从交易成本、社会网络资本、经济地理、竞争优势、创新环境、创新系统等不同角度对企业集群进行了大量的研究，这些研究涉及了经济学、社会学、地理学、管理学及技术、贸易等多个学科领域[1]，广泛探讨了企业集群的生成路径、运行机理、治理机制、风险与效率、演化周期、经济绩效等。各地区特别是欠发达地区的政府和人们通过各种政策和措施进行引导、培育和发展企业集群，希望通过这种方式实现经济的跨越式发展。但是，以经济绩效为基准的政府政策偏向，引导了企业集群的畸形发展，导致了一系列的社会、生态问题：贫富差距不断扩大、社会事业发展缓慢、自然资源遭到破坏、生态环境不断恶化等。因此，很有必要将社会绩效纳入研究范畴，分析企业集群的社会价值及对其社会网络的影响。

社会绩效的研究最初是从企业社会责任的考察入手的。1953 年 Howard R. Bowed 的《企业社会责任》一书出版，第一次对社会责任进行了定义，此后大量学者（Mason，1960；McGuire，1963；Cheit，1964；Davis and Blomstrom，

1966；Greenwood，1964）展开了争论，比较突出的成果有："卡罗尔结构"、声誉指数法（Reputation Index）、内容分析法、KLD（Kinder，Lydenberg，Domini and Company）指数、SA8000 标准等。企业集群社会绩效是对企业集群的行为结果从社会整体角度进行的社会价值判断，是由于企业集群在社会领域内的自身行为引起的必然结果[2]。作为一个多重投入、多重产出的复合系统，企业集群是由经济要素、社会要素和生态要素共同构成的，是三种要素相互影响、相互作用的有机系统，社会绩效的好坏不仅体现了企业集群承担和履行社会责任的程度，还会间接影响所在区域经济绩效的好坏，并在一定程度上决定企业集群的生存和发展。

理 论 模 型

既然企业集群社会绩效是对企业集群行为结果的社会价值的评价，那么就需要依据一定的评价标准，遵循一定的评价方法，从区域社会整体的角度评价企业集群满足区域社会需要的能力。对区域发展的理解和认识，理论上经历了三个重要的转变：

（一）从"经济增长"到"经济发展"的转变

经济增长意味着以更多的投入或更高的效率去获得更多的产出，人们对国民生产总值、人均国民收入等指标的兴趣异常浓厚，这种倾向的弱点是，人们清楚地知道经济增长是什么，但对社会变迁应采取的方向却没有同样清晰的概念，导致很多区域出现了无发展的增长，所以从 20 世纪 70 年代起，经济发展的概念被广泛使用。

（二）从"数量增加"到"结构变迁"的转变

前者认为区域发展是规模不断扩大的社会再生产过程和社会财富的增殖过程，强调了高增长率、工业化和资本积累的重要性和必要性。后者包括产业结构、职业结构、技术结构等各方面各层次上的变化，三者与区域的发展是紧密相连的，成为不可分割的一个整体，强调了经济结构和社会结构转变对区域发展的重要意义，标志着区域经济体系的日趋成熟和高级化。

（三）从"收入总量"到"收入分配"的转变

区域的发展必然带来收入总量增加，但是总量的增长并不一定能使大多数社会成员的福利状况获得改善，再高的资本积累率和资本生产率，若不能为大多数人民创造幸福，不能算真正的发展。[3]评价区域发展水平，不能仅看区域收入总量变化，还要衡量区域收入分配状况，用收入增长率和收入分配均等化两个因素来反映区域发展真实状况。[4]

区域发展理论的三个转变，为我们评价企业集群社会绩效提供了依据，用区域社会发展、区域社会结构变迁和区域社会福利改善来进行概括，考察企业集群对这三个方面的影响就可以反映出其对区域发展的社会绩效。其逻辑关系如图1所示。

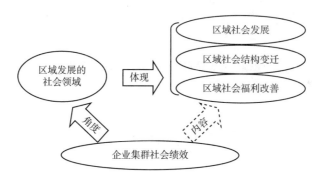

图1　企业集群社会绩效研究的逻辑关系

在企业集群社会绩效的三项内容中，促进区域社会发展是最直接和最主要的表现，在现阶段的中国，社会发展多是围绕社会的现代化展开的，具有显著的时代特征和现实意义，[5]城市化和工业化无疑是当前中国社会现代化的主旋律。社会结构变迁是指社会结构各构成要素进行全面的重新排列组合，使原有结构的基本特征和功能得以改变，变迁的动因可能是体制转换、区域经济非均衡发展、劳动力流动和科技进步等。[6]其中产业结构和就业结构是社会结构中最重要的部分，它们的变迁是企业集群社会绩效区别与科层制企业的主要方面。社会福利水平提高的途径主要有两个：一是社会国民收入的增加，二是国民收入分配的均等化[4]。企业集群对国民收入增加的作用已经是有目共睹的了，而它之所以能够促进国民收入分配均等化，主要因为就业门槛比较低，能够为更多的社会成员提供就业机会，特别是妇女劳动力，从而大大提高了妇女就业机会的均等性。就业机会的均等化会带来就业收入分配的均等化，在现阶段中国社会成员收入结构中，就业收入一般来说是最主要和最稳定的来源。社会发展、社会结构和社会福利三者之间是相互影响、相互促进的，据此，企业集群社会绩效评价的理论模型的表述如图2所示。

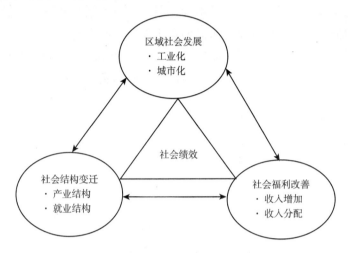

图 2　企业集群社会绩效评价理论模型

评 价 指 标 体 系 设 计

企业集群社会绩效中社会发展的评价指标由工业化进程和城市化水平构成；社会结构的评价指标由产业结构和就业结构构成；社会福利的评价指标由人均收入增长水平和就业机会分配均等化程度构成，以此建立企业集群社会绩效的评价指标体系。

（一）工业化进程评价指标设计

本文选择工业化指数来描述工业化进程，它是1999年国家统计局设计出的一种反映我国工业化指数的计算公式：

$$工业化指数 = 增加值贡献率 + 劳动力贡献率$$

其中，增加值贡献率 = 第二产业增加值/第一产业增加值；
劳动力贡献率 = 第二产业从业人员/第一产业从业人员。
当增加值贡献率（或劳动力贡献率）比值大于或等于1时，则赋予增加值贡献率（或劳动力贡献率）为 0.5，否则赋予其贡献率值为：比值/2。[7]

（二）城市化水平评价指标设计

本文用人口城市化来测度一个地区的城市化水平，因为人口是衡量城市化水平的主要因素，人口城市化是经济城市化的直接结果，体现了城市化最核心和最本质的内容。一个地区的城市人口比重越高，表明人口集中程度越高，社会生活更加丰富，社会服务设施相对完善，居民生活比较方便，从而很好地反映出其他社会事业的发展水平。[8]

（三）产业结构评价指标设计

企业集群独特的竞争力会影响地区内社会资源配置方式，技术、知识的外溢会改变产业间的技术经济关系，集群的兴盛和衰退会改变产业内及产业间的比例关系和结合状况，这些都会影响区域产业结构的变迁，使其不断走向高度化和合理化。本文利用霍夫曼系数来分析企业集群对所在地区产业结构的影响。其计算公式为：

霍夫曼系数 = 消费品工业的净产值/资本品工业的净产值

（四）就业结构评价指标设计

企业集群特别是中企业集群一般来说从事的都是劳动密集型产业，对劳动力需求比较大，就业门槛比较低，能够吸收大量周围农村地区的劳动力，这种改变直接提高了当地的就业率和居民收入水平，对缓解就业压力、转移农村剩余劳动力、促进社会稳定繁荣具有深远的意义。本文选取的评价指标是就业结构指数，其计算方式是：

就业结构指数 = 第二、第三产业就业人员/总就业人员 = 非农业人口/总人口

（五）就业机会分配均等化评价指标

研究就业机会分配均等化主要是关注女性就业的状况，因为女性就业问题是一个综合性问题，涉及政治、经济、社会、文化教育、婚姻家庭等诸多方面，既关系到女性自身素质和社会地位的提高，又涉及男女社会地位权利平等的问

题，还影响到社会稳定和社会发展。[9]本文用就业均等系数表示就业机会分配均等化程度，其计算公式为：

$$就业均等系数 = 女性就业人数 / 总就业人数$$

（六）人均收入增长水平评价指标

用人均国民收入增长率或者人均国民生产总值增长率表示。

综上可以得到企业集群社会绩效评价指标体系，如表 1 所示。

表 1　　　　　　　　　　企业集群社会绩效评价指标体系

目标层	一级指标 （T_i）	权重 （W_i）	二级指标 （T_{ij}）	权重 （W_{ij}）	计算方式
企业集群 社会绩效	区域社会发展	0.493	工业化进程	0.246	工业化指数
			城市化水平	0.247	人口城市化
	社会结构变迁	0.196	产业结构变迁	0.079	霍夫曼系数
			就业结构变迁	0.117	就业结构指数
	社会福利改善	0.311	收入增长	0.109	人均收入增长率
			收入分配均等化	0.202	就业均等系数

评 价 数 量 模 型 及 过 程

本文选择层次分析法来建立企业集群社会绩效的评价模型，其层次分析结构如表 1 所示。

（一）指标权重的确定

（1）构造判断矩阵。

针对一级指标形成的判断矩阵如表 2 所示，其中，C_1 代表区域社会发展；C_2 代表区域社会结构变迁；C_3 代表区域社会福利改善。

表2 一级指标判断矩阵

	C_1	C_2	C_3	权重
C_1	1	2	2	0.493
C_2	1/2	1	1/2	0.196
C_3	1/2	2	1	0.311
$\lambda_{max} = 3.054$ C. I. $= 0.027$ RI $= 0.52$ C. R. $= 0.052$				

（2）层次单排序一致性检验。

根据公式 $\lambda_{max} = \dfrac{1}{n} \sum\limits_{i=1}^{n} \dfrac{(AW)_i}{W_i}$ 求得矩阵的特征根 $\lambda max = 3.054$，由一致性

指标公式 C. I. $= \dfrac{\lambda_{max} - n}{n - 1}$ 计算一致性指标 C. I. $= 0.027$，查表3得到平均随机一

致性指标，则一致性比例 C. R. $= \dfrac{C. I.}{R. I.} = 0.052 < 0.1$ 满足一致性条件。其他各

级指标计算方法类同。

表3 平均随机一致性指标值

n	1	2	3	4	5	6	7	8	9	10
RI	0	0	0.52	0.89	1.12	1.26	1.36	1.41	1.46	1.49

（3）总排序及一致性检验。

按照层次单排序的计算结果，依次计算总排序权重向量，得到的各层指标权重见表1。

（二）评价方法和过程

（1）综合评价模型的确定。

本文采用线性加权求和得出企业集群网络社会绩效的综合评价模型。

$$A = \sum_{i=1}^{i} T_i W_i, T_i = \sum_{j=1}^{j} T_{ij} W_{ij}$$

（2）调查和确定各评价指标的原始值。

企业集群社会绩效定量指标的计算主要根据调查问卷和从地方政府部门取得的数据来进行；定性指标主要通过问卷调查和专家咨询的方式进行主观评分，利用5、4、3、2、1对应评价的优、良、中、差、很差；对于指标中备选项为"是"或"否"的二值指标，则取"是"为5，"否"为1。

（3）原始指标的无量纲化。

运用功效系数法分别对正指标、逆指标、区间型指标进行处理后，所有的评价指标都转换为正指标，并且取值范围介于 [1, 5] 之内。

（4）计算各层次评价指数和系统综合评分。

由于本评价模型和方法的确定，企业集群经济绩效评价值 A 肯定介于 1 ~ 5，根据综合评价值能够做出以下判断：当 1≤A≤2 时，则企业集群社会绩效评价为差；当 2＜A≤3 时，评价为中；当 3＜A≤4 时，评价为良；当 4＜A≤5 时，评价为优。

初步运用：广西宾阳县再生纸企业集群生态绩效评价

（一）广西宾阳县再生纸企业集群基本情况

宾阳县位于广西中南部，行政面积 2308 平方公里，有再生纸企业约 100 家，从业人员 2800 多人。2006 年末，生产机制纸及纸板 22.26 万吨，实现销售收入 50765 万元，实现利润 3185 万元，初步具备了集群属性。从产业属性看，企业围绕再生纸生产形成了产业链关系，核心产品有 7 种。近年来，有不少企业开始延伸下游产品，衍生出许多配套企业，如原料供应企业、辅料供应企业、造纸设备供应企业、包装、运输等服务企业等，从而形成较为完整的产业链。从地理空间聚集上看，这些企业主要集中在宾阳县的芦圩镇、新桥镇和思陇镇，其中芦圩镇最为集中，约有 70 家再生纸生产企业。

（二）评价指标的计算

以下指标计算过程中所用数据，除了调研以外，都来自宾阳县统计局"'十五'时期主要社会经济指标"统计报表。

（1）工业化指数 T_{11}（见表 4）。

表 4　　　　　　　　　　　　工业化指数

年　份	2001	2002	2003	2004	2005
增加值贡献率	9.51	2.17	6.27	2.69	1.97
劳动力贡献率	0.107	0.102	0.108	0.116	0.123
工业化指数	0.554	0.551	0.554	0.558	0.562

（2）人口城市化指数 T_{12}（见表5）。

表5 人口城市化指数

年 份	2001	2002	2003	2004	2005
城市人口（万人）①	18.52	18.65	18.75	19.50	21.4
总人口（万人）	96.84	97.65	97.90	98.21	99.76
人口城市化指数	0.1912	0.1910	0.1915	0.1986	0.2145

（3）霍夫曼系数 T_{21}②（见表6）。

表6 霍夫曼系数

年 份	2001	2002	2003	2004	2005
轻工业产值（万元）	134126	144953	209147	242998	326792
重工业产值（万元）	83017	105530	97069	176072	181747
霍夫曼系数	1.616	1.374	2.155	1.380	1.798
第二、第三产业比重	0.647	0.665	0.710	0.725	0.732

（4）就业结构指数 T_{22}（见表7）。

表7 就业结构指数

年 份	2001	2002	2003	2004	2005
非农业人口（万人）	12.90	13.05	13.08	12.88	13.45
农业人口（万人）	83.94	84.60	84.82	85.33	86.31
就业结构指数	0.1547	0.1543	0.1542	0.1509	0.1558

（5）人均国民生产总值增长率 T_{31}（见表8）。

表8 人均国民生产总值增长率

年 份	2001	2002	2003	2004	2005
人均国民生产总值增长率（%）	11.29	11.62	19.83	22.15	17.50

---

① 宾阳县没有独立的县城，而是建城于芦圩镇，所以城市人口是用芦圩镇人口来代替的。
② 在得到统计资料中没有消费品工业产值和资本品工业产值数据，所以就用轻工业和重工业数据代替。

（6）就业均等系数 T_{32}（见表9）。

表9 就业均等系数

女性员工比例（%）	0～10	11～20	21～30	31～40	41以上
赋值	1	2	3	4	5
企业数	4	6	10	9	11
企业比例（%）	10	15	25	22.5	27.5

根据以上指标无量纲化后得到企业集群的社会绩效，如表10所示。

表10 企业集群的社会绩效

年　份	2001	2002	2003	2004	2005
企业集群社会绩效	2.34715	2.1452	2.43931	3.18642	4.32504
总体评价	中	中	中	良	优

（三）评价结论

（1）企业集群社会绩效总体明显改善。从表10可以看出，"十五"时期的前三年，绩效水平一直在2.0～2.5徘徊，基本处于中等水平，至2004年达到了良好水平，2005年升幅更大，达到优秀，这说明近两年企业集群的社会绩效得到了明显的改善①。

（2）企业集群社会绩效各部分发展不平衡。六个指标中工业化和城市化的发展趋势基本一致，就业结构指数的持续减小和猛然增加说明人口流动比较大，尤其是非农业人口的流动较大，反映了企业集群的生产不够稳定，受宏观经济运行环境的影响比较明显，具有一定的季节性和周期性。

（3）产业结构总体趋于高级化，但是产业内部结构趋向轻工业化。从表6可以看出第二、第三产业的比重稳步增长，已经达到了很高的程度，这说明产业结构总体趋于高级化。但是霍夫曼系数有升有降，整体有升高趋势，这说明在第二产业内部，资本品工业净产值（重工业）增加速度比消费品工业净产值（轻工业）较慢，第二产业内部结构趋向于轻工业化，这与当地手工业、家庭

---

① 由于计量模型和计量方法的局限，社会绩效水平的总体评价是相对评价而非绝对评价，是样本在样本期间内的纵向自我评价。即2005年社会绩效水平为优，只是与前几期相比较而言是优，并不是说没有必要再改善和提高了。

作坊等发展较快，而规模以上工业企业较少、发展较慢有关。

（4）企业集群在解决农村妇女就业上贡献很大，但科技研发的投入太少。调查发现，近50％的企业女性员工的比例达到了30％以上，这对解决农村大量剩余劳动力、提高妇女社会地位问题做出了重要的贡献。同时，集群内以中小企业为主，没有力量进行科技研发，即使少数几个有研发投入的企业，其资金也主要用来购买新设备和进行员工培训，具有实验室、专业研究人员和进行系统化技术研发的企业基本上没有。这从一个侧面说明企业集群内部同业竞争激烈且多为同质化竞争。

（四）政策建议

（1）积极培育和引导企业集群，承接东部地区的产业转移，做强做大县域经济。相对东部地区来说，西部地区的企业集群数量太少、规模太小、分布太散、实力太弱、发展太慢。因此，当地政府要抓住机遇，不断改善投资环境，积极培育和引导企业集群的发展，承接好东部地区的产业转移。

（2）加大对私营企业主的培训，不断提高其管理能力。西部欠发达地区大多数中企业集群的私营企业主出身于农民，没有接受过良好的教育，在改革开放中凭借自己的勇气和社会资本，成为私营企业主的一员。随着企业的不断壮大，对企业主的管理能力和素质要求越来越高，因此，很有必要对他们进行培训，使他们具有更先进的管理思想和专业素质，以适应现代企业管理的需要。

（3）保持第二产业结构轻工业化的同时，尽量减少企业集群对社会和环境的负产出。对于西部的县域经济来说，都发展重工业是不可能、不现实的，宾阳企业集群产业结构的轻工业化趋向未尝不是件好事，可以更加适合西部欠发达地区的社会现实和经济基础。但是，轻工业企业实力较弱，管理相对不够规范，对资源的利用不够充分，企业（主）的短视现象比较严重，可能会对社会和环境带来破坏，这需要引起足够的重视。

（4）完善社会责任宣传和立法，加强企业主的社会责任意识，将社会绩效纳入企业、集群、政府的绩效考核中去。集群中私营企业主的社会责任意识淡薄，不仅与自身的素质有关，也受限于企业的经济实力，更与目前以经济为中心的绩效评价体系相关。所以在加强社会责任宣传和立法的同时，更要改变现在的绩效评价体系，将社会绩效的考核纳入对企业、集群和政府部门的绩效评价体系中去，建立一种能够促进经济、社会协调发展的绩效评价体系，从根本上解决以经济绩效为中心而社会绩效缺位的问题。

结　论

社会绩效是企业集群可持续发展的必要内容之一，在推动社会发展、促进社会结构升级和改善社会福利方面，地方政府和企业集群有着不可推卸的责任和义务。因此，很有必要将社会绩效纳入企业集群、政府绩效考核体系之中，这既完善了绩效考核体系，又可以科学地指导政府制定政策和引导企业集群的行为，促进企业集群和区域经济的可持续发展。

但是，由于社会绩效涉及面比较广、包含的要素非常多，本文还有很多不足之处，如对企业集群社会绩效内容的考察还不够细致；在实证分析中，取得的样本数据不够充分；本模型只进行了样本集群的纵向比较，而没有进行不同集群之间的横向比较等，尚待以后的继续研究。

参 考 文 献

［1］王缉慈. 创新的空间——企业集群与区域发展［M］. 北京：北京大学出版社，2001：87.

［2］温素彬，薛恒新. 基于科学发展观的企业三重绩效评价模型［J］. 会计研究，2005（4）.

［3］张敦福. 区域发展模式的社会学分析［M］. 天津：天津人民出版社，2001：37－40.

［4］金碚. 中国工业化经济分析［M］. 北京：中国人民大学出版社，1994：3.

［5］贾高建. 社会发展理论研究的逻辑分层问题［J］. 理论前沿，2002（7）.

［6］陈秋华. 体制转变·结构变迁与就业［M］. 北京：中国财政经济出版社，2000.

［7］韩兆洲. 新型工业化进程统计测度指标体系研究［J］. 统计与预测，2006（1）.

［8］刘思. 现代城市化水平评价指标体系的构建［J］. 决策参考，2006（5）.

［9］段华洽. 对中国社会转型期女性就业问题的思考［J］. 中国就业，2006（3）.

复合系统视角的企业集群三重绩效综合评价模型研究

庄晋财　许玉平　程李梅

【摘要】 从系统的观点看，企业集群是由经济子系统、社会子系统、生态子系统构成的复合系统。企业集群绩效水平的衡量，应该从"经济—社会—生态"三重绩效进行综合考察。根据这一思路，确定企业集群三重绩效评价的指标体系，并构建企业集群三重绩效综合评价模型，可以从静态和动态角度对企业集群绩效水平进行综合评估。利用此模型对广西宾阳再生纸企业集群评估的结果表明，模型具有可行性，评估结果为政府促进企业集群全面、协调、可持续发展的决策提供理论依据。

企业集群作为一种新型产业组织形式，对区域发展的影响正在受到人们的高度关注，并已经进入政府的决策层面。但是，由于缺乏一套科学的企业集群绩效评价体系，人们对企业集群的认识多停留在经济层面。按照党中央提出的"坚持以人为本，树立全面、协调、可持续"科学发展观的要求，企业集群绩效的衡量，不仅要关注经济绩效，还要关注社会绩效和生态绩效，只有通过经济绩效、社会绩效和生态绩效三者的综合评价，才能真正揭示企业集群的绩效水平。[1]因此，建立一套科学的企业集群绩效综合评价指标体系和评价模型，对发挥企业集群的积极作用，促进区域全面、协调、可持续发展有着十分重要的理论和现实意义。

复合系统视角下的企业集群及其绩效

复合系统是由多个独立的子系统组成，各子系统之间不是简单叠加关系，而是相互作用，相互依存，形成子系统的复合。[2]企业集群作为一种集中在某个地理空间上的网络组织，它与一般网络组织的不同，就在于它具有强烈的区域性特征，是地域生产综合体，它的发展过程事实上是与区域环境进行物质、信息、能量交换的过程，从复合系统视角看，企业集群是由"经济—社会—生态"三个子系统复合而成的系统。

企业集群作为一个经济系统，其目标指向是效率，即通过创造出人们需要的各种产品，实现价值最大化目标；企业集群作为一个社会系统，其目标指向是公平，目的是改善集群所在区域人们的社会福祉；企业集群作为一个生态系统，其目标指向是可持续。我们把企业集群看作是一个由经济子系统、社会子系统、生态子系统构成的复合系统，显然这是一个具有多重投入、多重产出、多重补偿、多重目标的复合系统。从投入角度看，企业集群的各网络节点的生产经营活动，除了直接依赖其物质资本配置外，还必须有人力资本、社会资本和生态资本的优化配置；从产出角度看，企业集群不仅是产品和服务的产出系统，也是生态影响产出系统和社会影响产出系统；从补偿角度看，企业集群的发展不仅需要物质补偿，而且需要进行社会资本和生态资本的不断补偿；从目标看，企业集群的发展要保证经济效益、社会效益、生态效益的统一，促进区域经济增长、保证社会公平和区域发展的可持续，这正是科学发展观的基本要求。

企业集群复合系统的绩效水平并非是单个企业绩效的简单相加，而是通过特定区域内具有一定产业属性的企业之间优势互补、资源共享，进而达到节约成本，增加综合实力，实现单个企业无法实现的协同效应。在企业集群网络组织中，企业间网络化协作的绩效如何，不仅关系到此网络组织本身的发展，更与本区域经济社会发展密切相关，因此，其绩效衡量也应该是多层面的，它除了包括企业集群本身运作的经济绩效外，还应包括企业集群运作对区域发展产生的社会绩效和生态绩效。

由此，我们把企业集群绩效定义为：聚集在特定区域空间的大量具有某种产业属性的企业，在集群网络竞争合作（竞合关系）的框架内，相互依赖、相互补充，通过一系列协同互动的交互作用在一定时间内形成和创造的经济、社会、生态价值总和。复合系统视角下的企业集群绩效（S）是经济、社会、生态三个子系统发展绩效水平变量的函数。因此，可以将这个三维复合系统绩效水平的概念模型表达为：

$$S = f\{S1、S2、S3、R\}$$

其中，S1、S2、S3 分别为集群的经济、社会和生态绩效；f 为协调因子；R 为关联变量。

企业集群三重绩效综合评价指标体系

系统的基本特征是系统与环境所发生的物质、能量、信息的交换关系。从系统的观点看，企业集群与区域环境有着物质、能量、信息的交换关系，一方面，集群系统从区域环境中得到物质、能量和信息的输入（如土地、资本、劳动力、技术等），通过集群企业间的合作，将这些输入转换成符合人们需要的产品和服务的输出，即集群向环境的输出，这些输出在经济绩效中表现为经济产出。经济绩效就是反映这种经济产出的状况。但是，这种经济产出状况与集群系统的转换过程密切相关，因为集群企业的地理靠近并根植于区域社会关系网络，它们之间的竞争与合作，最终会使企业经营效率放大。因此，在衡量企业集群的经济绩效时，不仅要考虑结果绩效，也要考虑过程绩效。所以集群企业员工的学习与成长、生产与服务的流程、产品市场与客户这些反映过程的因素和生产成本与收益这些反映结果的因素是决定企业集群经济绩效的重要因素。[3]

企业集群对区域社会发展的作用程度用企业集群的社会绩效来表达。社会发展不仅表现在社会财富量的增加，更重要的表现是在社会财富量的增加过程中，社会结构趋于合理，人类的文明程度得以提高和社会福利得到改善。因此，企业集群的社会绩效可以从以下三方面来说明：一是在促进区域社会文明进步中的作用程度，如对区域从农业文明向工业文明转变所做的贡献，具体来说，就是在区域工业化城镇化过程中的作用；二是在促进区域社会结构变迁中的作用程度，区域社会结构包括产业结构、就业结构、职业结构、城乡结构、性别结构、民族结构等，就企业集群的作用而言，主要对产业结构和就业结构会产生重要影响，因此，可以用产业结构和就业结构的变化来反映企业集群对区域发展中结构变迁的绩效贡献；三是在促进区域社会福利改善中的作用程度，区域社会福利改善一方面需要财富创造不断增加，另一方面需要财富分配公平。通过财富创造增加来提高区域居民的收入水平，通过公平分配制度来使财富增加导致的收入增加能够惠及社会更多的人。财富不断增加过程中让更多的人享受益处，是社会稳定发展的追求目标，所以可以用收入增长和收入分配结构来衡量企业集群对区域社会福利改善的贡献。

企业集群对区域生态环境的影响涉及资源利用、环境保护等方面的问题。从可持续发展的角度来说，企业集群发展不能因现在的产出破坏了未来的产出，因此，要考察企业集群在追求经济绩效的驱动力下，如何缓解集群发展对区域生态系统的压力。一般地说，良好的集群应该能够用较小的生态压力来获取更大的经济产出，这也意味着有较高的生态效率。由于生态压力对人类的影响只有超过一定的阈值后才能被感知，从而才会有需要改善的需求。这个"阈值"就成为人们判断企业集群对区域环境的影响程度的重要参量。人们根据这个"阈值"得到的判断结果，来决定是否需要采取相关的行动，企业集群的生态响应就是企业集群为实现生态化发展目标而采取的对策与行动。集群企业间的协同行动能够提高生态响应的速度与效果。因此，从生态效率、生态表现和生态反应三方面来考察企业集群的生态绩效，实现了对生态绩效水平考察的过程与结果的统一。

企业集群复合系统整体绩效水平，应该是"经济—社会—生态"三重绩效的统一，而企业集群复合系统整体绩效水平的高低，取决于其"经济—社会—生态"三个子系统的关联互动及其互动的方向，如图 1 所示。

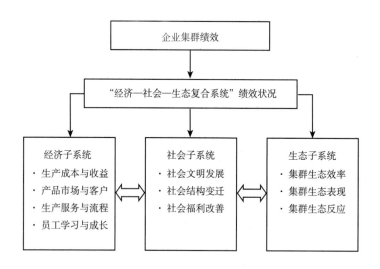

图 1 复合系统视角下的企业集群绩效综合评价

为了对企业集群三重绩效进行全面评价，根据上述分析，按照全面、科学、系统、可比、易操作等原则，我们设置企业集群三重绩效评价指标体系，如表1 所示。

表 1　　　　　　　　　　　企业集群三重绩效评价指标体系

一级指标	权重	二级指标	权重	一级指标	权重	二级指标	权重
经济绩效 财务 E1	0.160	集群总产值/区域总产值比（E11）	0.539	生态绩效 生态效率 B1	0.377	土地利用率（B11）	0.064
		总资产报酬率（E12）	0.164			能源使用效率（B12）	0.188
		销售利润率（E13）	0.297			原材料耗用率（B13）	0.188
客户与市场 E2	0.467	集群柔性（E21）	0.539			万元产值废水排放量（B14）	0.248
		区域品牌知名度（E22）	0.297			万元产值废气排放量（B15）	0.248
		顾客回头率（E23）	0.164			万元产值固废排放量（B16）	0.064
聚集效应 E3	0.278	成本节约效果（E31）	0.278	生态表现 B2	0.496	空气污染情况（B21）	0.204
		资金筹措能力（E32）	0.160			水体污染情况（B22）	0.204
		内部信任机制（E33）	0.467			区域噪声平均值（B23）	0.204
		劳动生产率（E34）	0.095			周边居民满意度（B24）	0.066
学习创新 E4	0.095	员工知识结构（E41）	0.160			员工工作环境满意度（B25）	0.066
		集体学习水平（E42）	0.467			重大环境污染情况（B26）	0.256
		专利率（E43）	0.095	生态响应 B3	0.127	环保设施投资情况（B31）	0.193
		新技术采用率（E44）	0.278			环保宣传教育情况（B32）	0.087
社会绩效 区域社会发展 T1	0.493	工业化进程（T11）	0.499			环境管理体系实施情况（B33）	0.193
		城镇化水平（T12）	0.501			环境法规遵守情况（B34）	0.247
社会结构变迁 T2	0.196	产业结构变迁（T21）	0.403			"三废"综合利用率（B35）	0.247
		就业结构变迁（T22）	0.597			生态网络建设情况（B36）	0.033
社会福利改善 T3	0.311	收入增长（T31）	0.350				
		收入分配均等化（T32）	0.650				

注：上述经济绩效指标设置参见庄晋财，黄晓治，程李梅. 系统论视角下的企业集群经济绩效评价方法与模型研究. 改革与战略，2008（12）；生态指标设置参见庄晋财，黄凡，程李梅. 企业集群生态绩效评价方法及其运用. 云南财经大学学报，2009（2）；社会绩效指标设置参见黄启发. 企业集群网络组织社会绩效评价指标体系及评价模型研究. 广西大学硕士论文，2008。

企业集群三重绩效综合评价方法与模型

（一）评价流程

企业集群三重绩效评价指标体系是对集群经济、社会、生态系统协调发展状况进行综合评价与研究的依据和标准。系统论告诉我们，对于复杂系统的测度，仅用单个指标很难反映其主要特征，需要采用多指标综合评价分析，即由多个具有内在联系的指标按一定的结构层次组合在一起构成指标体系。[4]本文按照 AHP 法要求的递阶层次结构构建原则，将评价指标分为三个层次：目标层（总指标）、准则层（一级指标）、要素层（二级指标）。因此，企业集群三重绩效评价指标体系除了包括经济、社会、生态绩效这三个总指标外，还应有与三个总指标相关联的一级指标和二级指标，各指标之间相互独立又相互联系，共同构成一个有机整体，如表 1 所示。温素彬[5]等曾建立了企业三重绩效的评价模型与方法，借鉴此方法，我们确定了企业集群综合绩效的评价流程，如图 2 所示。

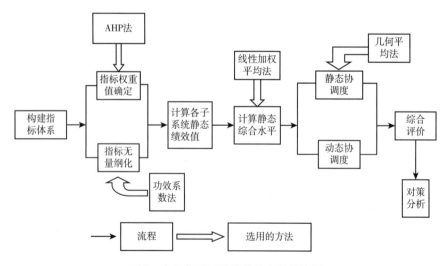

图 2 企业集群三重绩效综合评价流程

（二）企业集群三重绩效静态综合水平评价

第一，确定指标体系中一级指标和二级指标的权重值。

本文采用层次分析法（AHP法）与熵技术修正指标权重相结合的方法来确定各级指标权重值。首先运用AHP法计算出各级指标的权重值，然后用熵技术对确定的权系数进行修正。

AHP法的基本原理是将要识别的复杂问题分解成若干层次，然后由有关专家对每一层次上的各指标通过两两比较相互间重要程度构成判断矩阵，通过计算判断矩阵的特征值与特征向量，确定此层指标对其上层要素的贡献率，最后通过层次递阶技术，求得基层指标对总体目标的贡献率。在指标赋权的过程中，尽管AHP技术识别问题的系统性强，可靠性相对较高，但当采用专家咨询方式时，容易产生循环而不满足传递性公理，导致标度把握不准和丢失部分信息等问题出现，解决这些问题的有效途径就是用熵技术对AHP法确定的权系数进行修正。按照上述方法，我们得到企业集群三重绩效所有指标的权重值（限于篇幅，过程从略）。

第二，确定二级指标的评价值。

首先，确定各二级指标的原始值。企业集群三重绩效评价指标体系中的二级指标包括定量指标和定性指标两类。定量指标的原始值根据调查资料直接计算，定性指标通过问卷调查和专家咨询的方式进行主观评分，采用5级李克特量表设计问卷，问卷项一次取5、4、3、2、1分别对应优、良、中、差、很差；个别计算占比的问题采用"是"或"否"的二值指标，则取"是"为1，"否"为0。

其次，指标原始值的无量纲化。由于反映企业集群绩效的各项指标的量纲往往是不同的，因此需要对评价指标进行无量纲化处理。定性指标和二值指标以原始值作为无量纲值，而定量指标根据其指标性质可分为正指标、逆指标和区间型指标，故应区别对待。本文运用改进的功效系数法对指标进行无量纲化处理，设 x 为单个原始指标值，b 为经过处理后的无量纲指标值，具体处理方法如下：

对于正指标，无量纲化公式为：

$$b = \frac{x - x_{min}}{x_{max} - x_{min}} \times 4 + 1 \tag{1}$$

其中，x_{max} 和 x_{min} 分别为各指标行业标准值的最大值和最小值。

对于逆指标，无量纲化公式为：

$$b = \frac{x_{max} - x}{x_{max} - x_{min}} \times 4 + 1 \tag{2}$$

其中，x_{max} 和 x_{min} 分别为各指标的最大值和最小值。

对于区间型指标，无量纲化公式为：

$$X = \begin{cases} 1 - \dfrac{K_1 - x}{max \{ K_1 - m, \ M - K_2 \}} & x < K_1 \\ 1 & x \in [K_1, \ K_2] \\ 1 - \dfrac{x - K_2}{max \{ K_1 - m, \ M - K_2 \}} & x > K_2 \end{cases} \tag{3}$$

$$b = X \times 4 + 1$$

其中，M 和 m 分别为各指标行业标准值的最大值和最小值，$[K_1, \ K_2]$ 为此类指标值的最佳区间。经过上述方法处理后，所有指标的评价值都转换为正值，并且取值范围介于 $[1, \ 5]$ 之内。

第三，企业集群三重绩效静态综合水平评价。

首先，计算集群各子系统的静态绩效值（S_i）。由于评价指标体系的不同层次和因素对系统中和评价效果的影响各不相同，表现在各指标在相应的子系统中的权重不同，因此我们采用线性加权平均法得出企业集群子系统静态绩效评价模型如下：

$$S_i = \sum_{j=1}^{n} B_j \alpha_j, \text{其中}, \ B_j = \sum_{k=1}^{m} B_{jk} \alpha_{jk} \tag{4}$$

其中，B_j 表示一级指标层的各指标评价值，α_j 表示一级指标层相对应的 B_i 指标的权重；而 B_{jk} 则表示对应与 B_j 的各二级指标层的各指标评价值，α_{jk} 是各二级指标的权重。根据模型依次计算出企业集群的经济、社会、生态绩效水平。

其次，建立模型并计算出企业集群三重绩效静态综合水平值 TP。企业集群三重绩效相互作用、相互影响，因此我们采用几何平均法来建立企业集群三重绩效静态（Triple the performance of the static value）综合评价模型：

$$TP = \sqrt[3]{\prod_{i=1}^{3} S_i} = \sqrt[3]{S_1 S_2 S_3} \tag{5}$$

其中，S_1、S_2、S_3 分别指集群的经济、社会、生态绩效。综合绩效水平的等级区分如表 2 所示。

表2　　　　　　　　　　　绩效与绩效等级分级

绩效水平	$[1, 2)$	$[2, 3)$	$[3, 4)$	$[4, 5)$
绩效等级	差	中	良	优

（三）企业集群三重绩效协调度

首先，计算企业集群三重绩效静态协调度。企业集群静态协调的实质是指构成企业集群复合系统的三个子系统在某一时刻或时期内两两之间差异最小，即差异越小越协调。我们采用差异系数来反映这个差异的大小。设企业集群中任意两个子系统静态绩效值分别为 S_i 和 S_j（$1 \leqslant i \leqslant 3$，$1 \leqslant j \leqslant 3$），则两系统之间的差异表示为：

$$C_V = \frac{\sigma}{\frac{(S_i + S_j)}{2}} = 2\sqrt{\left[1 - \frac{S_i S_j}{\left(\frac{S_i + S_j}{2}\right)^2}\right]} \tag{6}$$

其中，σ 是标准差。因此，C_V 取最小值的充分必要条件是 $D_{ij} = \left[\frac{S_i S_j}{\left(\frac{S_i + S_j}{2}\right)^2}\right] = \frac{4S_i S_j}{(S_i + S_j)^2}$ 取最大值。

本文用 $D_{ij} = \frac{4S_i S_j}{(S_i + S_j)^2}$ 来近似地反映两个系统之间绩效静态协调度。显然，$0 \leqslant D_{ij} \leqslant 1$，且 D_{ij} 的值越大，协调性越好。同样地，采用几何平均法建立起企业集群三重绩效静态协调度（Triple the performance of static coordination degree）评价模型如下：

$$TPS = \sqrt[3]{D_{1,2} D_{1,3} D_{2,3}} \tag{7}$$

由以上 $0 \leqslant D_{ij} \leqslant 1$，知 $0 \leqslant TPS \leqslant 1$，且 TPS 值越大，协调性越好。根据温素彬等的研究，静态协调度等级区分如表3所示。[6]

表3 企业集群三重绩效静态协调度等级表

TPS	$[0, 0.55)$	$[0.55, 0.80)$	$[0.80, 0.93)$	$[0.93, 0.95)$	$[0.95, 0.97)$	$[0.97, 0.99)$	$[0.99, 1)$
协调状况	极度失调	严重失调	失调	濒临失调	基本协调	中度协调	高度协调

其次，企业集群三重绩效动态协调度。企业集群动态协调是指集群三个子系统之间彼此促进的有序发展过程，体现在各子系统绩效水平的改善和彼此之间静态协调性的提高。在这里，我们用协调发展度来说明，协调发展度是反映集群三个子系统协调发展水平的综合性指标，它能揭示出整个集群系统在某一时期的绩效发展水平及其协调程度。因此，本文建模的思路就是在掌握集群多个时期的绩效值和静态协调度数据的基础上，通过计算其协调发展趋势值来综合反映集群三重绩效的动态协调度。

设企业集群在某一时刻 t 的三重绩效静态综合值为 TPt，三重绩效静态协调度为 TPSt，那么，企业集群三重绩效动态协调度评价模型为：

$$TPD = \sqrt[2n]{\prod_{t=1}^{n} \left(\frac{TP_{t+1} - TP_t}{4} + 1 \right) \left(TPS_{t+1} - TPS_t + 1 \right)} \qquad (8)$$

其中，$0 \leqslant TPD \leqslant 2$，TPD 越大，企业集群三重绩效的动态协调程度越高，并且在研究的某一时间段内，如果 TPD > 1，说明集群协调发展的趋势处于提升状态；TPD = 1 说明集群协调发展的趋势处于稳定不变状态；TPD < 1 说明集群协调发展的趋势处于衰减状态。

（四）企业集群三重绩效综合评价模型

企业集群综合绩效水平状况，取决于"经济、社会、生态"三个子系统的绩效水平以及它们之间的协调状况。同时，我们不仅要考察其某一时点的静态绩效，还要考察集群动态发展的状况，因此，对企业集群绩效水平的衡量，就必须将集群三重绩效静态值、静态协调度和动态协调度综合起来考查，以此建立企业集群三重绩效综合评价模型：

$$TPI = TP \times TPS \times TPD \qquad (9)$$

其中，TPI 为集群三重绩效综合水平值，TP 为集群三重绩效静态综合值，

TPS 为集群三重绩效静态协调度，TPD 为集群三重绩效动态协调度。

模型运用：以广西宾阳县再生纸企业集群为例

（一）广西宾阳县再生纸业企业集群的基本情况

宾阳县隶属于广西首府南宁市，行政区域面积 2308 平方公里，现有再生纸企业约 100 家，再生纸生产从业人员 2800 多人，约占全县工业企业从业人员总数的 15%。2006 年年末，宾阳县再生纸企业实际生产机制纸及纸板 22.26 万吨，实现销售收入 50765 万元，实现利润 3185 万元。

宾阳县再生纸生产初步具备了集群属性。一是从产业属性看，企业围绕再生纸生产形成了产业链关系。再生纸生产企业主要生产的核心产品包括日用原料纸，包装原料纸、板纸、涂布纸、瓦楞纸、衬垫纸、炮筒原料纸。近年来，有不少企业开始延伸下游产品，主要包括卷筒纸、餐巾纸、手抽纸、卫生纸、炮筒、纸箱等。同时衍生出不少配套企业，主要有原料供应企业，如糖厂纸浆回收厂、标签商标印刷厂；辅料供应企业，如漂白液厂、淀粉和变性淀粉厂、增白剂厂、脱墨剂厂、填料厂等；造纸设备供应企业，如打浆机、磨浆机、洗浆机、搅拌机、切纸机、卷纸机、折纸机等设备供应商，形成较为完整的产业链。二是从地理空间聚集上看，这些企业主要集中在宾阳县的芦圩镇、新桥镇和思陇镇，其中芦圩镇最为集中，约有 70 家再生纸生产企业。我们课题组 2007 年 8 月至 2008 年 5 月对此集群展开调查，现根据调查获取的数据资料，对此集群的静态综合绩效水平和集群发展状况进行评估。

（二）三重绩效静态综合水平

（1）确定二级指标的评价值。

根据前面的评价方法，运用调研资料，计算出所有二级指标的评价值，如表 4 所示。

表4 二级指标评价值

二级指标		评价值	二级指标	评价值
经济绩效	集群总产值/区域总产值比（E11）	3.56	土地利用率（B11）	2.74
	总资产报酬率（E12）	2.89	能源使用效率（B12）	3.50
	销售利润率（E13）	1.14	原材料耗用率（B13）	2.26
	集群柔性（E21）	3.91	万元产值废水排放量（B14）	2.96
	区域品牌知名度（E22）	2.9	万元产值废气排放量（B15）	3.21
	顾客回头率（E23）	3.38	万元产值固废排放量（B16）	4.86
	成本节约效果（E31）	2.55	空气污染情况（B21）	3.48
	资金筹措能力（E32）	2.35	水体污染情况（B22）	3.42
	内部信任机制（E33）	3.6	区域噪声平均值（B23）	3.40
	劳动生产率（E34）	2.11	周边居民满意度（B24）	2.26
	员工知识结构（E41）	2.35	员工工作环境满意度（B25）	2.82
	集体学习水平（E42）	3.00	重大环境污染情况（B26）	5.00
	专利率（E43）	0.00	环保设施投资情况（B31）	3.73
	新技术采用率（E44）	2.8	环保宣传教育情况（B32）	2.73
社会绩效	工业化进程（T11）	5.00	环境管理体系实施情况（B33）	1.00
	城镇化水平（T12）	5.00	环境法规遵守情况（B34）	2.60
	产业结构变迁（T21）	2.83	"三废"综合利用率（B35）	3.40
	就业结构变迁（T22）	5.00	生态网络建设情况（B36）	3.00
	收入增长（T31）	3.29		
	收入分配均等化（T32）	3.43		

注：生态绩效对应 B11–B36 各指标。

（2）计算各子系统的静态绩效值。

在计算子系统静态绩效值之前，先要确定指标体系中各子系统对应的一级指标值，根据模型，分别得出对应的一级指标的评价值，结果如表5所示。

表5 一级指标评价值

经济绩效	财务 E1	2.81	社会绩效	社会结构变迁 T2	4.13
	客户与市场 E2	3.52		社会福利改善 T3	3.38
	聚集效应 E3	2.97	生态绩效	生态效率 B1	3.10
	学习创新 E4	2.58		生态表现 B2	3.55
社会绩效	区域社会发展 T1	5.00		生态响应 B3	2.76

在此基础上，根据子系统静态绩效值评价模型 $S_i = \sum\limits_{j=1}^{n} B_j \alpha_j$，分别求出经济绩效 S1、社会绩效 S2、生态绩效 S3 如下：

S1 = 2.81 × 0.16 + 3.52 × 0.467 + 2.97 × 0.278 + 2.58 × 0.095 = 3.16

S2 = 5 × 0.493 + 4.13 × 0.196 + 3.38 × 0.311 = 4.326

S3 = 3.10 × 0.377 + 3.55 × 0.496 + 2.76 × 0.127 = 3.28

（3）三重绩效静态综合水平。

根据前述提供的三重绩效静态综合水平评价模型，宾阳再生纸企业集群三重绩效静态综合水平为：

$$TP = \sqrt[3]{\prod_{i=1}^{3} S_i} = \sqrt[3]{S_1 S_2 S_3} = \sqrt[3]{3.16 \times 4.326 \times 3.28} = 3.55$$

（三）三重绩效静态协调度

按照前述方法，先计算出三个子系统中任意两个子系统之间的差异，如下：

$$D_{1,2} = \frac{4S_1 S_2}{(S_1 + S_2)^2} = \frac{4 \times 3.16 \times 4.326}{(3.16 + 4.326)^2} = 0.976$$

$$D_{1,3} = \frac{4S_1 S_3}{(S_1 + S_3)^2} = \frac{4 \times 3.16 \times 3.28}{(3.16 + 3.28)^2} = 0.999$$

$$D_{2,3} = \frac{4S_2 S_3}{(S_2 + S_3)^2} = \frac{4 \times 4.326 \times 3.28}{(4.326 + 3.28)^2} = 0.981$$

所以根据前述企业集群三重绩效静态协调度评价模型，计算此集群的三重绩效静态协调度为：

$$TPS = \sqrt[3]{D_{1,2} D_{1,3} D_{2,3}} = \sqrt[3]{0.976 \times 0.999 \times 0.981} = 0.985$$

（四）有待进一步完成的工作

根据本文建立的动态协调度评价模型，要评价一个集群三重绩效的动态协调度，必须至少有两个时期的数据。由于受到研究期限的限制，我们刚开始对此集群进行观察和监测，本次研究获取的宾阳县再生纸企业集群的数据，可以算作是观察初始期的数据，要对此企业集群三重绩效的动态协调度进行测度，还必须持续观察收集集群发展的相关数据。不过，只要建立起集群观测的数据库，利用本文所建立的企业集群三重绩效动态协调度及综合评价模型，就能够观测此集群动态发展的情况，从而识别此集群发展的态势。

（五）评价结论及展望

（1）评价结论。

从三重绩效静态综合水平看，宾阳再生纸企业集群得分值为 3.55，达到良好水平。从"经济—社会—生态"三重绩效的静态协调度看，宾阳再生纸企业集群得分值为 0.985，属于中度协调水平。更具体地，此集群经济绩效水平为 3.16，生态绩效水平为 3.28，均为良好水平，社会绩效水平为 4.326，达到优的水平，评价结果说明此集群目前运行状况良好。

根据调查，此集群创造的工业总产值为 6 亿元左右，带动相关企业及商贸交易量近 20 亿元；为近 3000 人提供了就业岗位，再生纸业的发展，带动了 300 多家下游加工企业、近百家生产厂商和数百户运输户，在很大程度上缓解了"三农"问题，取得了良好的社会效益；同时，由于宾阳再生纸企业集群主要是利用废纸制造再生纸，年处理废纸达 34 万吨，十分有利于建设循环经济。这些与评估结果具有一致性，反映了评估模型的可行性。

（2）评价结果展望。

在宾阳再生纸业发展过程中，曾经将再生纸业视为一般造纸业，被列入取缔对象，原因就是担心发展此产业会对当地生态环境造成影响，结果使其发展受到严重打击。本模型评估结果说明，此企业集群的发展对环境的影响较小，生态绩效水平达到良好。依据这一结果来决策，可以在一定程度上避免决策的"一刀切"和盲目性。模型评估结果显示，此集群的经济绩效、社会绩效、生态绩效协调度尚在中度协调水平上，还有优化的潜力，模型评估过程中提供的各项指标测度值，为优化方向选择提供了依据。因此，建立持续观察数据库，利用模型对企业集群发展状态进行监测，对政府决策有十分重要的意义。

结　语

本文探索的企业集群经济绩效、社会绩效、生态绩效相统一的企业集群三重绩效综合评价方法及模型，不仅能够测度出集群某一时期的三重绩效静态水平及协调状况，而且能够根据集群在不同时期的三重绩效值及静态协调度来测度其在某一时期内三重绩效的动态协调状况，为持续监测集群发展提供了工具，增强了政府决策的科学性。不过，由于目前我国还没有关于企业集群的专门统计资料，而且企业信息披露一般仅局限于财务信息，许多指标值的获取仍有相当的困难。我们认为，开展区域企业集群的信息统计工作应该提上议事日程，这也是此模型发挥实践指导作用的前提。当然，如何通过更多的企业集群案例对这种方法与模型的准确性进行检验与修正，也是需要进一步研究的问题。

参 考 文 献

［1］庄晋财，程李梅. 企业集群三重绩效综合评价系统方法论纲［J］. 昆明：云南财经大学学报，2007（6）.

［2］袁旭梅，韩文秀. 复合系统的协调与可持续发展［J］. 济南：中国人口资源与环境，1998（2）.

［3］庄晋财，黄晓治，程李梅. 系统论视角下的企业集群经济绩效评价方法与模型研究［J］. 南宁：改革与战略，2008（12）.

［4］范中启，曹明. 能源—经济—环境系统可持续发展协调状态的测度与评价［J］. 合肥：预测，2006（4）.

［5］［6］温素彬，薛恒新. 基于科学发展观的企业三重绩效评价模型［J］. 北京：会计研究，2005（4）.

（本文发表于《科学学与科学技术管理》2009 年第 10 期）

基于"三农"问题缓解的企业集群绩效评估指标体系研究

庄晋财　刘金林

【摘要】企业集群在缓解"三农"问题中的绩效,突出地表现在它对农村城市化、农业产业化和农民收入增长的作用上。在企业集群缓解"三农"问题的绩效评估指标体系这个一级总指标下,设立农业产业化、农村城镇化、城乡收入一体化三项二级分指标,并通过进一步分解、辨析,找出了影响三项二级分指标评估的三级分指标,从而构建起基于"三农"问题缓解的企业集群绩效评估指标体系,是一种客观地辨识企业集群在缓解"三农"问题中的绩效水平的定量分析方法。

相 关 研 究 回 顾

从我国目前的情况来看,农业问题主要是如何调整产业结构,实现农业产业化;农村问题主要是如何实现农村城市化,缩小城乡差距;农民问题主要是如何保护农民利益,增加农民收入。因此归结起来,"三农"问题就是如何实现农业产业结构调整、农村城市化及农民收入增长的问题,在这三个问题中,农民收入增长是核心,也是解决"三农"问题的关键。有鉴于此,企业集群在缓解"三农"问题中的绩效,就突出地表现在它对农村城市化、农业产业化和农民收入增长的作用上。从现有文献看,学者们对农村城市化、农业产业化和农民收入增长的衡量是独立展开研究的,并形成了一系列的研究成果。

(一)城镇化指标体系

城镇化指标体系是衡量城镇化水平的有效方法,城镇化水平是目前国际上通行的测量一个国家或地区城镇化程度的重要指标。城镇化过程从最抽象的意义上说，是指城镇在国民经济与社会发展中逐渐占据主导地位的过程。所谓城镇化水平的测算（或测度、计算），就是要对城镇在国民经济和社会发展中的主导作用进行识别，并在不同的区域或不同的时期之间进行分析比较[1]。由于城镇化是一种比较复杂的社会现象，因而要适时准确地测算城镇化水平并非易事。近几十年来，学者们对此进行了探讨。归纳起来，对城镇化水平的测算不外乎三大类：

（1）单一指标法或称主要指标法[2]。其含义是指通过一个或多个最具本质意义、最具象征意义和最能反映问题的指标，来定量描述某一区域城镇化水平。其基本的要求是所选用的指标便于统计分析，具有较强的适用性。这一方法主要有人口比重指标法（包括城镇人口比重指标法和非农业人口比重法）和城镇土地利用比重指标法等。

（2）多项指标法、复合指标法或称综合指标法[3]。由于单一指标计算简便，含义直接明了，因此人们在研究城市化问题时常用单一指标方法来度量城市化发展水平。但是自新中国成立以来，我国市镇的建制标准多次变化，使城市人口的定义和统计变得非常困难。而且，从理论上说，城市化的内涵，不仅包括人口、地域的城市化，还包括经济重心的转移、产业结构的升级和人们生活方式与思想观念方面的城市化。因此，仅仅用人口城市化或地域城市化指标来衡量城市化水平，远远不能涵盖城市化的全部内容。近年来，一些学者使用多指标综合评价方法来度量城市化水平。在综合指标法中，比较著名的一种方法是城市成长力系数法，此方法20世纪80年代初从日本介绍到中国，有个别学者采用了这一方法[4]。近年来又产生了一些新的多项指标测算方法：调整系数法、指标体系法等。其中主要有四种多指标测算方法：第一种是把城镇化指标体系设计为人口结构、经济发展、基础设施、生活质量和社会发展4个方面12个指标；第二种是提出了经济规律与地域工业职能、工业企业经济效益、居民生活水平、社会基础设施5个方面15个指标的城镇化指标体系；第三种则是4大方面11项指标的城镇化指标体系；第四种则是提出了三大系统199项指标的城镇化指标体系。

相应地，我国也有很多学者在城镇化指标体系研究的基础上，结合我国农村城镇化的特点，提出了农村城镇化指标体系。农村城镇化指标体系是具体量化农村城镇化程度的重要尺度。刘朝明、庄晋财在重新界定农村城镇化概念与内涵以及在定义其主体特征的基础上，提出了包括15项指标的农村城镇化指标体系[5]；于占平在分析单一衡量指标不足的基础上，设计了2类9个指标的农村城镇化指标体系，并在此基础上将农村城镇化的实现分为初步城镇化、基本实现农村城镇化和实现城镇化三个阶段[6]；秦润新根据农村城镇化的特征，结合农村现代化的标准，大胆将其设计为人口结构、经济发展状况、社会环境状况三个方面，共计25个指标[7]；陈建新、谭教迁通过分析、比较，将经济发达地区农村城市化水平评价的指标体系分为三大类（一级指标）和 14 个二级指标[8]；廖太裕、任宏根据系统原理，以"社会是条件、经济是基础、科技是动力、环境是保障"的基本思路，并结合我国西南地区城市化的特点，设计出由总体、社会、经济、科教文卫、生态环境五个子系统 34 个指标构成的西南地区乡村城市化指标体系等[9]。

（二）农业产业化指标体系

农业产业化经营程度基本上反映了农业的发达程度与现代化水平，农业产业化指标体系是测度农业产业化经营程度或水平的有效工具。农业产业化指标体系，就是根据农业产业化发展的目标和要求，依据统计的现有基础和条件，设计和筛选一系列的指标，以较全面地反映和测评某一经济区域农业产业化发展的水平和程度，以便于进行动态分析和横向比较，为各级政府及其主管部门及农村经济主体明确农业发展方向，推进农业产业化发展提供决策依据[10]。十几年来，人们对于农业产业化的研究绝大多数都集中在内涵、组织模式、运行机制等理论问题上，而对于农业产业化的量化方法研究相对较少。主要相关性理论有：学者刘树在研究农业产业化时期和农业产业化指标体系的基础上，提出了衡量农业产业化的 7 类指标，即基础条件、产业结构优化、生产经营规模、经营一体化、科技进步、资源利用效率、相关产业群等指标体系[11]。柴军认为农业产业化的影响因素分为两类：目标类因素，主要包括农业生产的比较利益和工农产品综合比价两方面；过程类因素，主要包括市场性因素、结构性因素、产业化服务水平因素、产业链因素四个方面；并在这些方面构建相关指标来反映农业产业化水平，形成农业产业化指标体系[12]。马培荣、杨耀东、卢平在分析农业产业化特征的基础上，提出以产业基础、产业配套、科技进步、经济实力四类为一级指标，并由相应的 21 个二级指标和若干个三级、四级指标组成的农业产业化指标体系[13]。孙新章、成升魁从产业化广度（包括参与产业化经营农户数占总农户比例、龙头组织带动的农业生产量占当地总生产量的比例、生产的专业化系数）和深度（包括增长特性指标、产业化主体间的利益关系紧密度产品进入市场时的加工深度）两个方面来构建相关指标对农业产业化进行评价，并将区域农业产业化进程划分为 5 个阶段[14]。

（三）城乡收入一体化指标体系

近年来，我国学者对城乡收入一体化的研究绝大多数仅仅停留于定性的描述,而通过构建指标体系对其量化研究则甚少,而且大多是在讨论城乡一体化时有所涉及。我国学者杨荣南认为城乡一体化指标体系应分为五个方面(一级指标),包括35个领域(二级指标),其中城乡收入水平比是作为一级指标城乡融合度的分指标而提出的,其包括两个三级指标:城乡居民人均储蓄余额比、城乡人均纯收入比。

综上所述,我国学者对城镇化及农村城镇化指标的研究较多,而对农业产业化和城乡收入一体化的研究则注重于定性分析,通过建立指标体系量化研究则甚少,尤其是对城乡收入一体化指标体系的研究几乎没有涉及。更不用说能够把农村城镇化、农业产业化、城乡收入一体化指标体系结合起来组成综合指标体系对"三农"问题进行综合研究。本文在上述学者研究成果的基础上,力图通过农村城镇化、农业产业化、城乡收入一体化三方面综合来确立企业集群对缓解"三农"问题的绩效水平评估指标体系。

基于"三农"问题缓解的企业集群绩效评估指标体系

(一) 指标体系的构建原则

(1) 科学性原则。农村企业集群缓解"三农"问题的绩效评估指标体系的构建,应以"三农"问题相关理论为依据,根据指标间逻辑联系设计指标体系,使评估结果能够科学地反映企业集群对"三农"问题缓解的实际效果,有利于准确地衡量企业集群在缓解"三农"问题方面的绩效。

(2) 系统性原则。指标体系是一个全面系统的有机整体,应符合要素优化组合的要求,即:目标一致;指标独立,边界清晰;指标体系结构合理,层次分明;指标全面、完整;指标精简,避免复杂。

(3) 导向性原则。指标体系应该具有导向性,即通过评估不仅能够评出企业集群缓解"三农"问题绩效的大小,更重要的是通过评估能够找出农村企业集群缓解"三农"问题的绩效在哪些方面存在不足,从而能够为政府和企业指明今后努力的方向。

(4) 客观性和可行性原则。在制定评估指标的过程中,应该注意其客观性,力求评估指标能客观地反映评估对象的实际情况。同时指标体系对于建立数学模型,采集数据,评价考核,综合分析等都是可行的,对促进农村企业集群对

"三农"问题缓解的绩效的提高具有一定的实用价值。

（5）可比性原则。为使指标体系具有可比性，需要做到：第一，评估标准一致，通过科学的方法使各评估对象在同一指标上具有可比性；第二，尽可能选用"敏感"指标，以区别评估对象之间的差异。

（二）各层评估指标设立的层次与内容

本指标体系共分为三个层次：在农村企业集群缓解"三农"问题的绩效评估指标体系这个一级总指标下，设立了农业产业化、农村城镇化、城乡收入一体化三项二级分指标，并通过进一步分解、辨析，找出了影响三项二级分指标评估的三级分指标。其结构如图1所示。

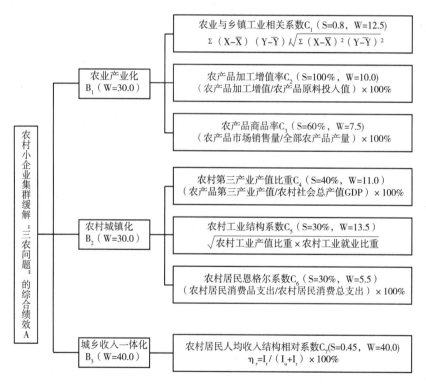

图1 农村企业集群缓解"三农"问题的绩效评估指标体系

注：各三级分指标下的计算公式为该指标的计算方法，括号中的数值为各三级分指标的理想值和权重。其中S、W分别代表各指标的理想值和权重，$\overline{X}$、$\overline{Y}$分别代表农业产出量X和农产品为原料的乡镇工业产出量Y的平均数，$\sum$为总量符号，η_r、I_u、I_r分别为农村居民人均收入结构相对系数、城镇居民人均可支配收入、农村居民人均纯收入。

如前所述，农村城市化、农业产业化与农民收入增长是"三农"问题的实际内涵，因此，一级指标可以由三项二级分指标来评价，即农业产业化、农村城镇化、城乡收入一体化，分别用 B_1、B_2、B_3 表示。我们用以下的表达方式表示各级分指标：

A 表示第一级指标；B 表示第二级分指标；C 表示第三级分指标；B、C 字母下的数字表示该指标在某一级的序列。

（1）农业产业化分指标。在市场经济条件下，我国农村经济发展过程中存在诸多矛盾与问题：一是农民小生产与国内外大市场之间的矛盾；二是农业产品比较利益低，从而商品化程度和市场竞争力较低。这也正是我国农业产业化程度低的具体表现。实践证明，农业产业化通过"市场＋农头＋基地＋农户"、农业产业集群等农业产业化组织形式，一方面通过市场牵龙头、龙头带基地、基地连农户的"产业链"，实现了农户与市场的对接，引导农民进入市场，解决了农户小生产与大市场的矛盾；另一方面，通过农业本身产业链的延伸，发展农产品加工、储藏、运输业，实现了农产品多次转化增值，从而大大提高了农产品的比较利益和农业自身效益。因此，我们选择了农业与乡镇工业的相关系数、农产品加工增值率、农产品商品率作为农业产业化的三项评价指标。

① 农业与乡镇工业相关系数。农业与乡镇工业相关度是农业产业化组织经营一体化程度的重要反映。经营一体化是指改变传统的农工商分割的经营形式，按农业产业化发展要求形成农工商密切联合经营综合体，将农业生产经营与工商经营联合形成利益共同体，实质是要还利于农，使农业稳定发展并提高其价值水平。过去，在我国农村工业化过程中，农村工业与城市工业基本雷同，而与农业生产的关联性较弱，形成了所谓的城乡工业同构化倾向。这一方面造成了城乡工业同构化严重，形成恶性竞争；另一方面大量农产品的深加工、储藏、销售、保鲜、运输等问题却解决不了，导致农民连年出现"增产不增收"，农业产业化严重滞后，农业产业结构得不到调整，农民收入增长缓慢。因此，实行农业产业化，通过"市场＋农头＋基地＋农户"、农业产业集群等农业产业组织形式，不断提高农业与工业的产业关联度，解决乡镇工业的脱农问题，成为农业产业化的一大主要任务。

② 农产品加工增值率。实行产业化的主要目的，一是提高农业与乡镇工业关联度，通过乡镇工业引导农民进入市场，实现农户小生产与大市场的对接；二是通过农业本身产业链的不断延伸，提高农产品的加工增值率与比较利益。因此，提高农产品加工增值率也是农业产业化的主要内容与目的。

③农产品商品率。农产品商品率是农产品商品化程度的重要反映，它与农产品销售相关的产业与市场的发育程度有很大关系。因此，农产品商品率是农

产品市场与相关配套产业发育程度的重要反映。同时，提高农产品商品率，解决农民产品销售难的问题也是农业产业化的主要目的，所以我们这里选用农产品商品率作为农业产业化的一项分指标。

（2）农村城镇化分指标。对于农村城镇化，不同领域研究者持有不同看法。经济结构论者把农村城镇化视为非农产业在农村经济中份额的上升；经济发展论者将农村城镇化理解为农村人口和经济活动逐渐向城市转移和集中的过程；社会发展论者则把农村城镇化看作是由传统落后的乡村向现代先进的城市社会转化的自然历史过程[15]。尽管观点各异，但农村城镇化简单来说，可以概括为以下四点：农民身份市民化、就业方式非农化、生活方式现代化、价值观念城市化。因此，在农村城镇化这个二级指标下，我们设立了农村第三产业产值比重、农村工业结构系数、农村居民恩格尔系数三项三级分指标。

① 农村第三产业产值比重。农村城镇化必然会促进农村区域经济的发展，一个地区的经济发展有多项统计指标，比较能够反映此地区经济发展水平和人民生活水平的有国内生产总值（GDP）、人均 GDP 等。但是，这些指标并不足以区别城市与农村的特征。在某些发达的农村地区，其 GDP 和人均指标都很高，甚至与本地区城市的指标水平相当。第三产业的发展是一个地区经济发展达到一定水平的必然结果。按照城市经济学的观点，城市是第三产业的集中地，而农村的发展则是以第一产业为特征的。农村在发展第三产业方面远远落后于城市。因此可以认为第三产业发达是城市的基本特征，也是区别城市与农村的一个基本方面。因此，选择 GDP 中第三产业产值比重作为农村城市化的一个重要指标，既反映了此地区的产业结构，也间接反映一个地区的经济发展水平和人口职业结构等。

② 农村工业结构系数。农村工业化必然引起农村城镇化的兴起，农村城镇化是支持农村工业化的依托和必然归宿，两者相互推动，相互制约。据测算，整个发达国家在 1820～1950 年工业化中期，工业化与城市化的相关系数达到了 +0.997，1841～1931 年英格兰和威尔士的工业化与城市化的相关系数为 +0.985，1806～1946 年法国的工业化与城市化的相关系数为 +0.970，1870～1940 年瑞典的工业化与城市化的相关系数为 +0.976，均呈正相关关系[16]。但是，由于我国农村工业布局的分散化，使其丧失了应有的聚集效应与规模效应，从而使其就业容量也大大下降，再加上农村工业的分散布局导致的第三产业发展不足，使我国现有农村乡镇吸纳就业的能力大大降低。最终导致我国农村城镇就业结构转换滞后于产值结构转换，农村城镇化滞后于农村工业化。据研究，只要能实现由分散的乡镇企业向小城镇适度集中，通过关联产业的乘数效应则可使现有农村乡镇的就业容量增加 30%～50%[17]。因此，我们这里不是直接用

工业产值比重作为衡量指标,而是从产值比重和就业比重两个方面综合考虑,采用农村工业结构系数作为衡量指标。

③ 农村居民恩格尔系数。恩格尔系数是指食物支出在消费品总支出中的比重。人们通常以此来作为判断生活水平高低和生活质量的标准。我们这里用恩格尔系数来说明随着农村城镇化的推进,人们消费观念、消费结构和生活质量的变化。当恩格尔系数 e < 25% 时,为富裕型生活;当恩格尔系数 25% < e < 45% 时,为小康型生活;当恩格尔系数 45% < e < 55% 时,为温饱型生活;当恩格尔系数 e > 55% 时,为贫困型生活。在世界发达国家,恩格尔系数都比较低,发展中国家则相对比较高[18]。1993 年美国为 11.4%,日本 19.9%,韩国 29.7%,法国 18.3%,英国 20.7%,菲律宾 57.3%,印度 53.0%[19]。

(3) 城乡收入一体化分指标。在"三农"问题中,农民收入增长是核心,也是解决"三农"问题的关键,农业产业化和农村城镇化的目的都在于增加农民收入,缩小城乡差距,保障农民利益,这也是"三农"问题的归宿。我国农民人均纯收入低,城乡收入差距大,是制约小康社会实现的主要瓶颈。因此,本文在城乡收入一体化指标下设立了农村居民人均收入结构相对系数一项三级分指标。农村企业集群的发展,能够克服农村工业原有的分散布局,给企业发展带来巨大规模经济与范围经济,在提高农村工业竞争力的同时,带动农村区域第三产业的发展,从而能够推动农村剩余劳动力转移,提高农民收入,这也是农业产业化和农村城镇化的主要目的及"三农"问题的核心所在。结构相对系数是说明总体的各个组成部分在总体中所占比重的一种相对系数。我们从人均收入的角度考察城乡居民收入的结构相对系数,用来表示城乡居民的收入差距。当结构系数为 0.5 时,说明城乡之间不存在差距,当偏离 0.5 时,说明城乡之间存在差距,偏离越多,表明城乡差距越大,反之偏离越少则意味着城乡差距越小。一般我们认为,当 $\eta_r \leqslant 0.33$ 时,城乡收入处于二元结构状态;当 $0.33 < \eta_r \leqslant 0.44$ 时,城乡收入处于由二元结构状态向一元结构状态过渡时期;当 $0.44 < \eta_r \leqslant 0.5$ 时,城乡收入基本实现一体化[20]。当 $0.5 < \eta_r \leqslant 1.0$ 时,农民人均纯收入已经高于城市居民人均可支配收入。由于考虑到我国欠发达的西部地区城乡差距过大的现实,本文指标体系指标 η_r 的理想值为 0.45。

另外,无论是进行农村城镇化还是农村工业化,我们都必须把生态环境保护和资源节约放到头等重要的地位。过去,我国乡镇工业分散化布局破坏了企业生产的规模经济性,形成了巨大的资源浪费。据估计,近年来过于分散的乡村工业使用地规模增加了 1/3 左右,能源利用率降低了 40%,行政管理费增加了 80%,人力资源增加了 1% ~2%,最终表现为资金利用率比相对集中时降低了 20% 左右，极大地增加了工业生产成本[21]。而且，乡镇工业的急剧扩张和分散化布局还使农村生态环境受到了严重破坏。据报道，1990 年我国乡镇工业排放废水 18.3 亿吨（1994 年增加到 43 亿吨），排放废气 1.22 万亿标准立方米，工业废渣产生量 1.15 亿吨，目前全国遭受"三废"污染的农田面积已达 1.5 亿亩，有 82% 的江河湖泊受到了不同程度的污染[22]。随着我国农村工业布局的集中化，这些工业生产的规模经济化，其使用资源的效率必然会大大提高和对生态环境的破坏会大大减弱。因此，我们本应该也把这些与生态环境与资源利用率有关的指标作为农村城镇化的衡量指标，但为了考虑问题的方便和提高衡量指标的"灵敏度"，我们暂不考虑这些指标。

（三）指标复合模型

本文指标体系目标值的确定，主要是在综合考虑以下参照系的基础上，在结合目前西部现实情况经过适当微调而得出的。主要参照系：一是相关部门制定的考核标准和有关农村城市化、农业产业化、城乡收入一体化的研究成果，如建设部制定的中国乡村城市化试点达标考核标准，国家统计局的中国城镇化战略研究课题及中国农村全面小康社会指标体系与量化标准等；二是国外发达国家和中等收入国家目前的发展水平；三是国内发达地区及大城市的现状水平；四是我国不同区域的现状及经济社会发展的中、长期目标。本指标体系采用综合指数法来衡量企业集群对"三农"问题缓解的综合绩效水平。其中各项指标的权数是根据德尔菲法和指标的重要程度，采用先分层次、后分指标的方法确定的。

建立农村企业集群缓解"三农"问题绩效评估指标体系最终在于得出农村企业集群缓解"三农"问题的综合绩效指数。其计算公式如下：

$$P = \sum F_i/S_i \times W_i (其中, F_i/S_i \leqslant 100\%, \sum W_i = 100)$$

其中，P 表示西部农村企业集群缓解"三农"问题的综合绩效指数，F_i 表示第 i 项指标的实际值，S_i 表示第 i 项指标的理想值，W_i 表示第 i 项指标的权重，$F_i/S_i \leqslant 100\%$ 表示当 $F_i \geqslant S_i$ 时，F_i/S_i 的值只能取 1。第七项三级分指标恩格尔系数指标在复合时，应修正为 S_i/F_i，因为恩格尔系数越低，表示人们生活水平和质量越高。根据上式的计算结果，我们可以把企业集群缓解"三农"问题的综合绩效分为四个等级：若 $0 < P < 40$，我们认为综合绩效为差，此时农业产业化水平处于落后状态，农村城镇化水平处于城镇化前期，城乡收入处于二元结构状态，$0 < \eta_r \leqslant 0.2$；若 $40 \leqslant P < 60$，则综合绩效一般，此时农村城镇化水

平处于初步城镇化阶段，农业产业化处于较为落后阶段，而城乡依然处于二元结构状态，$0.2 < \eta_r \leqslant 0.33$；若 $60 \leqslant P < 80$，则综合绩效为中等，此时农业产业化水平处于中等发展阶段，农村城镇化水平也处于中等阶段，城乡收入处于由二元结构状态向一元结构状态过渡时期，$0.33 < \eta_r \leqslant 0.44$；若 $80 \leqslant P < 100$，则综合绩效为好，此时农村城镇化水平处于高度城镇化阶段，农业产业化水平处于发达阶段，城乡收入基本实现一体化，$0.44 < \eta_r \leqslant 0.5$。

结 束 语

本文在总结前人研究成果的基础上，根据农业产业化、农村城镇化、城乡一体化的内涵，结合我国农村企业集群和经济发展的实际情况，按照科学性、系统性、导向性等原则，将农村企业集群对"三农"问题缓解绩效的综合绩效指标评估体系分为三个二级分指标 7 个三级分指标。运用此指标体系，结合适当的数学方法，既可以分别评估我国农村企业集群对农业产业化、农村城镇化以及城乡一体化的推进绩效，也可以对农村企业集群缓解"三农"问题的综合绩效作出评估；不仅有利于不同地区之间的横向比较，同时在纵向的时间序列上还可以反映同一地区的不同历史时期的农村企业集群对"三农"问题缓解的综合绩效变化情况，从而为我们了解农村企业集群运行情况提供了基本依据。

但是，此指标体系在以下几个方面应还存在可以改进的内容：一是指标的选取，在不影响指标体系建立原则的前提下，可以对各项三级指标进行更大范围的考察，如在农村城镇化指标下增加"基础设施"指标的选取，在城乡收入一体化指标下增加"城乡收入基尼系数差异系数"指标的选取等；二是理想值的确定，在能够收集到较全资料的情况下，理想值的确定可以考虑更多经济发达或者水平相近国家、地区的情况，再对照我国不同地区的特殊情况，做出更完善的调整；三是随着社会的进步，各指标权重、理想值等可以随着实际情况的变化而做到优化调整，做到"与时俱进"。

参 考 文 献

［1］［4］姜爱林. 城镇化水平的不同测算方法探讨［J］. 乐山师范学院学报，2002（3）.

［2］蔡孝箴. 城市经济学［M］. 天津：南开大学出版社，1998：54－55.

［3］谢文蕙. 城市经济学［M］. 北京：清华大学出版社，1996：32.

［5］［15］［21］［22］刘朝明，庄晋财. 可持续发展的农村工业化与城市化［J］. 经济

经纬，1998（1）．

　　［6］于战平．农村城镇化评价分析指标体系探讨［J］．天津农学院学报，1999（3）．

　　［7］秦润新．农村城镇化理论与实践［M］．北京：中国经济出版社，2000．

　　［8］陈建新、谭教迁．关于农村城市化水平评价方法的探讨［J］．特区理论与实践，2003（11）．

　　［9］廖太裕，任宏．西南地区乡村城市化评价指标体系研究［J］．城市化研究，2004（2）．

　　［10］［11］刘树．农业产业化指标体系研究［J］．农业技术经济，1997（3）．

　　［12］柴军．农业产业化状况的量化研究［J］．农业技术经济，1997（3）．

　　［13］马培荣，杨耀东，卢平．关于农业产业化评价模型和指标体系的探讨［J］．农业系统科学与综合研究，2000（4）．

　　［14］孙新章，成升魁．基于农户调查资料的区域农业产业化进程评价［J］．资源科学，2005（1）．

　　［16］陈柳钦．论城市化发展的动力机制［J］．现代经济探讨，2005（1）．

　　［17］赵红．中国农村剩余劳动力转移问题研究［J］．农业经济，2000（5）．

　　［18］［19］［20］叶裕民．中国城市化质量研究［J］．中国软科学，2001（7）．

（本文发表于《广西大学学报》2006 年第 3 期）

第三篇

西部农村地区企业集群发展的
政府策动

西部农村地区企业集群发展的政府策动

曾纪芬　周　颖　庄晋财

【摘要】一般而言，企业集群的生成是在市场机制作用下，企业之间的竞争形成的自组织的结果。但是这种企业集群的生成，需要两个条件：一是大量企业的生成，二是市场机制发挥基础性作用。然而，在欠发达的西部农村地区，由于经济发育迟缓，企业衍生数量十分有限，难以形成企业在某一地域的聚集现象，有限的企业在空间上是分离的，难以形成有效的竞争关系，因此依靠自发形成企业集群在条件上是不具备的。在这种情况下，政府一方面通过产业促进政策影响资本投资方向，并诱导技术路径和产业结构的转变，实现企业衍生和本地产业发展优势相结合，进而影响企业聚集的规模大小；另一方面通过产业布局政策，对企业及其他机构的区位选择施加影响，以实现企业聚集的目的，就有可能在西部农村地区形成企业集群。

引　言

企业集群作为一种新型的产业组织形式，正在深刻地影响着区域经济的绩效，这已是不争的事实。这个概念之所以得到人们的重视，不仅是因为它给出了产业和地区发展内在规律的一个合理诠释，还在于它将产业布局、区域发展、企业竞争力提升、产业组织变化趋势有机联系在一起，并对政府政策制定形成了重要影响。不过，在人们的关注点中，除了企业集群的定义、企业集群的治理机制、企业集群的运行机理等核心问题外，对于经济决策部门来说，更关心企业集群的生成机制：为什么被称为"经济马赛克"的企业集群只在一些地方出现，而在条件相近的别的地方却没有产生？如果说企业集群是推动区域发展的一种有效的产业组织形式，那么，对西部农村地区来说，发展企业集群需要政府如何作为？这些实际工作部门关心的问题，期待着理论工作者给出合理的解释，从而为经济决策提供必要的理论支撑。

企业集群生成机制的基本框架

在企业集群生成机制的理论探讨中，绝大多数学者秉承动因论和条件论的解释。古典区位理论、产业区理论、增长极理论、地域生产综合体理论、社会关系网络理论等是动因论的主要代表理论。古典区位理论认为企业聚集的动因是降低交易成本，主要是运输成本；产业区理论认为企业聚集的动因是为了获得外部聚集经济，主要是知识、信息、技术外溢及其聚集所带来的规模经济和范围经济效应；增长极理论、地域生产综合体理论认为企业聚集的动因是通过企业聚集实现专业化分工和合作，从而获得极化效应。社会关系网络论者认为企业集群的动因在于获得集群企业间基于信任形成的交易费用的节省，并强调集群中企业间基于信任形成的社会资本，是它们获得集聚性租金的核心要素。

条件论者更强调企业集群形成需要的条件，主要包括生产要素条件、市场需求条件和相关支援产业的发展条件及发展机遇等。波特指出："产业簇群的缘起，……一个很明显的动机是，像专业化技能、大学的研究专长、有效率的具体地点、特别的或者适当的基础设施等生产要素，不但充分且容易取得。……产业簇群也可能从不寻常、精明或严苛的本地需求中产生。……原有的供应商产业、相关产业或完整的相关产业簇群，也可能是新产业簇群的种子。……对于产业簇群的诞生而言，机遇也是很重要的"。① 我国学者王珺研究认为，缺乏资源禀赋、技术积累和外部要素进入的区域，企业集群也有可能形成，但其生成机制存在一个演化过程，即主导企业先进入贸易活动，然后逐步转向生产活动，形成集群。他把这种集群的生成机制称为衍生型集群。在这种集群生成过程中，专业化市场的存在是一个必要条件。[1]符正平的研究认为，企业集群的产生需要一定的经济与社会历史条件，经济条件包括供给条件和需求条件。从供给条件看，集群产品要存在技术可分性和产品差异性等；从需求条件看，须有集群产品的时装性、消费者的易变性和上瘾性、营销信息的口传性等特征。此外，集群产生还须具备一定的社会文化与历史条件。在这些条件具备的情况下，网络效应在企业集群形成过程中起着关键作用，换言之，聚集网络外部化是企业集群的形成机理。[2]

不管是动因论还是条件论，对企业集群生成机制的探讨都存在明显的缺陷。动因论者强调具有相同产业属性的企业在区域空间聚集的动力，从组织、制度

---

① 迈克尔·波特. 竞争论. 中信出版社 2003：253–254.

协调、信息获取便捷、专业化分工、交易费用节省等方面论述集群生成的诱因，这种论述具有明显的事后证明的意味。[3]而且不能说明为什么企业集群只在一些区域产生，在另一些区域尽管存在相同的诱因企业集群却难以形成。的确，企业集群的生成是在一定力量作用下完成的，这种力量被称为企业集群的动力。刘恒江等人认为，企业集群动力是指驱动它形成和发展的一切有利因素，并根据企业集群发展的不同阶段，将这种动力区分为生成动力和发展动力。马歇尔的"外部经济"、韦伯的"区位因素"、扬格的"规模报酬理论"、胡佛的"集聚体规模效益"、克鲁格曼的"规模递增收益"等属于对企业集群生成动力的描述，并将这些生成动力归结为自发作用的市场力量。在后来的研究中，学者们加强了对集群生成动力之间关系和作用机制的分析，研究了集群发展的动力问题，技术创新、非正规学习、合作竞争、知识溢出与共享、网络协作、区域品牌等被认为是企业集群发展的重要驱动力，并认为发展动力与生成动力相比具有更高层次的属性和更稳定的作用形式。[4]问题在于，具有这种生成动力并不一定能够生成企业集群。对于企业来说，都有意愿获取或者利用这种有利因素，可是为什么企业集群只在一些区域出现而在另一些区域却没有出现呢？这就说明，企业愿意聚集在一起以获取一切有利因素和这种意愿能否实现是一个问题的两个层面，换言之，考察企业集群生成机制，不能仅考察动力机制，还需要考察实现机制以及企业集群生成的约束机制。相同的道理，条件论者关注企业集群生成所需要的条件，但忽略了要把集群生成的要素条件转化为竞争优势，需要具备一定的资源要素整合能力。由谁来整合区域要素、经济主体是否有意愿及是否有能力整合区域要素就成为区域企业集群能否形成的关键。

综上所述，我们认为企业集群的生成机制至少应该包含四个方面的内容：第一，企业集群生成的动力机制，回答为什么企业的空间选择会出现区域性聚集的特征的问题；第二，企业集群生成的约束机制，回答企业的区域空间聚集的约束条件问题；第三，企业集群生成的实现机制，回答企业的区域空间聚集是如何实现的问题；第四，企业集群生成的推阻机制，回答影响企业的区域空间聚集效率的因素问题。

企业集群有两种典型的形态：一种是"轮轴式企业集群"，是指大量小企业围绕一个或少数几个大型"核心企业"最终产品的生产、销售或原材料供应所形成的企业集群；另一种是"市场型企业集群"，是指集群内企业通过市场平等交易建立企业间的水平联系的企业集群。两者的共同特征就是，企业集群是由一群彼此独立的但相互之间有着某种特定关系的小型企业组成的互惠共生网络，在这个共生网络中，各小企业之间有着特定的专业化分工和协作关系。根据以上分析，我们可以将企业集群生成机制的分析框架如图1所示。

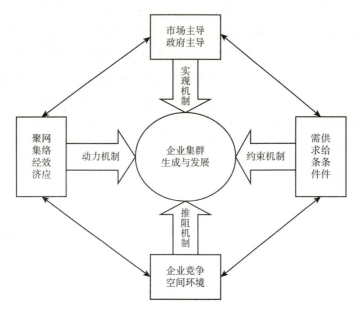

图1　企业集群生成机制的分析框架

西部农村地区企业集群形成的政府作用

在现实中，人们颇为关心的一个问题是，在一定的区域空间条件下，如果要培育企业集群以推动区域经济发展，究竟是依靠市场的力量还是依靠政府的力量？换言之，区域企业集群的生成应该是政府主导还是市场主导？在现有研究中，集群生成被看作是贴近市场的区位、基于历史事件所带来的需求机会、本地可以使用的资源、主导企业继外部经济效应的综合作用的结果。[5]在这里，通过历史事件创造的有利于集群生成的市场需求机会起着至关重要的作用。因此，许多集群的生成被看作是市场自发作用的结果。但是，对于西部落后的农村地区而言，由于市场经济的意识和能力欠缺，或集群生成动力不足的情况，单纯依靠市场主导难以在短期内生成集群，这就使得利用政府行政力量实现企业聚集发展成为企业集群生成的又一重要机制。

那么，为什么经济欠发达地区企业集群的生成需要政府介入呢？从系统论的观点看，系统可以分为两大类，即组织系统和自组织系统。一个系统如果其子系统之间的相互作用关系是在外界力量操纵下被动形成的，而且它们向着有序化方向的集体行为也是由外界力量操纵的，它就是一个组织系统。如果一个系统不需要外界指令而能够自行组织、自行创生、自行演化和自主地从无序走向有序，则称为自组织系统。[6]系统自组织的动力来源于系统内部各子系统之间的竞争与协同。竞争之所以产生，是因为系统诸要素或各子系统之间存在不平衡性，加上它们之间对外部环境或条件的适应性存在差异，从而从外界获取物质、能量、信息的能力也存在差异。竞争的结果可能造成这种差异的扩大，从开放系统的演化角度看，竞争形成的系统要素或子系统之间的非均匀性和不平衡性，一方面造就了系统远离平衡态的自组织演化条件，另一方面推动了系统向有序结构的演化。那么，远离平衡的系统组织为什么会在竞争作用下走向有序化呢？哈肯提出了协同学理论，认为在一些远离平衡的开放系统，当外参量的变化达到某一特定值时，子系统的协同作用便使系统从无序到有序。也就是说，子系统的竞争使系统趋于非平衡，这正是系统自组织的条件，子系统之间的协同则在非平衡的条件下使子系统的某些运动趋势联合起来并加以放大，支配系统整体的演化。这就像在一个有限的舞池中跳舞的一群人，在没有统一指挥的情况下，起初可能是混乱的，但经过一段时间就会形成一种秩序：即大家都按照某一方向围绕舞池中心旋转，舞池中的舞者从混乱变成有序。[7]这就是协同的作用，它促成了系统从无序到有序的演化。

聚集在某一特定区域的企业之间，由于存在各种能力的差异，在与外界进行物质、能量、信息交换过程中，必然存在竞争关系。但是，各企业之间除了这种竞争上的对立性外，还存在着内在的统一性。例如，聚集经济和网络效应是企业集群生成的动力机制，这两个机制就是马歇尔外部性和合作。通常，马歇尔外部性被看作是一种被动的集体效率，也就是说，具有相同产业属性的企业在特定区域聚集会自动产生积极的外部经济效应，如劳动力市场的形成、基础设施的共享、知识的溢出等，这正是集群内企业产生协同的基础。当相关产业内一组企业在某一区域聚集后，必然在既竞争又合作的环境下产生协同，形成企业间竞争合作的关系，这正是企业集群的重要特征，因此，一般认为企业集群具有自组织特征。

不过，这种企业集群的形成需要有两个条件：一是在一定空间范围内出现大量企业的聚集，这些企业就像舞池中的舞者，为了争夺有限的舞池空间展开竞争；二是市场机制发挥基础性作用，企业之间的市场联系，使企业不再是孤立的个体，不同企业既是独立的个体，又通过市场联系彼此间发生着关系，形成一个信息互通、资源共享、人员互动、相互依存的非结构性的人际与资源交换网络。显然，在欠发达的西部农村地区，依靠自发形成这样的集群在条件上是不具备的。首先由于经济发育迟缓，企业衍生数量十分有限，难以形成企业在某一地域的聚集现象，有限的企业在空间上是分离的，难以形成有效的竞争关系，因此，也就失去了通过自组织演化生成企业集群的可能性。企业间通过协同获取聚集收益这种被动的集体效率就不太可能出现。

与这种被动的集体效率相比，还有一种主动的集体效率，即它只能通过旨在产生合作和结网这些有目的的活动才能实现。这种主动的集体效率在市场发育较好的地区往往是企业间自发形成的，但在经济欠发达的地区，"网络经纪人"等公共机构的介入也能成功促进企业间的分工与合作关系的发展。

就经济欠发达的西部农村地区而言，县域工业发展存在两个明显特征：一是企业数量少，二是企业布局分散。我国 2004 年乡镇企业单位数总量为22132161 个，其中东部地区为9064225 个，中部地区为9558348 个，西部地区只有3509588 个；全国乡镇企业园区数总量为5466 个，其中东部地区为2851个，中部地区为2081 个，西部地区仅有597 个，园区内实有企业数东部为342573 个，中部为398397 个，西部为161365 个，园区内企业利润总额东部地区为10944582 万元，中部地区为3806627 万元，西部为786178 万元。① 1995 年的一份调查资料表明，当时全国 2400 多万个乡镇企业，80% 分布在自然村，7% 在行政村，只有12% 在集镇和建制镇，其中中西部要比东部分散得多。因此，2001 年《农业部、建设部、国土资源部关于促进乡镇企业向小城镇集中发展的通知》提出，"十五"期间，乡镇企业向小城镇集中发展的目标是，努力提高企业聚集度：东部地区达到40%，中部地区达到30%，西部地区达到25%。到2015 年，乡镇企业聚集度提高到60% 以上，乡镇企业营业收入的70% 来自小城镇内的各类乡镇企业。显然，西部经济欠发达地区实现县域工业集群式发展的道路任重而道远。

西部县域乡镇企业数量少，布局分散的特征，割裂了企业之间的有效联系，不具备自组织系统的形成条件，依靠自身力量难以形成具有自组织特征的企业集群。根据自组织理论，当相关产业内的一组企业集结在同一地域范围内时，企业间的竞争和合作环境就会生成，从而产生协同作用和产业群聚效应，并促成大量企业衍生。因此，对于经济欠发达的西部农村地区来说，要催生企业集群，首先要将分散的企业实现某种程度的区域集中，而这个初始的推动力量，只能依靠政府来完成。因为发达地区和欠发达地区对政府需求的最主要区别，在于发达地区市场失灵少，对政府需求少，而欠发达地区由于处于工业化初始阶段，市场不发达和市场失灵严重，需要政府培育市场和补充市场。[8] 在西部县域企业集群生成的初始阶段，需要发挥政府的主导作用，将分散的企业实现地理上的集中，催生企业的"自组织能力"，为企业集群形成准备条件。

---

① 数据来源：中国乡镇企业年鉴 2005. 中国农业出版社，2005：111，194.

在这一阶段，政府的作用主要是，一方面，通过产业促进政策影响资本投资方向，并诱导技术路径和产业结构的转变，实现企业衍生和本地产业发展优势相结合，进而影响企业聚集的规模大小；另一方面，地方政府通过产业布局政策，对企业及其他机构的区位选择施加影响，以达到实现企业聚集的目的，工业园区的建设就是一个十分典型的例证。[9]

在政府的主导下，工业园区发展的初始阶段，园内企业仅仅实现了地理上的集中，但还没有实现聚集效应。工业园区是通过税收、土地等优惠政策来吸引企业进驻园区进而完成空间聚集的，有的企业是地方政府直接投资创办的，由于企业间缺少市场联系性，竞争合作关系尚未形成，但毕竟完成了地理空间结构转换的第一步。在这个基础上，政府实行集群倡导计划，除了进一步完善基础设施建设等措施外，出台一些旨在促进产业集群发展的优惠政策，例如，鼓励企业间产业链关系的形成，鼓励与园内企业相配套的企业衍生等，这时，政府的作用也开始由主导变为引导，作用着力点主要在以下方面：一是营造环境。从硬件环境上，可以加强基础建设、促进对企业集群发展的金融支持、搞好工业园区规划；从软件环境上，可以通过政策促进企业之间的信任、协作与分工，通过规范市场秩序，遏制企业间的恶性竞争。二是积极引导。将一些企业发展必要的机构引入集群中，构建完善的区域创新网络；通过专业性培训、经常性学习等措施，鼓励企业进行人力资源的积累等。三是延伸服务。积极实施区域营销战略，树立区域品牌；健全社会信用体系，加强中介机构建设和建立健全知识产权保护制度等。四是打破壁垒。在这里，最重要的就是打破行政区划的壁垒。由于企业集群的发展在地域上需要跨越行政边界，而行政边界形成的区域分割往往是企业分散布局的主要原因。所以，地方政府的企业集群政策的贯彻，一个不容忽视的措施就是要通过政府的调控，打破这种行政壁垒。[10]与此同时，在地方政府的引导下，大量与园区内企业具有产业关联性的本地企业开始衍生，聚集经济效应开始显现。由于企业大量聚集和衍生，企业间的竞争合作关系必然产生，企业间的竞争和合作关系产生协同效应，开始形成具有自组织特性的系统。

在自组织阶段，由于每个企业都因与其他企业靠近而改善了自身的外部环境，企业间耦合的相互作用带来了聚集效应，企业间的关系由原来的原子式企业的竞争关系变成企业间密切联系的网络关系，这个网络在自组织过程中不断吸纳外部的物质、信息和能量，从而不断得到强化，推动着园内企业群体不断从无序走向有序，企业集群最终得以形成。因此，经济欠发达的西部农村地区企业集群的生成机制可以用图2来描述。

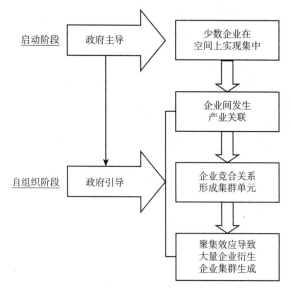

图2　西部农村地区企业集群形成的政府作用

西部农村地区企业集群发展的政府策动：以广西为例

集群策动（Cluster Initiatives）是指"各种活动者为创建或者增强集群而采取的有意识的行动"，这些活动者包括"集群区域内的相关公司、政府和研究团体"，其目的是"在一个特定的区域提高一组相互联系的经济活动的竞争力"。[11]从集群策动的含义看，主要包括三个方面的内容：一是集群策动的发动者往往处于集群内部；二是集群策动是主体有意识的行为；三是集群策动是为了促进集群的产生或发展。由此看来，集群策动的主体既可以是政府，也可以是私有部门，不过，即便是在发达地区，政府的集群策动也成为其产业政策、区域政策乃至创新政策的核心部分。所谓政府集群策动，就是政府为了促进集群的产生和发展，通过颁布一系列针对性的政策，吸引集群内的企业、科研机构等其他主体参与的活动过程。[12]如前所述，经济欠发达的西部农村地区企业集群生成需要政府力量的推动，下面我们根据政府集群策动的内涵，以广西为例，了解西部农村地区企业集群政府策动的主要内容。

广西是我国少数民族人口最多的自治区，也是革命老区和边疆地区，既有大石山区等集中连片的贫困地区，也有丰富的农业资源，八桂大地碧海蓝天，生态优良，环境优美，但广大农村地区人民生活水平却一直处于低于全国平均水平的状态。因此，在《国务院关于进一步促进广西经济社会发展的若干意见》中，明确提出广西县域经济发展的方向："围绕富民、强县、奔小康目标，积极发展农村第二、第三产业，多渠道增加农民收入"。依据这个明确的方向，"以特色农产品加工和优势资源型工业为重点，加快发展与大中城市、大型企业集团相配套的产业集群，推动中小企业与大企业协作，打造一批工业强县""鼓励城市工商企业到农村建设原料生产和加工基地，合理布局建设工业集中区，促进城市资金、技术、人才、管理等生产要素向县域流动""推进县域企业重组改造，培育壮大乡镇企业，积极发展农村商贸、物流、旅游等服务业""大力推进农业产业化经营，支持在农产品主产区建立较为完备的加工体系，运用财政贴息、补助等办法支持发展龙头企业和专业合作经济组织"。由此可见，企业集群的培育被政府视为是促使广西广大农村地区能够在日益激烈的区域竞争中生存，使广西县域经济自主发展，提高创新能力以及推动广西县域经济充分利用本地资源发展新产业和创建新企业的重要路径。为了达到这样的目的，广西地方政府的集群策动主要从以下几个方面进行：

（一）在发展战略上，着眼区域分工，做好集群发展规划

2009 年，广西壮族自治区党委、政府在《关于做大做强做优我区工业的决定》中，强调以自主创新为核心，以改革开放为动力，以产业结构优化升级为重点，以循环经济为着力点，积极发展低碳经济，加快形成产业集群，走出一条资源消耗低、环境污染少、人力资源得到充分发挥的具有广西特色的新型工业化道路。在制定广西经济社会发展的"十二五"规划时，着眼于区域分工，对不同农村地区的产业集群发展做了明确的规划。在如表 1 所示的广西"十二五"建设企业集群的目标中，诸如食品加工、汽车零部件加工制造、服装、小型机械、木材加工等企业集群的发展都是以县域农村地区为基础的。这些企业集群的规划发展，一方面旨在提高当地农村地区的工业化水平，解决农村就业和农民工资性收入增长；另一方面在于形成当地农村地区具有可持续发展能力的优势产业。例如，分布在广西各县域的甘蔗制糖产业在全国具有较大的竞争优势，为了使制糖产业形成长期的竞争优势，广西制定了"制糖产业循环经济"的规划："围绕甘蔗—制糖—糖蜜—酒精—复合肥、甘蔗—制糖—蔗渣—制浆—造纸—碱回收—再利用、甘蔗—制糖—蔗渣—发电—蔗渣灰—肥料等产业链，加快食糖精深加工、蔗渣造纸和发电、糖蜜生化工产品等研究和开发。重点实施蔗渣制浆造纸、糖蜜制酒精和酵母、滤泥生产有机肥等项目，大力推进节能、节水新工艺和新技术的应用，提高制浆和酒精生产的废液治理水平。"

政府的集群规划对广西今后农村地区集群发展指明了产业发展的方向和具体的实施路径。

表1　　　　　　　　　　广西"十二五"期间企业集群的建设目标

产业分类	序号	产业集群名称	建设内容
食品产业	1	南宁市食品产业集群	以食品精深加工项目为载体，延长产业链，大力发展绿色、生态食品
	2	柳州市食品制造产业集群	以大型企业集团为龙头，大力发展机制糖、乳品、粮油、肉禽、果蔬、食用菌和茶叶等产品加工及各类饮料、酒类等产品制造，形成食品制造产业集群
	3	桂林市食品饮料制造产业集群	重点建设米香型白酒、啤酒、葡萄酒、面粉、饮料、罐头、饲料、调味品及保健食品等
	4	防城港市粮油产业集群	发展食用植物油深加工产品，围绕副产品发展饲料等相关产业
	5	钦州市粮油食品产业集群	依托港口和农产品资源优势，发展食用植物油加工、食品工业和饲料工业，形成产业集群
	6	玉林市食品健康产业集群	重点支持燕京啤酒（玉林）有限公司、玉林制药、南方食品股份有限公司、旺旺食品、亮亮食品、春茂农牧、桂牛乳业、巨东种养有限公司和凉亭禽业发展有限公司等龙头企业做大做强，打造食品健康产业集群
	7	百色市食品产业集群	以百色右江河谷农业产业化为中心，连接周边各县（区），大力发展特色食品和绿色食品。重点推进蔗糖、优质饮料、山茶油、果蔬加工等特色农产品加工产业的发展，打造百色食品产业集群
	8	贺州市食品产业集群	通过积极引进龙头企业和产业资本，培育知名品牌，开发优势品种，打造马蹄、果蔬、肉类等具有地方特色的食品加工产业集群
	9	河池市特色食品加工产业集群	依托特色资源优势，以绿色农产品为重点，加快发展山区种植业；以分散型山区特色生态养殖、库区大水面养殖为重点，加快发展山区水产畜牧业，打造中国西部最大的特色食品加工业基地
	10	来宾市糖业产业集群	以东糖集团为依托，围绕糖业循环经济，拉长产业链条，提高综合利用水平和产品附加值，打造全国蔗糖循环经济示范基地
	11	崇左市糖业产业集群	以大企业集团为依托，重点发展循环经济，提高综合利用水平，打造全国蔗糖循环经济示范基地，形成糖业产业集群
汽车产业	12	广西汽车城零部件产业集群	依托上汽通用五菱、东风柳汽等整车企业，在柳东新区汽车城发展汽车零部件产业，形成零部件产业集群
	13	柳州河西工业区汽车零部件产业集群	依托上汽通用五菱、东风柳汽等大型整车企业，大力发展汽车零部件产业，形成汽车零部件产业集群

续表

产业分类	序号	产业集群名称	建设内容
石油化工	14	南宁市石化产业集群	改造提升现有化工产业，发展现代高端化工产业，促进氯碱化工与石油化工结合，积极发展北部湾经济区石化大产业的下游配套产业，打造化工产业基地
	15	柳州市化工产业集群	以柳化、鹿化、川东磷化为龙头，大力发展煤化工、盐化工、磷化工、日用化工等产品，形成化工产业集群
	16	桂林市橡胶制造产业集群	重点发展轮胎、橡胶制品等，形成橡胶设计、研究、生产和装备制造等产业链
	17	防城港市磷化工产业集群	依托最便捷的西南出海大通道地理优势，建设集科研、生产、销售于一体的绿色磷化工产业链基地，形成沿海磷化工产业集群
	18	钦州市石化产业集群	依托中石油钦州一期、二期项目，加快延伸石化产业链，形成以石油化工、盐化工、磷化工、生物化工为主导的产业集群
	20	百色市石化产业集群	依托田东锦江集团、田东石油化工总厂、皓海碳素公司等重点企业的项目建设，形成产业集群
电力	21	玉林市电力产业集群	至 2015 年，电厂总装机容量 98 万千瓦；发电量 30 亿千瓦时。建成 500 千伏变电站 2 座，总变电容量 350 万千伏安；建成 220 千伏变电站 15 座，总变电容量 390 万千伏安
	22	百色市电力产业集群	加快推进华能火电厂、隆林火电厂项目的核准，加快推进田林瓦村梯级水电站、右江渔梁水利枢纽等水电站项目建设，做大做强百色电力产业集群
	23	贺州市电力能源产业集群	推进华润电厂建设，大力开发水能资源，加快筹建抽水蓄能、风力发电等新能源项目，打造电力—电冶结合—资源综合利用循环产业链
有色金属	24	南宁市铝深加工产业集群	重点发展大规格高性能铝板带型材、高纯精铝、铝箔、工业与建筑型材，尽快做大做强铝加工产业，初步建成我国重要的铝加工基地
	25	梧州市有色金属产业集群	依托进口再生资源加工园区，以拆解、熔炼再生有色金属加工为主，引进相关上下游企业，打造运行高效、资源利用最大化的有色金属产业集群
	26	防城港市有色产业集群	依托港区、资源等方面的优势及金川铜镍项目落户建设，大力发展有色金属产业，形成有色产业集群
	27	百色市铝材深加工产业集群	在百色、平果等工业园区大力发展铝材深加工产品，延伸产业链，拓宽关联产业带，形成产业集群
	28	河池市有色金属产业集群	大力发展锡、铅、锌、锑、铟、镉、锗、银等产业，努力在高新技术材料的研究和开发方面有新突破，推进初级产品向"高、精、深"的高端产品延伸，推进尾矿综合利用，提高资源综合利用率

续表

产业分类	序号	产业集群名称	建设内容
有色金属	29	来宾市迁江铝产品深加工产业集群	在银海铝业的带动下，通过发展关联配套产品，引导铝业精深加工企业向迁江铝产业园聚集，培育有色金属加工产业集群
	30	防城港市有色产业集群	依托区位、港口、资源等方面的优势及金川铜镍项目落户建设，大力发展有色金属产业，形成有色产业集群
冶金	31	梧州市不锈钢制品产业集群	以长洲不锈钢制品产业园区为重点，发展符合国家产业政策的再生不锈钢及制品和合金钢带等产品
	32	防城港市钢铁产业集群	依托钢铁基地项目建设，大力发展钢铁产业，形成钢铁产业集群
	33	钦州市冶金产业集群	利用钦州作为全国铬、镍、钛、锰等矿产进口集散地的优势，重点发展相关产业链产品，形成冶金产业集群
	34	玉林市矿冶产业集群	重点支持玉林伟镍科技矿冶有限公司、广西银亿科技矿冶有限公司、陆川亿欢矿业公司等龙头企业做大做强
	35	百色市冶金加工产业集群	依托锰、铜资源优势，大力发展中低碳锰、电解金属锰、电解二氧化锰、硅锰合金、扩大铝锰合金、锰系铁合金、粗铜、铜线的产品，形成产业集群
	36	贺州市矿业产业集群	以科技创新为动力，提高产品技术含量，集采选、冶炼、深加工和综合利用一条龙的产品开发生产产业集群
	37	来宾市冶炼产业集群	以中钢广铁、汇元锰业、来宾华锡等大企业为龙头，全力推进矿产资源整合，提高资源综合利用，引导企业通过技改提高节能降耗水平，提升产品质量
	38	桂林市冶金有色产业集群	积极推进以铁合金为主的冶金有色工业整合发展，重点发展电解锰、低磷锰铁、低碳高硅铁合金，以及钨、铅等有色金属
	39	防城港市钢铁产业集群	依托防城港钢铁基地项目建设，大力发展钢铁产业，形成钢铁产业集群
机械	40	南宁市机械装备制造产业集群	引进知名机械制造企业，发展电力电气、矿山、港口、环卫、农机等专用成套设备制造业，打造区域性重要机械装备制造加工基地
	41	柳州市工程机械产业集群	围绕柳工、欧维姆等大型机械行业企业，大力发展装备制造业零部件产业群
	42	桂林市机械装备制造产业集群	重点发展数控机床、数显量具、电容器成套装置、环保设备、光学仪器等产品
	43	玉林市机械制造产业集群	围绕玉柴重工等大型企业，大力发展汽车配件、工程机械整机及零部件制造产业集群
		贺州市机械装备制造业集群	重点发展数控机床、特种专用机械设备、机械铸件等产品

续表

产业分类	序号	产业集群名称	建设内容
建材	44	南宁市建材产业集群	重点发展新型水泥及其制品、玻璃深加工产品、建筑卫生陶瓷、新型墙体材料以及轻型合金材料，开发绿色新型建材，促进水泥、玻璃、陶瓷等建材产品规模化发展
	45	梧州市陶瓷产业集群	依托资源优势和梧州陶瓷产业园区，引进相关配套企业，延伸产业链，完善产业体系，打造成为广西最大的建筑陶瓷产业基地
	46	贵港市建材产业集群	以台泥（贵港）、华润（贵港、桂平、平南）水泥生产、桂平龙门陶瓷城为依托，重点建设沿江建材产业集群
	47	玉林市水泥陶瓷产业集群	重点支持北流海螺水泥有限责任公司、兴业海螺水泥有限责任公司、华润水泥（陆川）有限责任公司、广西三环企业集团等龙头企业做大做强，发挥北流、兴业的建材资源优势，形成水泥陶瓷产业集群
	48	百色市建材产业集群	大力发展以水泥为主的建材产业，重点发展新型干法水泥生产，支持开发生产绿色新型建材材料，打造百色建材产业集群
	49	来宾市建材产业集群	以华润水泥、力拓陶瓷、忻城石材等为重点，发展新型干法水泥、建筑陶瓷和新型建筑材料。节约并合理利用能源和资源，加强环境保护，打造建材产业集群
	50	贺州市建材产业集群	以华润水泥（贺州）、贺州八桂建材基地为重点，发展新型水泥及水泥制品、建筑卫生陶瓷、日用陶瓷、新型墙材料，引进、消化、吸收新技术、新工艺、研发工业特种陶瓷产品、形成产业集群
造纸与木材加工	51	南宁市造纸产业集群	巩固发展制浆业，大力发展纸品深加工，促进制浆造纸产业向规模大型化、产品高档特色化、技术装备先进化、生产清洁化发展，形成印刷包装与纸品精深加工行业形成互为依托、互促发展的格局
	52	玉林市林产工业产业集群	重点支持粤景浆纸、容县万力纸厂、高峰容洲人造板、博白浩林人造板公司等龙头企业做大做强
	53	百色市林浆纸产业集群	加快 150 万亩速生丰产林基地和 100 万亩纸浆基地建设，运用新技术、新工艺，改造提升糖纸、林纸板产业，打造百色林浆纸产业集群
	54	贺州市林产产业集群	运用贺州林业资源，着力发展林产精深加工，打造林浆纸、林板家具、松脂深加工等林产工业产业链，形成林产产业集群
信息产业	55	南宁市电子信息产业集群	引进国内外先进技术企业，在南宁高新区和江南工业园区大力发展集成电路、新型电子元器件制造等，形成电子信息产品制造、软件开发、通信信息互为支撑发展的产业格局

续表

产业分类	序号	产业集群名称	建设内容
信息产业	56	桂林市电子信息产业集群	重点在桂林高新技术产业开发区大力发展通信设备制造业、电子元器件制造业、信息技术应用产业、软件开发与应用等产业，加快形成产业集群
	57	北海市电子信息产业集群	在北海电子产业园区加快发展电子信息产品制造业、软件业、家用视听、电力电子、电子专用设备、现代信息网络等，形成产业集群
	58	钦州市电子信息产业集群	以河东工业园区电子产业园为载体，大力发展数字电视、新型光电子材料等电子产业，加大现代通信网络和通信技术应用建设，形成面向东盟的电子产业信息集群
	59	玉林市电子信息产业集群	重点扶持佳鑫电子塑胶有限公司、晶石电子科技有限公司、晶辰电子科技有限公司等龙头企业做大做强
	60	贺州市电子信息产业集群	推进电子科技生态产业园建设，以发展铝光箔、电子铝箔、电子电路板、电解电容器、电子元器件等产品为重点，促进铝材料在电子信息工业的深加工和利用
医药制造	61	桂林市医药及生物制品产业集群	重点发展中成药、中药提取物、生物制药，打造"桂药"品牌，大力发展药用包装、医疗器械、卫生材料等相关产业，形成产业集群
纺织服装制造与皮革	62	贵港市羽绒产业集群	以"中国羽绒之乡"港南区为基础，建设万亩羽绒产业城，打造中国南方羽绒产业中心，通过羽绒加工带动鹅鸭养殖、肉禽加工、商贸、仓储及印刷包装等发展，形成羽绒产业集群
	63	玉林市服装皮革产业集群	重点支持玉林市富英制革有限公司、众顺、爵士狼、雅佩乐、彬辉圣等龙头企业做大做强。至2015年，服装与皮革工业产业实现销售收入达到120亿元，其中服装业实现销售收入90亿元、皮革业实现销售收入30亿元
	64	来宾市丝绸及纺织产业集群	重点推进江浙茧丝绸产业园和象州茧丝绸工业园建设，打造具有先进生产技术，有浓厚丝绸文化底蕴的丝绸产业园和全国科技养蚕基地、丝绸研发中心
生物技术	65	南宁市生物技术产业集群	以南宁国家高技术生物产业基地为依托，建设南宁高新区生物医药产业园、宝塔国家高技术生物医药核心区、广西药用植物园、隆安华侨管理区生物能源产业园，重点发展生物质能源、生物医药、生物制造等生物技术产业
新材料	66	贺州市新材料产业集群	立足贺州资源优势，发展稀土、钨钛、超高目数及纳米级超细粉，节能发光材料，高档超细化妆品以及各种填充料品，发展与新材料产业配套的机械装备制造业，形成产业集群

续表

产业分类	序号	产业集群名称	建设内容
新能源	67	防城港市能源产业集群	依托防城港核电及中电广西防城港电厂等能源企业，大力发展能源基地建设，形成能源产业集群
	68	桂林市光伏产业集群	以兴安太阳能光伏产业园为中心，大力发展高纯硅料、多晶硅和单晶硅片、太阳能电池及组件、配套辅料及运用开发等，形成完整的太阳能光伏产业链
海洋产业	69	北部湾海洋产品加工产业集群	北海市、防城港市大力发展水产品养殖、捕捞、冷藏、精细加工、仓储、冷链物流配送、来料加工及补偿贸易，形成产业集群

（二）在组织管理结构上，着力于提供财政及组织人事支持，形成由产业、科研、政府等相联接的"看得见的网络"，支持企业集群发展

广西壮族自治区人民政府出台了一系列的政策和法规推动地方产业集群发展，明确了操作性、激励性强的政策措施，推动产业集群发展，如表 2 所示。广西地方政府推动企业集群发展的政策通常是在国家相关政策出台后，根据当地实际情况进行适当修正而得。2006 颁布了国家"十一五"规划和广西"十一五"规划，首次在重要的政府规划文件中出现"产业集群、产业集聚、产业集中区"等字样，2007 年国家发展改革委《关于印发促进产业集群发展的若干意见的通知》，首次围绕"产业集群"制定了正式的政策文件，尽管广西没有推出直接围绕产业集群设计和规划的文件，但是在 2007 年的《广西工业重点产业发展"十一五"规划》、2008 年发布的《广西北部湾经济区发展规划》，2009 年印发的《中共广西壮族自治区委员会 广西壮族自治区人民政府关于做大做强做优广西工业的决定》及《广西产业振兴规划》等 40 个相关配套的政策文件中都充分体现了产业集群发展的思维。归纳来看，产业集群政策主要涵盖了供给面和环境面两方面的政策。环境面的政策围绕进一步加快完善工业园区基础设施建设，多渠道筹措资金，加快完善工业园区供电、供水、供气、道路、环保、通信、消防等基础设施，大力发展与工业园区配套的生产性服务业，大力推进工业园区信息化建设；供给面的政策包括优惠激励、税收优惠、实行人才优惠等政策，建立和完善人才培训机制、引进机制、评聘机制、流动机制，对试点项目中相关的国家科技计划项目提供资金支持，增加企业经费使用自主权

等。在这个过程中，政府不断加强产业集群公共服务平台的建设，由各地方政府牵头，联系高等院校成立中小企业服务中心、培训中心、工程技术中心、孵化器等，以及政策导向平台、技术服务平台、市场销售平台、金融服务平台、现代物流平台、人才教育培训平台和行业协会平台，对催生县域农村的产业集群起到了良好的作用。

表2　　　　　　　广西壮族自治区人民政府推动产业集群发展的部分政策

产业支持政策	鼓励主导产业的发展，支持产业园区建设，为建设区域性物流基地创造条件等
财税支持政策	拓宽投融资管道，实行税收优惠，加大财政对产业发展的支持力度，支持重大基础设施建设
土地使用支持政策	优先调剂安排经济区用地指标，依法修改土地利川总体规划，简化土地利用总体规划修改程序
金融支持政策	支持金融主体建设，加强信贷支持，支持小企业担保机构发展，拓宽融资管道，加强金融便利化建设
人力资源和科技开发政策	实施人才强区战略，创新人才培养引进和使用机制，完善就业服务和劳动保障体系
优化投资环境政策	简化项目审批手续，增强服务，减少政府收费，创造各种优惠的投资环节

资料来源：根据《广西壮族自治区人民政府关于促进广西北部湾经济区开放开发的若干政策规定的通知》整理。

（三）在载体建设上，通过县域工业园区建设，推动产业集群式发展

"十一五"期间，广西加大工业园区发展力度，通过加强园区建设、强化园区功能、提高园区集聚能力、提升园区服务水平，使工业园区在广西产业发展和布局的支撑力明显增强。2010年，37个重点园区工业发展实现较大突破，共完成规模以上工业增加值861亿元，比2005年增长2.5倍，年均增长达到28.6%，高出广西平均水平5.7个百分点。其中有3个园区规模以上工业产值达到200亿元以上，7个达到100亿~200亿元，5个50亿~100亿元，分别比2005年增加3个、7个和3个。产业集群发展取得了重要进展：一是科学规划，合理布局，工业园区成为承接产业转移的主要平台。"十一五"期间，广西根据自身的优势和承接产业转移的需要，合理规划建设产业特色明显、配套能力强的工业园区，积极推进县域工业集中区建设，迅速扩充产业承载空间，使工

业园区成为优化资源配置、共享基础设施、集中污染治理、集约利用土地、促进企业集聚、培育产业集群的主要载体。"十一五"期间，29 个国家级和自治区级工业园区（开发区）得到巩固和发展，广西钦州保税港区和广西凭祥综合保税区获得国务院批准，60 个工业园区达到标准并被确认为自治区 A 类、B 类产业园区。二是基础建设力度加大，功能强化，集聚效应增强。各工业园区多渠道筹措资金，加大以道路、港口、水、电、通信为主的基础设施及供能、环保、物流、通关等公共配套设施建设力度，大力推进工业园区标准厂房建设和智能化程度高的楼宇厂房建设，提高园区土地使用效率。各工业园区积极优化招商引资环境，通过实行规费减免、保障项目用地、建立工业用地开发成本补贴机制、保障电力供应、改善通关转关管理等各种措施，使招商引资工作取得丰硕成果。引进了一批投资规模大、科技含量高的项目，一批跨国企业和国内 500 强企业纷纷参与投资，入园企业快速增加，重点产业实力增强。三是园区服务水平提高，成效显著。各工业园区争创一流园区，把优化服务环境作为园区发展的"生命线"，不断创新服务理念，把服务企业作为第一职责，建立服务机制，拓展服务领域，完善各种服务体系，为企业提供"一站式""保姆式"服务。为企业搭建投融资平台，破解贷款难题，鼓励和扶持投产企业积极增资扩股和进行技术改造，引导企业转变经营方式。把企业满意作为最高标准，确保企业进得来、留得住、发展得好。通过创新管理体制机制，加强两个文明建设，强化园区建设和管理，维护社会稳定，保障了园区工业健康发展，也充分发挥了工业园区在广西区域工业布局中的重要作用。

参 考 文 献

［1］［5］王珺．衍生型企业集群：珠江三角洲西岸地区产业集群生成机制研究［J］．管理世界．2005（8）．

［2］符正平．论企业集群的产生条件与形成机制［J］．中国工业经济，2002（10）．

［3］冯邦彦，王鹤．企业集群生成机理模型初探［J］．生产力研究，2004（4）．

［4］刘恒江，陈继祥，周莉娜．产业集群动力机制研究的最新动态［J］．外国经济与管理，2004（7）．

［6］王宁申．试论系统观与协同学［J］．昆明大学学报，1997（2）．

［7］吴彤．论协同学理论方法——自组织动力学方法及其应用［J］．内蒙古社会科学，2000（6）．

［8］刘建兴．政府在欠发达地区经济发展中的角色定位［J］．经济经纬，2005（1）．

［9］朱华晟，王玉华，彭慧．政企互动与产业集群空间结构演变［J］．中国软科学，2005（1）．

［10］庄晋财．企业集群发展与"三农"问题缓解：广西的证据［J］．改革，2005

（3）．

　　［11］俞培果．集群策动．集群政策与政府行为［M］．经济科学出版社，2008（7）．

　　［12］陈强，赵程程．德国政府创新集群策动的演化路径研究及启示［J］．德国研究，2011（3）．

西部地区企业集群发展中地方政府作用的实现机制

庄晋财　程李梅

【摘要】 西部地区企业集群发展需要地方政府的推动，但地方政府出于自身利益最大化考虑形成的对国有经济和外部资本的行为偏好，影响西部地区本地企业衍生、企业家成长和企业集群稳定性，使地方政府的作用难以实现。究其原因，在地方政府、微观企业和高层政府形成的"铁三角"博弈关系中，地方政府拥有对企业的地位优势和对高层政府的信息优势，在没有约束的条件下容易产生机会主义行为。行业协会等中介组织的介入，可以改善原有的"铁三角"关系，抑制地方政府的机会主义行为，是地方政府作用得以实现的重要机制。

理论回顾：地方政府作用与企业集群发展

近年来，关于企业集群（Enterprise Cluster）发展的讨论中，地方政府的作用在理论界得到普遍关注，并形成了以下不同观点：

（一）制度供给说

波特认为，在企业集群发展中，政府扮演的一个基本角色，就是作为制度供给主体，通过企业集群政策的制定，贯彻企业集群导向，引导企业空间聚集，鼓励竞争与创新，通过吸引外资促成企业集群成长，强化企业集群的发展与升级[1]。在企业集群政策制定过程中，中央政府担任的是宏观管理者的角色，在技术创新、融资担保、土地管理与城市规划、开拓国际市场、培养专门人才等方面给予政策扶持；而地方政府则可以通过减免税收、设立工业园区、提供R&D及相关公共产品支持等办法来促使企业集群实现升级改造[2]。

（二）环境塑造说

认为地方政府在企业集群所需的环境塑造上发挥着重要的作用。一方面，地方政府指导作用的发挥，使企业克服经济行为中的机会主义倾向，培育适合企业集群生存和发展的人文环境[3]，其核心是业主之间以信任和承诺为主要内容的协作精神[4]。另一方面，政府作用的发挥，有助于塑造合理有序的市场竞争环境，例如，通过政府作用打破市场分割和行业垄断可以促成地区专业化分工的形成，从而为区域性企业集群的发展创造条件[5]。有研究认为，在台湾地区，正是地方政府在鼓励私营企业发展、激励产业升级、引导产业集群、打破市场保护等方面做出的种种努力，为企业集群的发展创造了良好的环境，才造就了台湾半导体产业企业集群的蓬勃发展[6]。对于落后的农村地区来说，地方政府可以为企业集群的发展提供良好的基础设施条件和宽松的政策环境，同时通过培养农民的集体经商意识、建立企业信用制度、加强价格管理、培育人才市场等方面的努力，为农村企业集群的生成与发展塑造良好的发展环境[7]。

（三）"企业集群代表"说

认为在企业集群形成过程中，由地方政府引入外部创新能力与资源是非常必要的，在这里，地方政府扮演着"整个企业集群代表"的角色，为企业集群的发展引入创新源。地方政府之所以比一般的企业更合适充当"集群代表"的角色，出于两个方面的理由：一是地方政府在引进技术过程中能够以集群内大多数企业的需要为出发点，能避免由任何一家企业引进技术中所带来的利己倾向；二是地方政府在引进技术与资源等创新源中，无论是谈判能力还是组织信誉，都比一般企业更有优势[8]。

以上各种观点从不同侧面对企业集群发展中地方政府的作用作出了有益的探索，为地方政府在促进区域企业集群生成与发展过程中的职能定位提供了方向。但其中隐含着一个古典经济学假设，即政府是作为市场经济发展的"守夜人"而存在的，其义务就是制定市场制度、提供公共产品、矫正市场失灵。在这样的假设前提下，不管中央政府还是地方政府，其行为目标就应该是一致的，不同的仅是各自的职能范围的差异，这显然与我国经济转型时期的现实不符。研究表明，对于经济落后的西部地区而言，地方政府的适度介入对企业集群的发展十分必要[9]，那么，在西部地区企业集群发展过程中，如何才能发挥地方政府"制度供给、环境塑造、集群代表"的作用呢？或者说，西部欠发达地区企业集群发展中地方政府作用的动力机制与实现机制是什么呢？本文拟就这一问题进行探讨，借以抛砖引玉。

西部地区地方政府经济行为偏好分析

（一）地方政府经济行为的动力机制

这里所说的地方政府，主要是指县级政府，因为它是县域经济发展的主要决策者和执行者。对于县级地方政府来说，其行为受到来自两方面压力的影响：即高层政府的政绩考核和下层微观主体（居民和企业）的满意度。地方政府、高层政府和微观主体形成了中国现实中的"铁三角"[10]。显然，在这样的"铁三角"关系中，地方政府和其他主体一样，有着自己特殊的利益，因此，关于地方政府与中央政府行为目标一致性的假设很难成立。地方政府行为必然表现出"理性经济人"应有的特征，当然，由于信息不对称等因素的约束，这种"理性"也只能是"有限理性"。中国市场取向的改革实际上是在高层政府（尤其是中央政府）、地方政府和微观主体（企业和居民）三方博弈中向市场经济过渡的过程[11]。

改革开放以前，中央政府是推动经济增长的政府主体，地方政府的经济自主权很小，这时期的地方政府既没有推动地方经济发展的能力，也没有相应的激励。随着行政性分权改革战略和"分灶吃饭"财政体制的实施，地方政府被赋予了前所未有的经济权力，同时也承担着推动地方经济发展的责任，从而获得了推动地方经济发展的强烈激励。戴慕珍（Jean Oi）认为，在财政改革的激励下，地方政府具有公司的许多特征，地方政府官员就像公司董事会成员一样行动，并通过参与企业管理、调控资源分配、提供行政服务、控制投资与贷款等活动介入地方经济活动，她将这种政府与经济结合的新制度形式称为"地方法团主义"，并认为在财政体制改革和农业非集体化的激励下，地方政府积极推动地方经济发展，扮演了"企业家"的角色[12]。魏昂德（Walder）则更进一步认为，地方政府比高层政府具有更大的动机和能力在地方经济发展中扮演重要角色。因为20世纪80年代进行的以企业按固定的税率纳税替代把全部利润上缴为内容的财政改革，改变了中国各级政府间的关系：由于地方政府向辖区内企业征税后，只要按照与上级政府事先合约确定的比例上缴之后可以保留剩余，这样一来，地方经济发展越快，企业财务绩效越好，地方政府的收入也就越大[13]。杨瑞龙等人的研究也认为，在行政性放权的条件下，地方政府一方面希望引进市场经济制度搞活本地经济，赢得高层政府认同的最佳政绩，因而具有获取制度收益的动机；另一方面，微观主体由于自身的弱势地位无法成为中央政府的谈判对手，需要以地方政府为中介，为自己争取到经济自由的机会和扩大自主决策权的能力[14]，从而地方政府有激励也能够成为地方经济发展的带动者。不过，也有学者认为，中国地方政府对推动地方经济发展的激励之所以能够变为实际行动，还在于中国在改革过程中形成了一种产权地方化的特殊情况：即地方政府拥有企业的所有权，正是由于这种产权地方化，使地方政府具有强烈动力去发展本地经济[15]。

由此可见，在我国经济转型时期，一方面由于中央行政性分权改革，使地方政府成为地方经济活动的主要组织者和管理者，从而有可能参与到地方经济发展的具体决策中来；另一方面，中央财政体制改革和产权地方化改革所形成的制度收益，创造了地方政府积极主动地推动地方经济发展的强有力动力机制。因此，市场化改革过程中形成的制度收益，是地方政府推动本地经济发展的动力源。

（二）东西部区域地方政府经济行为的偏好差异

实践表明，在中国经济转型时期，地方政府与中央政府的行为目标并不一致，或者说，地方政府的行为出现某种程度的变异。突出的表现就是，地方政府利用中央政府的"放权让利"造成的制度约束软化，会做出辖区最优而不是社会最优的行为选择[16]。我们认为，这种"变异"行为，对地方政府来说，实际上是在既定制度约束条件下的利益最大化选择，是符合"经济人"假设的。

在地方政府"理性经济人"假设条件下，追求自身利益最大化成为地方政府共同的行为目标。不过，对于经济发展水平不同的区域来说，地方政府的行为偏好却有所不同，突出表现在两个方面：

一是对民营经济与国有经济的偏好差异。一般来说，发达区域的地方政府更倾向于发展民营经济，而落后区域的地方政府则更多地选择在总量上扩张国有资本的政策。首先，从国有经济在全社会固定资产投资的比例来看，西部区域明显偏高。据统计，2003 年全社会固定资产投资中，西部 12 省区国有经济和集体经济所占的比重达到 56.7%，高于全国国有经济和集体经济比重 53.4% 的平均水平，其中国有经济占 49.1%，比全国平均水平的 39.0% 高出 10 个百分点，如表 1 所示。

表1　西部地区按经济类型分的全社会固定资产投资构成情况（2003年）　单位：%

	全国	内蒙古	广西	重庆	四川	贵州	云南	西藏	陕西	甘肃	青海	宁夏	新疆
国有	39.0	51.7	48	39.5	37.4	60.3	52.9	93.9	57.1	60.9	59.2	47.9	48.5
集体	14.4	2.8	4.7	7.9	15.2	5.2	6.5	0.4	5.2	7.5	5.2	11.2	4.3
个体	13.9	11.8	22.2	20.1	16.5	16.0	18.3	2.4	16.6	11.6	9.1	18.9	12.9
其他	32.7	33.7	25.0	32.5	31.0	18.4	22.4	3.3	21.1	20.0	26.5	21.9	34.4

注：其他经济包括联营经济、股份制经济、外商投资经济、港澳台投资经济等。

资料来源：中国西部农村统计资料2004.中国统计出版社，2004：11.

其次，从国有及国有控股企业工业增加值占各地产值比重来看，西部地区也处于较高的水平，如表2所示。

表2　　国有及国有控股企业工业增加值占各地产值比重（2001年）　单位：%

西部地区	重庆	四川	贵州	云南	西藏	陕西	甘肃	宁夏	青海	新疆	广西	内蒙古
	66.7	63.3	79.9	88.0	64.5	77.8	76.0	73.0	91.7	89.4	63.3	75.9
东部地区	北京	天津	上海	江苏	浙江	福建	山东	广东				
	64.3	41.8	53.1	29.6	21.2	38.1	46.3	28.3				

资料来源：根据《中国统计年鉴》2002计算整理。

二是对外部资本与本地资本的偏好差异。发达区域的地方政府更倾向于利用本地资本推动区域经济发展，欠发达区域的地方政府则更注重通过出台各种优惠政策进行大规模的招商引资活动来扩大经济总量。因此我们看到，在东部沿海地区，以本地民间资本为主的"块状经济""专业镇经济"受到政府的高度重视，而在西部落后地区，"谁英雄谁好汉，招商引资比比看"几乎成为地方政府推动本地经济发展的信条，本地民间资本投资受到冷落。据统计，在20世纪90年代的1993～1997年，东部地区民间投资额为22748亿元，占全国民间投资额的68.1%，而中西部比重只有31.9%。从民间投资占本地区全社会投资的比重看，东部地区从1993年的34.9%增加到1997年的37.8%，西部地区则从25.1%增加到33.3%[17]。进入21世纪后，各区域民间资本投资都有较大发展，但不同经济发展水平的区域区别仍然较大。2002年，东部地区民间资本投资占所有投资的44.5%，超过了国有及国有控股投资44%的比重；西部地区民间投资占36.2%，比东部地区低8.8个百分点。可见，民间投资分布与各区域经济发展水平密切相关：经济越发达，民间投资越活跃，在经济落后地区，民间投资发展则相对滞后[18]。尽管民间投资的区域差异形成原因复杂，但不同区域地方政府行为偏好在其中起着重要作用。

根据"理性经济人"假设，地方政府对国有经济及民营经济的不同政策偏好，取决于政府的收益依赖。如果地方政府的税收或租金来源更多地依赖于国有经济，则其政策偏好会侧重于国有经济；相反，如果政府从民营经济中获取的边际租金高于国有经济，在民营经济发展势头良好的情况下，地方政府就会修正其政策偏好，而选择更多地发展民营经济的政策[19]。在我国东部经济发达区域，民营经济在国民经济中所占的份额较大，民营企业数量和规模都不断扩大，对于地方政府来说，如果直接参与企业的经济活动，形成与企业的"委托—代理"关系，不仅受到自身监督能力的限制，而且会由于经理人的"机会主义行为"造成的"道德风险"，增加企业经营的成本，从而直接影响到地方政府从企业发展中获得的收益。有鉴于此，地方政府乐意从直接参与企业经济活动中退出，转而为企业营造更好的发展环境，在企业得到发展的过程中，通过制度设计来获取自身的收益（包括各种制度收益）。与此相反，对于西部欠发达区域来说，由于民营企业数量少，民营经济发展落后，从而民营经济发展本身能给政府带来的收益就更少。因此，地方政府对发展民营经济的兴趣不大，从而将政策重点放在国有经济发展上，从而造成民营经济发展严重落后于东部地区，如表3所示。由于西部地区民营经济规模较小，无法实现地方政府所期望的收益要求，因此，地方政府倾向于采取扩张投资的策略增加经济总量，一方面依靠政府自身能力来扩大投资规模；另一方面千方百计吸引区域外部资金进驻本地。这就是为什么许多经济并不发达的地区会通过种种优惠政策慷慨地进行招商引资，甚至将招商引资作为各级地方政府的"第一要务"的一个重要原因。

表3　　　　　　　　东西部地区民营经济发展情况（2000年）

	东部地区	西部地区	东西部地区比例
GDP总量（亿元）	28923.57	3220.67	8.98：1
劳动生产率（万元/人）	6.07	2.10	2.89：1
GDP比重（%）	51.94	18.36	2.83：1

资料来源：丁兴烁. 东西部地区民营经济GDP的估算与分析. 兰州商学院学报，2003（12）。

（三）西部地区地方政府行为偏好对企业集群发展的影响

近年来，理论界在对企业集群与区域竞争优势的关系上形成了某种共识。对于西部欠发达地区来说，培育企业集群有着特殊的意义，它不仅是促进西部区域经济增长、结构调整和社会福利改善的重要产业组织形式，也是西部地区农村富余劳动力转移、农村工业化和城市化实现及农民收入增长，使"三农"问题得到有效缓解的重要路径[20]。西部地区地方政府的行为偏好，至少在以下方面影响企业集群的生成与发展：

一是影响企业衍生能力。企业集群的一个突出特点就是大量彼此独立但相互之间有着某种特定关系的小型企业在特定区域空间聚集。因此，企业衍生是企业集群发展的一个重要标志。但是，由于西部地区地方政府对国有经济的偏好，形成了本地民间资本投资的障碍，同时又无法通过招商引资的办法来引进如此众多且相互关联的小企业，因此，企业衍生能力受到限制，从而无法生成具有聚集效应的企业集群。

二是影响本地企业家成长。在市场经济条件下，企业家居于区域经济发展的核心地位，因为企业家是将区域要素整合形成产出，获取区域竞争优势的主体。企业家的成长过程同时就是企业衍生和壮大的过程。根据社会资本理论，企业是生存在一个社会关系网络之中的，社会网络关系中的血缘、情缘、业缘、地缘、亲缘关系，往往是企业获取稀缺资源的重要渠道，对小企业来说尤为如此。因此，如果企业不能嵌入当地的社会关系网络中，其发展会受到极大的限制。与外地企业相比，本地企业更具有融入本地社会关系网络的优势，从这一点上说，鼓励本地资本投资，才更有利于企业家的培育[21]。我们看到，在西部欠发达地区，地方政府主导下的招商引资引来的企业，由于不能融入当地的社会关系网络，不仅无法形成企业衍生，甚至自身经营困难重重，使招商引资的绩效大打折扣。可见，地方政府招商引资的偏好，将关注点集中在外来企业，而忽视对本地企业家的培养，是本末倒置的做法。缺乏地域根植性的企业形成的"扎堆"，尽管在空间上聚合在一起，但彼此之间缺乏联系，因此无法发育成熟的企业集群。

三是影响企业集群的稳定性。企业集群一旦形成，会由于企业间密切的竞争合作关系形成自我强化机制，使集群内企业的联系不断加强，从而企业的空间聚集具有某种稳定性。但是，基于地方政府偏好，通过各种优惠政策吸引而聚集在一起的企业，由于彼此之间的关系链条较为松散，很难具有这种稳定性。从实践来看，地方政府招商引资偏好是难以形成企业集群的，一方面，许多招商引资引来的企业由于无法融入当地的社会关系网络，使经营变得困难重重，最后归于失败；另一方面，随着区域间优惠政策的趋同，导致企业在区域间流动性加强，企业难以扎根。

西部地区企业集群发展中地方政府作用的实现机制

企业集群的发展,有赖于大量企业衍生、本地企业家成长、企业地域根植性及本地化能力强化和企业集群对本地区域社会关系网络的嵌入。有鉴于此,矫正地方政府的行为偏好,强化其发展本地民营经济的意识,并在指导地方经济发展过程中,淡化总量和速度意识,强化质量和绩效意识,在产业培育和招商引资过程中,注重企业的联系和产业的关联度,实现从"培植企业"向"培植产业",从"引资"向"引产业"的转变,是推动西部地区企业集群发展的关键。那么,对于西部欠发达地区来说,地方政府推动企业集群发展作用的实现机制是什么呢?也就是说,如何才能矫正地方政府的行为偏好,使其真正成为企业集群生成、发育、发展的有力推动者呢?

根据"理性经济人"假设,在高层政府、地方政府和微观主体的三方博弈中,地方政府的效用函数至少包括三个变量:高层政府的满意度、微观主体的满意度和地方政府自身的利益。对于地方政府来说,最好的选择是能够实现三者的统一,即在高层政府和微观主体满意的同时获得自身的各种收益。但是,在许多情况下,这三者难以达到完美的统一。在现有的干部任用体制下,高层政府的满意度对地方政府干部任用起决定作用,地方政府即便有为微观主体服务的内在动力,这种动力也是来自向高层政府显示政绩的需要。也就是说,只有当地方政府为微观主体服务能够转化为辖区的高速经济增长,进而转变为政绩显示的经济指标时,它才具有为微观主体提供良好的制度和经营环境的动力。因此高层政府的满意度是影响地方政府行为的决定性变量[22]。

形成这种局面主要有两方面的原因:一是微观主体的弱势地位。这里的微观主体包括辖区的居民和企业,但对于地方政府来说,企业的效用远大于居民,因为企业是地方政府税收和就业机会的主要提供者,而这正是地方政府政绩的重要组成部分。然而,在辖区企业没有组成某种利益集团的情况下,这种原子式的企业相对于地方政府掌握的行政权力而言处于弱势地位,很难通过单独企业发出的声音来改变政府的行为,从而造成企业个体"失语"。正因如此,地方政府会根据自身利益需要来为企业提供服务,当国有企业能在更大程度上满足地方政府的利益需要时,其政策就会偏向国有企业而无须顾及对本地民营企业可能造成伤害,尽管区域内企业能通过"用脚投票"的方法表示不满,但这种表达有时要付出极高的成本。

二是高层政府的信息弱势。在目前的体制下,地方政府的政绩在很大程度上不是由辖区的企业等微观主体来评判，而是由掌握地方政府官员升迁权力的高层政府根据其标准来评判。然而，高层政府与地方政府之间的信息链条较长，不仅可能造成信息失真，而且也无法完全掌握辖区微观主体的充分信息，在这样的情况下，高层政府只能通过简化的类似于 GDP、就业率、经济增长速度等片面的考核指标来考察地方政府的业绩。由于信息不对称，给予了掌握信息优势的地方政府采取短期行为和机会主义的空间。显然，企业集群的发育、培植、发展不能在短时间内完成，因此我们看到，在西部欠发达区域，地方政府热衷于"招商引资"，扩大投资规模，创造经济总量，至于是否能够通过这些活动培植企业集群，发展优势产业，创造区域竞争力则很少顾及。

有鉴于此，我们认为在目前政治体制的框架下，要使欠发达区域的地方政府真正发挥推动企业集群发展的作用，就必须扭转本地民营企业的弱势地位，并使其有能力向高层政府传递真实信息。在这个过程中，发挥企业集群网络中的企业家协会或行业协会等中介组织的作用显得十分必要。

波特认为，在企业集群中，涉及集群外部因素和公共物品的问题时，就需要非正式的网络、企业集团和其他共同体等组织[23]，企业家协会、行业协会就是这样的中介组织。在中介组织作用下，原有的企业、地方政府、高层政府形成的"铁三角"关系有所改变。显著的变化就是，原有的企业现在形成了一股力量，可以通过中介组织增强自身的谈判能力，而不仅是只能"用脚投票"。其作用机制如图1所示。

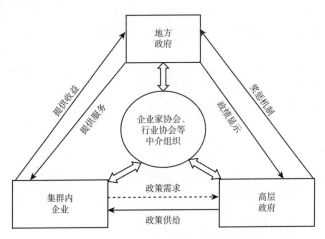

图1　中介组织作用下的"铁三角"关系

在图1中，当地方政府、高层政府、企业之间利益一致时，无须中介组织的介入，三者可以保持某种均衡，企业得到地方政府良好服务而获得发展、地方政府从企业的发展中得到收益和高层政府的业绩肯定、高层政府在地方政府和企业和谐发展中实现宏观目标。如果三者利益不一致，地方政府出现机会主义倾向时，中介组织发挥作用，通过扮演企业代言人的角色，一方面向高层政府传递真实信息，避免高层政府对地方政府的业绩评判的偏差；另一方面，向地方政府施压，避免地方政府利用地位优势作出不利于企业的行为选择。可见，这些中介组织一方面可以改变原子形式的企业在地方政府面前的地位弱势；另一方面可以通过这些组织的信息传递作用，改变高层政府信息弱势地位，抑制地方政府的机会主义行为。

通过对发达区域企业集群发展的考察我们发现，中介组织成为地方政府和企业集群之间的重要沟通桥梁，并对地方政府的政策施加影响，以此确保企业集群的健康发展。如在温州，截至 2003 年 8 月，各种行业商会、协会达到 163 家，同时，在全国各地创办的温州商会达到 102 个，这些中介组织充当企业与政府之间的纽带，影响地方政府的决策行为，极大地促进了温州民营经济发展[24]，为专业企业集群发展赢得良好的发展环境，这是值得西部欠发达区域学习借鉴的。

参 考 文 献

［1］［23］麦克尔·波特：竞争论［M］. 中信出版社，2003：263 – 273，282.

［2］傅京燕. 中企业集群的竞争优势及其决定因素［J］. 中外经济与管理，2003（3）.

［3］鞠晓峰、张帅. 企业集群发展模式的理论分析及其启示［J］. 数量经济技术经济研究，2001（6）.

［4］仇保兴. 发展企业集群要避免的陷阱［J］. 北京大学学报（哲学社会版），1999（1）.

［5］贾根良、张峰. 传统产业的竞争力与地方化生产体系［J］. 中国工业经济，2001（9）.

［6］An-Chi Tung. "Taiwan's semiconductor industry：what the state did and did not". Review of Development Economics，5（2），266 – 288，2001.

［7］邱学文. 中国农村集群型企业的特点、趋势及推广条件［J］. 中国农村经济 2002（8）.

［8］王珺. 企业簇群的创新过程研究［J］. 管理世界，2002（10）.

［9］姚海林. 企业集群成长中的地方政府作用［J］. 当代财经，2003（4）.

［10］［22］李军杰、钟君. 中国地方政府经济行为分析［J］. 中国工业经济，2004（4）.

［11］［14］杨瑞龙、杨其静. 阶梯式的渐进制度变迁模型［J］. 经济研究，2000（3）.

［12］Oi, Jean C. "The role of local state in china's transition economy". The China Quarterly, 144 December, 1995.

［13］Walder, Andrew. "Local Governments as industrial Firms". American Journal of sociology 101 (2), 1995.

［15］郑永年、吴国光. 论中央—地方关系：中国制度转型中的一个轴心问题［J］. 当代中国研究 1994（6）.

［16］李军杰. 经济转型中的地方政府经济行为变异分析［J］. 中国工业经济 2005（1）.

［17］樊士德. 我国东西部民间投资的比较及战略思考［J］. 西安石油大学学报，2004（2）.

［18］杨文秀. 西部地区民间投资问题探讨［J］. 兰州商学院学报，2004（2）.

［19］邓宏图. 转轨期中国制度变迁的演进论解释——以民营经济的演化过程为例［J］. 中国社会科学，2004（5）.

［20］庄晋财. 区域要素整合与小企业发展［M］，西南财经大学出版社，2004.

［21］庄晋财. 企业集群发展与三农问题缓解：广西的证据［J］. 改革，2005（3）.

［24］吴赣英. 温州商会作用凸显：强大民间力量助推经济发展［J］. 企业经济，2004（11）.

（本文发表于《安徽大学学报》2006 年第 1 期，稍有删节）

农村企业集群发展需要政府引导

——镇江高桥雪地靴企业集群调研

庄晋财　庄子悦　程李梅

【摘要】 农村企业集群从某种意义上说只能成功不能失败，政府的引导、支持有其合理性。从高桥的案例来看，区域品牌的建设，强调企业合作是当务之急。

高桥镇是镇江江北唯一的建制镇，面积 29 平方公里，辖 6 个行政村，1 个居委会，总人口 2.1 万人，常住人口 3 万人。但就是在这个面积不大、人口不多的农村小镇，却有着 500 多家企业，而且产值在 2000 万元以上的规模企业就有 19 家，这些企业大多集中从事一个产业——裘皮产业，具体地说，就是生产雪地靴，是远近闻名的雪地靴生产聚集区。这里每年生产雪地靴 1000 多万双，皮衣 10 万多件，300 多个品种，占国内雪地靴市场份额的 35%，产值达 15 亿元，利税 1.5 亿元，是名副其实的"中国雪地靴之乡"！

农村的发展要靠产业，只有产业发展了，农民才可能持久地实现富裕，过上小康生活。高桥镇在 20 世纪 70 年代的一个鞋厂的基础上，通过此厂部分管理人员在改革开放之后出来独立建厂生产靴子，发展到今天，由当年的个体工商户到现在的规模以上企业，由手工作坊到现代化工厂，由鞋业加工到现在相对完整的产业链，是几代人不断奋斗的结果！现在的高桥镇，几乎就是雪地靴的世界：112 户私营企业，425 户个体工商户，13 家快递公司，410 多家电商，围绕着雪地靴在快速运转着，收获着。如今，高桥的农民在雪地靴企业工作的年收入超过 4 万元，农民人均纯收入早已超过 2 万元，这里没有农民贫困问题；劳动力实在不够用，老人也上阵，这里超过 60 岁的老人仍在工厂工作的达到 1000 多人，他们的年收入在 35000 元以上，这里没有农村养老难题；这里不仅本地的农民不用出去打工，还吸引了 8000 名外地人在这里就业，这里没有农村就业难题。可以说，高桥的雪地靴企业集群发展，将这里率先推上了社会主义新农村的康庄大道。

尽管从理论上说，区域企业集群的生成、发育和成长依靠的是市场机制的作用，但是，对农村地区来说，如果简简单单地将农民推向市场，以目前农民的知识、能力和观念，农村产业可能很快被市场大潮淹没。高桥镇的雪地靴企业集群发展同样遇到这样的问题：一是企业恶性用工竞争导致劳动力成本上升。调研中我们了解到，在这里，企业之间的关系，仍然是简单的竞争关系，目前最集中的表现在劳动力的竞争上。高桥镇的雪地靴生产基本上还是属于贴牌阶段，劳动密集型特征明显，由于近几年劳动力紧缺，企业以增加工资为手段争夺工人的竞争十分激烈，推高了企业的用工成本，一个老年人的年收入都在35000元以上（雪地靴生产一般每年只有6~7个月时间），削弱了企业的利润空间。不少企业老板告诉我们，现在企业的劳动力成本占到所有成本的25%左右，使此行业利润水平从原来的20%以上下滑到现在的10%左右。企业间的工人争夺十分惨烈，他们用"老板怕工人"来形容现在的用工困境程度。二是缺乏创新导致的产品同质化竞争。现在高桥镇有自己品牌的企业很少，只有少数几家规模稍大的企业能有一点研发投入。大多数家庭作坊是靠模仿求生存的，有时候一些企业好不容易设计出来的新款式，自己还来不及生产获利，就已经被别人仿制。一位老板告诉我们，有些企业经常派员工假装客户到厂里看货，把样式拍了照片就走了，不久就看见自己设计的款式已经在市场上出现，不得已只好在产品展示厅安装上摄像头。目前，已经有不少企业感受到了这种恶性竞争带来的巨大压力。

农村企业受制于各种条件的制约，单个企业的创新非常困难，单个企业独立创出在市场中站得稳脚跟的品牌更是一件十分困难的事情，因此，恶性的价格竞争、产品模仿竞争就在所难免。然而，对农村产业发展来说，又要求其具有只能胜不能败的能力。因为农村地区的企业发展在一定程度上肩负着解决农民收入增长、农村劳动力转移，农村城市化实现的重任。农村产业发展的资源相对不足，如果这一地区的产业由于恶性竞争最终导致失败，要再积累资源重新发展，就会困难重重。因此，从我国小康社会建设中缩小城乡差距的要求出发，农村地区的企业集群发展需要得到政府更多的关注、引导和支持。事实上，高桥镇这些年积极想办法，出主意，做了许多有益的探索：一是做了雪地靴产业发展规划，正在争取让高桥镇成为"中国雪地靴之乡"，打造雪地靴区域品牌；二是正在加紧规划建设雪地靴专业市场，为众多的企业建设一个集交易、展示、创业交流于一体的平台；三是制定统一的雪地靴生产标准，使企业能够在统一的产品标准上进行公平的竞争；四是筹建雪地靴交易网站，使高桥雪地靴产业发展能够顺应"互联网+"的新时代；五是规划建设工业集中区，加强企业间的合作与交流，实现共赢。

农村产业发展就像现在家庭中的独生子，肩负的社会责任比较多，因此只许成功不许失败。对一个家庭来说，一个独生子的失败，会使一家人的希望破灭，对于农村的产业发展来说，一个有一定基础的产业如果衰退，会造成许多农户衣食无依。所以我们十分认同高桥镇政府对这里雪地靴产业发展的关注与支持。从产业发展的角度来说，我们对此产业的发展提出了一些自己的想法：

（1）建议建立统一的区域品牌。不管申请"中国雪地靴之乡"能否成功，在未来的工作中，要通过行业协会的努力，在雪地靴行业标准推行的基础上，让高桥镇走向市场的雪地靴统一使用"高桥"的区域名称，建立区域首动优势，使其他区域无法模仿。在统一的区域品牌下各企业的自身品牌允许竞争，这样才能使企业在内部竞争中能够一致对外。

（2）以企业联合方式筹建"雪地靴研发中心"，以创新求生存。目前各个企业自己投资研发尚有困难，政府又不适合担当产品创新的角色。因此，在政府的撮合下，由数个有能力的企业联合成立"产品研发中心"，担当产品研发的职能，促进产品创新，这是在强化对知识产权保护的过程中防止恶意模仿竞争的有效途径。

（3）鼓励大企业对小企业的收购兼并，或者建立战略联盟，变竞争为合作，实现大小企业共赢。产业集群发展最怕的是大小企业一起竞争，大企业被小企业拖垮，最后大家一起消亡，所谓"柠檬市场"最终的结果就是这样。所以要像"丰田主义"生产方式那样，通过产业链整合，建立大小企业之间的紧密合作关系，使大小企业成为利益共同体，以避免这种恶性竞争的发生。

农民办企业不容易，农民把企业办成功更不容易，许多农民在一个地方做同一个产业还要成功就更不容易。所以这么不容易的事情在高桥做成这个规模，做出这个业绩，应该十分珍惜。目前许多企业家没有意识到合作对自己发展的重要性，这需要培育，一种企业家精神的培育，我们期望在地方政府的重视和帮助之下，越来越多的农民企业家会变得更加豁达、更加专业，在未来的发展中，大家"抱团取暖"，使高桥雪地靴的品牌越做越响，生生不息！

供应链视角下我国农产品流通体系
建设的政策导向与实现模式

庄晋财　黄群峰

【摘要】农产品物流的组织程度低和综合程度低是困扰我国农产品流通的主要症结，根源则在于农产品供应链的缺失。21世纪以来中央对农产品流通体系建设的政策中，强化农产品供应链管理的导向十分明显。从我国农产品流通的实际情况出发，通过"纵向优化，横向整合"建设以农产品批发市场为核心的信息平台，则是农产品供应链得以形成的有效路径。

历史回顾与问题的提出

1978～1984年，是农产品流通体制改革的初期阶段，改革重点在于理顺农产品价格，逐步走向市场自行调节（范恒山，2008）。与此同时，农产品流通体系建设也在逐步进行。1978年恢复农产品集贸市场，1984年，政府开始在主要消费地设立农产品贸易中心，1985以后，改革的重点逐步从生产领域转向流通领域，1990年，政府将交易市场作为农产品流通的核心，并在1993年提出了确立以商品交易市场为中心的市场流通体系的政策方针。1994年开始，政府着力进行市场交易制度的建设，出台了一系列促进交易市场制度化、体系化、效率化的政策法规，初步建立起以农产品批发市场为核心的农产品流通体系（李敏，2003），至20世纪末，我国农产品流通基本实现了培育市场的目标，农产品市场流通体系格局基本形成。

但是，随着农产品总产量的增加，"过剩""卖难""买难"问题日益凸显，进入21世纪后这种现象没有消失，并呈现出新的变化：一是"卖难"问题日益严重，农产品阶段性、区域性、结构性局部相对过剩成为普遍现象；二是鲜活农产品成为"卖难"的"主角"，西瓜、蔬菜、水果等这些技术要求低，规模易扩大的品种首当其冲；三是农产品"卖难"的季节性明显；四是农产品"卖难"区域性明显，主要分布在中西部经济欠发达地区（高杰、李正波，2007）；五是"卖难""买难"现象同时存在，即对农户而言农产品"卖难"现象突出，而对城市居民而言，农产品价格却居高不下，这就是人们常说的农产品流通"两头叫"现象。

21世纪前后的农产品"卖难""买难"问题的形成原因是不同的。加入世贸组织（WTO）之前，在原有体制的惯性作用下，市场竞争机制没有发挥应有的作用。不少市场与行政干预没有完全脱钩，从而无法通过竞争形成合理的价格导向功能。地方政府出于自身利益的考虑，在丰年往往压低收购价格，从而形成"卖难"问题。而家庭联产承包责任制赋予农户较大的生产经营自主权，"卖难"的信号直接决定农民对未来生产的安排。在国家宏观调控缺失的情况下，也就直接影响到下一年度的农产品供给，价格信号的滞后性，导致"卖难""买难"问题交替出现。因此可以说，21世纪到来之前的农产品"卖难""买难"是由于体制障碍造成的市场发育程度低和国家宏观调控乏力所致（张留征，1996）。

2001年我国加入了WTO，粮食及其他农产品购销价格全面放开，体制障碍对农产品流通的影响逐步减弱。21世纪农产品"卖难""买难"现象变化特征，表明这一时期农产品流通问题重点在于"产销脱节"，即流通渠道不畅所致。那么，目前我国农产品流通的主要障碍是什么？中央政府关于农产品流通体系建设一系列政策的目标导向是什么？落实政策的着力点是什么？本文就此作些探讨。

农产品流通障碍的理论诠释：基于供应链管理的视角

所谓供应链，是指一个产品生产或者产业中，从最初的原材料投入到产品送达顾客全过程的所有物流环节。供应链管理也就是对供应链上物流的计划、组织、指挥、控制，从原材料开始，贯穿内部作业，以成品送达顾客为结束，涉及供应链上的每个主体（企业）。农产品供应链管理强调农产品从生产到消费的过程中，供应链各节点的行为主体通过信息共享、资金和物资等方面的协作，对供应链上所有的过程和物流功能进行无缝链接，形成竞争对手无法复制和模仿的核心竞争力，提高整个供应链的运作绩效。在美国、欧盟、日本等发达国家和地区的农产品供应链已经发展到相当高的程度，在供应链环境下，企业边界被打破，链条节点之间注重协调，使供应链体系有很强的开拓性和灵活性（张静、傅新红，2007）。

目前我国农产品流通主要是通过分散的小规模农户、农产品经销商、产地批发商、销地批发商和小商贩组成的传统渠道来进行的。农产品流通的费用主要由四部分组成：一是农产品经销商采购农产品的费用；二是农产品从产地运往销地的运输费；三是销地批发市场费用；四是销地零售环节费用。由于农产品流通环节多，经过各环节的层层加价，加上运输途中的农产品损耗，导致农产品从生产者到达最终消费者的价格一般要增加数倍以上，但却没有谁从中得到实惠。

那么，农产品流通高成本问题的症结在哪里呢？我们认为，在于农产品供应链的缺失。农产品在生产、流通和消费上具有鲜活性、即食性、难储性的特点，而且，不像工业产品那样能够在企业内部实现标准化作业转换，由此，农产品流通效率的提高更依赖于物流主体之间的共同努力来实现。在发达国家农产品生产和流通中，从生产者到消费者形成的整个价值链各主体之间的密切联系正在悄然成为主流。农产品物流中的这种联系，具有分段性和纵向性特征，前者表现为物流过程被分割为农产品收购、批发、零售等不同物流阶段，后者表现为农产品从生产者到消费者之间的流动是在一个纵向的组织体系中以不间断的形式完成的，生产和消费两端的变化会在这个纵向体系中传递，从而影响整个物流系统（黄祖辉、刘东英，2006）。因此，农产品物流的组织化程度一方面表现在物流主体的组织化程度，如农户生产的组织化程度、中间商的组织化程度、物流服务提供商的组织化程度、零售商的组织化程度等；另一方面表现在物流活动的综合程度。农产品物流供应链管理就是强调这两方面程度的提高，以达到节省成本、提高效率的目标。在我国，正是由于农产品物流供应链缺失，物流主体的组织化程度和物流综合程度低，导致农产品物流成本居高不下，农产品交易的市场半径难以扩大，"买难、卖难"问题得不到根本解决。

从我国农产品物流主体的组织化程度看，问题主要表现在两个方面：一方面，农产品生产主体组织化程度低。农村家庭承包经营制度下的农户分散经营，在中介组织缺失的情况下，农户无法掌握农产品流通中的信息，只能被动听从经销商或中间商的安排，从而造成农产品供应链中的产销脱节。另一方面，农产品流通主体的组织化程度低。在农户小规模生产的背景下，由于市场的放开，需要大量从事农产品流通的主体来完成小生产与大市场的对接，因此诞生了大量的小规模的农产品收购商、运输商、批发商、零售商等农产品物流参与主体。这些主体之间的关系仅仅是简单的交易关系，竞争多于协同，不仅导致信息失真，无法引导农民生产，而且，这种量大规模小的农产品物流主体，导致农产品流通环节增多，成本增加。

农产品物流主体组织化程度低，直接影响到农产品物流活动的综合程度提高。物流的目标可以用"多、快、好、省"四个字来表达，农产品物流也是一样。"多"是指要达到一定的物流量规模，"快"是指物流速度要快，所谓"用速度换空间"，"好"指服务质量，即提高物流的反应能力和柔性，最大限度地满足客户需求。"省"是指物流成本的节约。物流活动要实现上述目标，需要两方面的条件，一是物流功能的分工深化，二是物流功能之间的紧密合作。物流活动具有可分性特征，如运输、仓储、分拣、包装、流通加工等之间的分工。分工越细，意味着物流参与主体机会越多，这时如果没有良好的合作，就会导致物流的无效率。目前我国农产品流通中，参与主体的参与过程较短，农民负责生产，加工企业负责加工，批发市场提供交易场所，农产品购销商负责农产品的采购、运输，销售商负责销售，展示了农产品物流过程中分工的存在。但是，由于流通服务的组织化程度较低，缺乏专业的流通服务机构，供应链上企业之间缺乏统一的信息交流平台，导致物流环节衔接不上，农产品物流活动仍然以分工为特色的职能分割为主，阻碍着我国农产品流通的发展。

农产品供应链管理：农产品流通体系建设的政策导向

针对我国农产品物流活动以分工为特色的职能分割造成的"市场半径小，组织程度低，综合能力差"导致农民增收困难的情况，中共中央国务院及中央有关部委先后出台了一系列规范和促进农产品流通的重要文件，从这些文件的精神来看，我国农产品流通体系建设的目标导向是构建农产品物流供应链，发展现代物流，并围绕这个目标进行了一系列的政策设计。

（一）强调基于农产品供应链管理的组织创新

（1）积极培育农产品营销主体，鼓励农民组织起来进入市场。一是鼓励农业生产大户、运销大户注册为法人，从事农产品运销；二是支持在农村建立以产品为联系的农产品行业和商品协会，对供销合作社进行体制和机制创新，将其办成农民自己的合作组织；三是支持农民兴建以统一销售农产品为主要服务内容的专业合作社。

（2）鼓励发展新型流通业态，提高物流综合程度。一是发展农产品物流配送业务，鼓励和支持龙头企业、农产品专业合作组织直接向城市超市、社区菜市场和便利店配送农产品；二是发展农产品连锁经营，鼓励有条件的地方将城市农贸市场改造成超市，支持农业龙头企业到城市开办农产品超市，发展农产品连锁经营；三是鼓励商贸企业、邮政系统和其他各类投资主体通过新建、兼并、联合、加盟方式开展农产品流通业务；四是大力发展农产品储存、保鲜、分选、包装、运输等流通服务业务，尤其鼓励加快建设以冷链和低温仓储、运输为主的农产品冷链系统，提高农产品物流的综合能力。

（3）加强市场、服务、信息网络建设，促成农产品供应链管理集成化。一是加强农产品市场网络建设，通过组织实施"双百市场工程"和"万村千乡市场工程"，构建顺畅的农产品流通市场网络体系；二是通过"超市＋基地""超市＋农村流通合作组织""超市＋批发市场"等多种形式，形成产—贮—运—销一体化的农产品物流服务网络体系；三是通过农产品批发市场信息网络建设，将农产品的生产、加工、储存、配送、销售等环节进行信息链接与整合，引导农产品的正常生产和有序流通。

（二）强调基于供应链管理的农产品物流标准化建设

（1）加强物流设施设备的建设，促进物流硬件设施标准化发展。2002 年国家计委等六部委出台《关于加快农产品流通设施建设的若干意见》，这一意见精神在后来的政策中得到反复强调。其内容主要包括：一是加强农产品批发市场基础设施建设，商务部和农业部专门出台了《农产品批发市场管理技术规范》，对农产品批发市场的经营环境、经营设施设备提出了具体的标准，推进农产品批发市场的标准化建设；二是加强农产品批发市场信息系统、检验检测系统、食品安全信息追溯系统的建设，为农产品物流标准化管理提供技术支持；三是加快农产品储藏、运输等物流设施建设，特别是农产品冷链物流体系建设。

（2）加快各种物流活动相关标准的制定，促进物流管理标准化进程。主要包括管理标准和技术标准两方面。从管理标准来看，政策强调管理的一致性，打破地方行政干预造成的市场分割。例如，开通鲜活农产品流通的"绿色通道"、对农产品仓储设施建设用地统一按照工业用地对待、减免农产品出口通关检验检疫费用，简化检验检疫程序等。从技术标准来看，政府强调统一技术标准的制定，例如，统一农产品质量安全标准、统一农产品等级标准、统一农产品包装规格等，通过食品安全法规和技术标准体系建设，实现农产品采摘、加工、包装、储存、运输、销售等环节的标准化管理。

（三）强调基于供应链管理的农产品物流主体利益分享机制设计

农产品供应链的参与者主要包括农户、物流企业和消费者，政策设计中兼顾这些参与者的利益分享。

（1）农户的利益。一是政策强调通过信息平台建设实现信息共享，保障信息在各个流通环节中及时准确传递，减少了农户生产的盲目性，降低了经营风险；二是通过"基地＋公司"模式发展订单农业，提高农产品生产组织化水平，降低农户分散经营的风险；三是通过各种专业化合作组织实现农产品协议化流通，形成生产者和经营者之间的长期交易关系，减少农产品生产运营成本，化解市场风险，增加流通收益；四是农产品流通的规模化、品牌化，可以开拓农产品市场，使农户从中受益。

（2）物流企业的利益。一是供应链中的核心企业拥有完善的物流设施和先进的物流技术，使农产品保持鲜度，降低损耗；二是通过供应链各节点企业间的合作，克服单个企业的缺陷，实现供应链增值，从而使供应链上各利益主体都得到价值增值的好处；三是供应链中核心企业之间在专业化基础上的合作不仅降低了交易成本，也使企业能够通过合作弥补自身资源的不足，拓展发展空间。

（3）消费者的利益。一是食品安全有保障，在农产品物流供应链中，处于终端环节的物流主体一般是超市或者连锁经营店，在完善的信息链接下，通过这里供应的农产品具有可追溯性特征，有效保障了食品安全；二是增加了商品的可选择性，丰富了购买内容，通过农产品供应链的快速运行，将农产品销售的市场半径扩大，原有的农产品就近销售的格局被打破，使不同区域的农产品都能在一起销售，增加了消费者对产品的可选择性，使消费变得更为丰富多样；三是购物环境得到改善。"脏、乱、差"是传统农产品市场环境的主要特征。农产品超市的建立，改变了购物环境，增加了消费者的潜在收益。

（四）强调农产品批发市场的核心作用

（1）农产品批发市场的建设目标与功能定位：目标是达到"设施先进、功能完善、交易规范"，具体功能包括"交易场地、商品组织、价格生成和信息传输"。

（2）农产品批发市场的建设要求：按照"设施完备，管理先进，场地挂钩，质量安全，包装规范，发展加工配送，推行现代流通方式、引导市场主体组织化、建立良好交易环境、开拓对外贸易、强化公共服务"的要求来进行。

（3）强调支持农产品批发市场基础设施的升级改造。鼓励通过市场融资、计划和财政等部门的投资支持等措施，推进农产品批发市场改造升级，包括地面硬化、大棚扩建、储藏、分选、包装等农产品流通加工设施的建设及农产品批发市场的水电路系统、信息收集发布系统、农产品质量安全检测系统、电子结算系统、环保卫生支持系统等设施的建设。

（4）强调发展现代物流新型业态，拓展农产品批发市场业务功能，强化市场的供应链核心地位。政策强调实行场地挂钩，开展加工配送，促进流通加工等业务发展。同时配合"万村千乡"工程，"双百市场"工程的开展，构建以批发市场为中心的农产品营销市场网络。

以批发市场为核心的协同运作：农产品供应链的实现模式

（一）以批发市场为核心的农产品供应链模式

以农产品批发市场为核心的农产品物流供应链可以描述成一个具有五层结构的系统：一是农产品的生产层，即广大农户在准确市场需求信息引导下安排农产品的生产，这是农产品物流的起点；二是生产服务层面，包括引导农民以各种形式组织起来参与农产品加工和流通的各种组织；三是流通服务层面，包括通过专业化的物流组织提高农产品的流通速度和效率的各种组织；四是消费服务层面，包括社区农贸市场、农产品连锁超市等组织，通过发展农产品配送、连锁经营等新型物流业态，改善购物环境，降低农产品物流成本；五是消费层面，主要是城镇家庭，这是农产品物流的终点。在诸多组织的协同运作下，使农产品消费者消费到高品质、安全可靠的农产品。在这个系统中，农产品批发市场处于核心地位，它是消费服务和流通服务联系的纽带和桥梁，为流通服务层和消费服务层的各种组织提供交易信息和场所，同时实现供给和需求信息的集成，引导农产品的生产和消费，实现农产品"产、供、销"的一体化协同运作，如图1所示（邓若鸿、陈晓静、刘普合、于朝江，2006）。

（二）农产品供应链的协同运作

（1）信息共享：供应链协同运作的基础。

从供应链观点来看，目前农产品批发市场的低水平运作，使农产品供应链沿着批发市场分成了两部分：一是"生产—流通"环节，从农户到批发市场；二是"流通—消费"环节，从批发市场到消费者。由于批发市场对手交易机

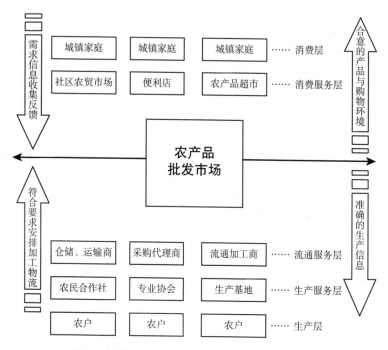

图1 以批发市场为核心的农产品供应链示意图

制，使市场参与各方只能以一种纯粹的竞争者身份出现，不可能存在合作与协调，从而造成农产品供应链中的信息链在批发市场发生断裂，批发市场失去应有的功能（倪天远、常林朝，2008）。

Gartner Group 指出："一种激励具有共同的商业利益的价值链上的合作伙伴的商业战略，主要通过对于商业周期所有阶段的信息共享实现"，这一思想下的"协同商务"被誉为"下一代的电子商务"（邓若鸿、陈晓静、刘普合、于朝江，2006）。因此，基于"小集成，大协同"思想，把批发市场打造成整个流通体系的信息共享平台，实现流通过程的全程信息服务，通过批发市场的信息共享平台，将农产品的生产、加工、流通、消费等环节有机结合起来，农产品生产者、供应商、经销商通过信息平台形成"产、供、销"一体化运作，各环节之间实现无缝衔接，是农产品供应链主体协同运作的基础。

（2）"纵向集成，横向整合"：农产品供应链协同运作的实现模式。

纵向集成，是指农产品批发市场与其他服务层的协同，使信息在农产品批发市场得以汇集、筛选，然后在不同服务层之间传递使用，从而实现整个商务链的纵向一体化的过程。在这个过程中，将生产服务层、流通服务层和消费服务层的信息汇集到农产品批发市场的信息平台，构建各层之间相互衔接的信息交换网络，实现信息在供应链节点间的纵向互通，用以指导生产和消费，如图1 所示。

横向整合，是指一定区域内各农产品批发市场集群内部的协同和不同区域的批发市场集群间的协同，它以信息和资源在农产品批发市场间的高度共享为依托。首先，在一定区域内，通过地方农产品批发市场完成对当地的生产或者消费者的信息采集，经过整理后，除供本区域使用外，上传至区域内更高一层的农产品批发市场信息中心，主要是区域内大城市的农产品批发市场信息中心，从而完成区域内的农产品批发市场集群的信息集成。这些集成信息除供本区域使用外，可以与区域外的大城市农产品批发市场信息中心实现互通，从而完成不同区域农产品批发市场集群间的信息整合与共享，如图 2 所示（邓若鸿、陈晓静、刘普合、于朝江，2006）。

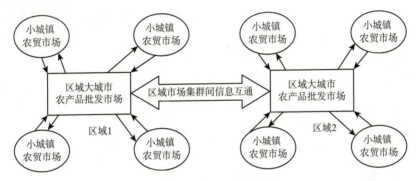

图 2　农产品供应链信息横向整合示意图

显然，通过上述方式运作的农产品供应链，是一种网络集成式的农产品供应链。它通过基于信息网络的供应链电子商务信息平台，在纵向将农产品生产、加工、流通和消费等环节有机结合，农产品生产者、生产服务商、流通服务商、消费服务商和消费者通过区域农产品批发市场信息平台实现"产、供、销"一体化运作，可以提高交易效率；在横向，实现与区域外部农产品批发市场信息平台的对接，实时掌握农产品生产消费的动态，可以突破农产品流通的区域边界，扩大农产品流通的半径，为彻底解决农产品"卖难、买难"奠定坚实的基础。

参 考 文 献

[1] 范恒山. 30 年来中国经济体制改革进程、经验和展望 [J]. 改革，2008（9）.

[2] 李敏. 我国农产品交易市场发展对策研究 [J]. 统计研究，2003（1）.

[3] 高杰，李正波. 我国农产品"卖难"的特点、原因及对策 [J]. 宏观经济管理，

2007（1）．

[4] 张留征．缓解农产品"卖难""买难"和改革农产品流通体制的意见［J］．经济研究参考，1996（ZG）．

[5] 张静，傅新红．聚焦供应链管理，提升产业化经营［J］．中国农村经济，2007（2）．

[6] 黄祖辉，刘东英．论生鲜农产品物流链的类型与形成机理［J］．中国农村经济，2006（11）．

[7] 邓若鸿，陈晓静，刘普合，于朝江．新型农产品流通服务体系的协同模式研究［J］．系统工程理论与实践，2006（7）．

[8] 倪天远，常林朝．批发市场对农产品供应链的信息阻滞及其克服［J］．物流科技，2008（8）．

（本文发表于《农业经济问题》2009 年第 6 期）

以农业工程化推动西部地区农业现代化发展的财政政策研究

曾纪芬

【摘要】 我国农业现代化发展的愿景是促进农业经济可持续发展、提高农业生产效率、增加农民收入。近年来，随着中央各项强农惠农政策的密集出台，各级政府对"三农"的投入不断增加，西部地区的农业现代化建设也取得了较为显著的发展。但由于资源禀赋差异和经济发展不平衡，西部地区农业现代化发展在全国来讲还处于较低的水平。本文通过对西部地区农业现代化发展的现状分析，着眼于农业工程化，借鉴国内外农业现代化先进经验，从财政视角对农业工程化推动农业现代化进行了研究，为全面发展西部农业现代化提出有针对性的发展思路和具体措施。

引　言

农业现代化是构成新型城镇化的核心内容之一，也是当前发展较弱的环节。我国"四化"目标能否顺利实现，在很大程度上取决于农业现代化的发展状况。同时，由于东部、中部和西部地区农业发展水平存在较大差异，与东部和中部相比，西部地区农业现代化程度相对落后[1]。这不难分析判断出，西部地区农业工程化的发展将直接影响全国农业现代化的进程，也将深刻地影响着我国新型城镇化目标的实现。

随着经济发展和国家政策实施，我国农业虽然得到了较快发展，但仍然在传统农业向现代农业转变的轨道上前行。农业发展依然存在基础设施薄弱、机械化水平低、工程化建设滞后和农业科技创新缺乏等问题，这制约着我国农业现代化进一步发展。因此，我国要实现农村经济的快速发展，必须转变传统落后的农业生产方式，采取工程化和现代科技手段，与时俱进地建立起新型农业发展模式，进而达到提高农业生产效率和农民收入水平的目的。

农业现代化与工程农业的内涵

由于国情、资源禀赋、地质地貌、制度文化、技术水平和劳动力供给状况等差异，在不同的国家其农业现代化有着不同的发展模式。同一国家的不同历史发展阶段，由于生产力发展水平、社会状况、技术发展、政治经济制度等不同，对农业现代化的理解和需求也会发生变化。我国农业现代化也不例外。不同国家和历史时期的农业现代化，大致遵循了相似的演进原则并形成了"公认"的衡量标准。当前，国际上先进的农业现代化发展主要有：（1）美国模式。美国地域辽阔，人少地多，土地集中度较高，现代化技术和装备发达，劳动力稀缺。其农业现代化采取的是劳动力节约型模式，主要依靠发达的农业机械化装备、先进的农业技术和土地置换、替代劳动力。这种农业现代化离不开美国强大的经济实力、发达的工业化基础、土地私有制和租佃制、农民合作社等的支撑。（2）日本模式。土地稀少且土地所有权分散，劳动力充足，但土地价格昂贵。故日本采取的是资本（土地）节约型模式，主要依靠发达的生物技术和农业化学技术，注重提高单位土地面积的产出和综合效益。（3）欧洲模式。欧洲地区的资源禀赋和劳动力供给状况基于美国和日本之间，不存在耕地短缺问题，也没有劳动力供给紧张问题。其采取的"中性技术进步型"模式，是以"人地适中"为特征，介于劳动力节约和资本节约模式之间，实现了资本和劳动的"双重"节约。

狭义工程农业是指以工程项目为纽带，以市场为导向，采取工程管理来引导农业生产和经营，以实现农业资源优化配置。广义工程农业是以现代科学技术为基础，运用系统性工程体系发展起来的可持续发展的现代农业。因此，现代工程农业则是利用现代科学技术和工程技术，改革传统农业发展方式，将农业科技成果转化为现实的生产力，保障农业可持续发展。以推进农业工程化建设来带动农业现代化发展，进而提高农业生产力，最终解决好"三农"问题。现代农业的发展过程中，农业劳动生产率的提高主要依靠农业机械工程，土地生产率的增长则主要来自化学工程和生物工程等。因而，农业的机械化和工程化是实现农业现代化的行之有效手段和途径，如图1所示。

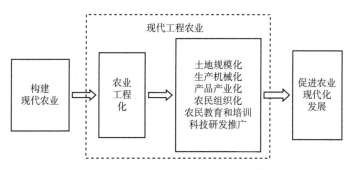

图1 工程农业与农业现代化的内涵

西部地区农业现代化得到长足发展

西部地区土地面积辽阔，是我国农业生产的重要地区，其面积占全国土地面积的半数以上。其中耕地面积约占全国的1/3，农业人口大概占总人口的3/5。随着经济发展和西部大开发战略实施，无论是西部地区整体还是西部地区内各省份之间，农业现代化都得到了较快发展，农业生产效率和农民收入得到较大提升。从表1可以看出，我国西部地区农业现代化发展现状主要表现为以下几个特点。

表1　　　　　　　　　　　　农业现代化发展指数

地区	农业投入 水平指数	农业产出 水平指数	农村社会发展 水平指数	农业可持续发展 水平指数	农业现代化 综合水平指数
广西 2004 年	0.338	0.441	0.369	0.370	0.395
广西 2005 年	0.347	0.483	0.396	0.386	0.424
广西 2006 年	0.354	0.537	0.414	0.406	0.456
广西 2007 年	0.383	0.647	0.435	0.447	0.525
广西 2008 年	0.396	0.714	0.449	0.403	0.561
广西 2009 年	0.405	0.709	0.482	0.431	0.568
西部 2009 年	0.315	0.570	0.509	0.288	0.464
全国 2009 年	0.471	0.778	0.590	0.269	0.625

资料来源：中国统计年鉴、广西统计年鉴。

（一）农业机械化水平有了较大提升

在农业劳动力和农业耕地面积维持基本不变的情况下，提升农业生产、管理的机械化和电气化水平可以加快农业现代化的发展进程。据统计，1987 年西部地区农业机械化水平只有 0.11 左右，但 2000 年提高到了 0.15，年均增加 2.5%；2011 年，农业机械化水平达到了 0.34，2000～2011 年的年均增幅达 8.77%，增长速度明显加快。用平均用电量表示的电气化水平，西部地区从 1987 年的 46.92 发展到 2000 年的 141.25，平均水平为 98.32，年均增长 8.7%，2011 年电气化水平达到 342.46，2000～2011 年的平均水平为 219.09，年均增长了 9%，电气化水平显著提升[2][3]。以广西为例，近年来农业机械化得到了较大发展，如表 2 所示。

表 2   广西地区农业机械化发展情况

年份	农机总动力（万千瓦）	农作物综合机械化水平（%）	农机作业服务组织（个）	服务经营收入（亿元）	农机购置补贴（亿元）
2014	3567.49	46.00	3200	350.00	5.46
2013	3372.00	41.70	3560	333.00	5.53
2012	3196.00	37.20	3155	312.36	5.00
2011	2990.00	33.60	2820	237.30	5.56

资料来源：广西农机化信息网。

（二）农业科技贡献率有了较大提高

农业科技贡献率是评价地区农业科技竞争力和农业科技转化能力的综合性指标，指农业科技进步对农业经济增长的贡献程度。在西部地区农业现代化发展进程中，科学技术始终发挥着重要的作用，农业科技进步贡献率也稳步提升。例如，新疆地区农业发展水平相对较高，"九五"时期末农业科技进步贡献率是 35%，"十五"时期末提升到了 45%。农业现代化程度相对落后的贵州，农业科技进步贡献率也从"十五"时期末的 35.86%，提高到"十一五"时期末的 42%；2011 年，内蒙古的农业科技进步贡献率更是达到了 49%。因此，科技进步是推动西部地区农业增产、农民增收、农村增美的内在动力。

（三）农业产业化效果明显

农业产业化是提升农业生产效率、转变农业经济增长方式和提高农民收入水平的重要手段，是推动现代工程农业发展的有效途径。以广西地区为例，截至 2013 年第一季度，全区成立农业专业合作社 12103 家，有 56 万人参与，带动农户 121 万户；2014 年，全区农民合作社达 17695 家，比 2013 年增加了 3303 家，增幅 23%。这些农业专业合作社形式多样，涉及粮食、水果、蔬菜、茶叶、药材、花卉和养殖等行业，涵盖了农业生产、管理、销售和信息服务等领域。近年来，广西地区实施"龙头带动战略"、农业产业化"十百千万"行动计划等政策，出现了一大批香蕉村和葡萄村等专业村，农业产业化成绩显著。截至 2011 年年底，广西国家级重点龙头企业 31 家，规模以上龙头企业达 1371 家，形成蔗糖、林木、丝绸、水产、畜牧、中药材和生物质能源等优势企业集群；其中，蔗糖、秋冬蔬菜和蚕茧等特色农产品的产量稳居全国第一位。同时，广西地区还创建了中国驰名商标 19 个，地理标志证明商标 22 个等[4]。

（四）农民收入水平稳步提高，民生得到较大改善

提高农民收入水平，改善农民生活条件，让农民能够共享城市化的发展成果是推动农业现代化最根本的出发点。发展农业现代化和推行农民专业合作社农户后，"十一五"时期的人均纯收入增长率比"十五"期间提高了 4.6 个百分点。其中，2013 年广西地区农民户均纯收入超过 3 万元；2005 年内蒙古农牧民人均纯收入达 2988 元，2011 年农民人均纯收入提升到了 6642 元，年均增长14.39%。西部地区农村养老保险、新农合医疗保险覆盖率已超过 90%，广大农村地区的社会保障和社会福利得到较大改善。

西部地区农业现代化发展的基本特征

（一）农业现代化发展水平相对比较落后

随着我国社会经济的快速发展，特别是西部大开发战略实施以来，西部农业现代化发展速度提升较快，西部地区与全国平均、中部和东部地区的差距也

逐渐缩小。如在"九五"和"十一五"期间，农业现代化增长速度甚至一度超过中部和东部地区[3]。但总体来看，西部地区农业现代化水平整体落后于全国平均水平、中部和东部地区。本文采取劳动生产率、农机总动力水平、劳动耕地面积和农民人均收入水平来评价农业现代化发展水平，如表3所示。

表3　　　　　　　　　　广西、西部和全国农业现代化指标

地区	劳动耕地面积		农机总动力水平		劳动生产率		农民人均收入水平	
	实际值	达标率（%）	实际值	达标率（%）	实际值	达标率（%）	实际值	达标率（%）
广西	0.27	0.90	6.05	40.32	15226.75	50.76	3980.44	30.62
西部	0.44	1.47	4.39	29.27	14833.75	49.45	3788.36	29.14
全国	0.41	1.37	7.19	47.92	20318.10	67.73	5153.20	39.64

（二）西部各省区之间农业现代化水平发展不均衡

由于各地区的资源禀赋和经济发展不平衡，西部各地区农业生产具有区域性特征。西北地区农业资源较丰富，比较优势特别明显，其土地面积约占全国土地资源的1/3，灌溉和耕地面积分别约占全国的11%和12%[5]。而多为喀斯特地貌的西南地区，水土流失比较严重，水土流失面积约占其土地总面积的38%，远高于全国平均水平[6]。由于西部地区内部的各种差异和不平衡性，各省份之间农业现代化发展水平差距较大，并呈现现代农业与传统农业并存的特点。从地域分布上看，北部省份的农业现代化水平总体上高于南部省份，显现出由北向南递减的格局。新疆和内蒙古农业现代化水平较高，属第一梯度；云南、贵州和西藏农业现代化水平最低，应属最后梯度；而其他省份则属中间梯度[7]（见表4）。这种农业生产发展的不平衡性客观上放缓了西部的农业工程化步伐，影响西部地区整体农业现代化目标的实现。

表4　　　　　　　　　　西部地区农业现代化水平的区域分布

梯度	省份
第一梯度	内蒙古、新疆
第二梯度	宁夏、陕西、重庆、四川
第三梯度	广西、青海、甘肃
第四梯度	云南、贵州、西藏

（三）西部地区农业现代化主要依靠农业科技

"科学技术是第一生产力"，科学技术和工业技术是农业生产机械化、农业工程化和现代化发展的重要支持和关键保障。根据第二次农业普查数据，西部地区农业科技人员，无论初级、中级还是高级，数量上都超过了东部地区和中部地区，占全国的比重达到37.2%（见表5）。这些农业科技人员在农业科技研发、农业科技应用和推广中发挥了重要作用，是西部地区农业现代化发展的重要支撑和未来农业现代化目标实现的重要基础。

表5　　　　　　　　　　　农业科技人员数量　　　　　　　　单位：万人

级别	全国	西部	东部	中部	东北
合计	207	77	70	39	21
初级	149	58	53	25	13
中级	46	15	14	11	6
高级	12	4	3	3	2

（四）农业现代化发展特别依赖于政府财政

国外诸多研究与实践表明，政府公共财政对农业的投入，在改善农业生产的内外部条件，消除生产环节中的不确定性，实现农业科技突破，促进农业经济增长等方面具有重要作用[8][9]。国内学者研究也表明，无论是计划经济时代还是社会主义市场经济时期，国家财政资金对农业科技、农村教育、农业基础设施建设等的支出，对我国农业经济增长和农业现代化发挥着显著的正向作用[10][11]。财政资金是支持西部地区农业现代化发展的主要力量之一，虽然西部地区财政农业支出总额相比东部和中部地区较低，但是人均财政农业支出超过了东部和中部地区，且西部各省区市（重庆除外）财政农业支出占GDP的比重高于全国平均水平、东部地区和西部地区，说明西部地区农业现代化的发展更加依赖于财政资金的投入，政府财政对农业的投入对西部农业现代化的发展有着极为重要的影响[12]。例如，农业现代化的发展过程中水利工程等农业基础设施建设主要依靠财政资金的投资。广西地区财政资金对水利工程建设的支持情况如表6所示。

表6 广西财政资金对农业水利工程支持情况

年份	水利固定资产投资（亿元）	水土保持及生态工程（亿元）	累计有效灌溉面积（千公顷）
2010	150.00	1.05	1523.00
2011	166.28	1.16	1529.24
2012	180.70	1.31	1541.29
2013	122.32	1.11	1586.37

资料来源：广西水利厅信息网。

（五）西部地区农业现代化发展对国家政策的反应极为敏感

鉴于农业在国民经济中基础、根本的地位和作用，为鼓励农业发展、保护农民利益，大多数国家和政府都会针对性地制定各种政策。"三农"问题任何时候都是我国中央和地方政府高度关注的焦点问题。姜松（2014）通过对西部地区农业现代化的研究发现，邓小平"两个飞跃"思想的提出，使西部农业现代化发展指数年均增加42.75个百分点；西部大开发战略实施使西部地区农业现代化发展指数每年增加46.7个百分点；减免农业税政策使西部地区农业现代化发展指数每年增加65.95个百分点。可以说，国家对农业的优惠政策及其稳定性对西部地区农业现代化建设发挥着至关重要的推动作用。同时，西部地区农业现代化发展对政策的反应和敏感性比较强[13]。

以农业工程化推动西部地区农业现代化进程的基本思路

综合上述分析，西部地区应按照现代工程农业的模式来推动农业现代化的发展。

（一）农业生产经营的规模化和产业化

农业生产的主体多，规模小，生产经营分散，生产方式落后、产业链不长、产品附加值低是长期制约农业现代化进程的一个主要因素。首先，要加大力度推进农产品区域化和优质化，优化农业区域布局，支持壮大一批大型龙头企业。

根据区域性农业特色，建设特色农产品产业带，引导特色农产品向优势产区集中，以带动农业生产产业化和规模化经营。要立足国内外市场分工，抓住机遇，迅速壮大特色农业，占据独特的市场地位，形成独特的竞争优势。其次，在农村土地确权基础上，按照依法、自愿和有偿的原则，采取转包、租赁、土地使用权入股等方式推进农民土地使用权的合理流转，以实现农业生产规模化和经营产业化。同时，支持农业新型经营主体的发展，以经营主体发展带动农业生产资料的集中。最后，大力支持农业生产机械化发展，提高农业机械化服务水平，开拓机械化作业领域，以实现农业生产规模化。同时，提高农民的组织化程度，以农民组织作为载体，提升农机服务水平，推进农业现代化[14]。

（二）宣传销售的多元化和品牌化

现代社会，产品的销售是产品走向市场的重要环节，是带动产业发展的主要动力。要实现农业生产现代化，就必须实现农产品的品牌化和销售渠道的多元化和通畅化，确保农产品销售得好，从根本上带动整个产业发展和农民增收。首先，要结合实际，建立健全品牌扶持机制，集中力量培育、打造一批农产品的知名品牌，同时严格农产品质量安全检测，为品牌的推出提供支撑。其次，要加大对品牌的宣传力度，充分利用现代的各种媒介和宣传方式，提高人们对品牌的认知度。最后，支持加强农产品销售方式多样化和销售渠道多元化建设。一方面，加强农业现代物流运输体系建设，特别是要完善农村物流服务体系。另一方面，支持提高农业物流的信息化水平和农产品电子商务平台的建设，以实现农产品销售的多元化[15]。

（三）农业科研推广的普及化和实用化

农业科技进步和技术创新是提高农业生产效率的重要手段，是推进农业工程化和现代化发展的决定因素。要加大农机基础研究和农业科研方面的力度，解决农业机械新技术不能满足工程农业需求的问题。要重视现代工程农业科研创新和技术推广，使工程农业得以在农业各个领域、生产的各个环节推进，构成多元化农业现代化科技创新体制。同时，建立农业现代化教育培训体系，加强培训教育基础设施建设，拓宽农业技术培训与职业教育培训，推广和普及农业新技术，并培养高技能、高素质的农业劳动力。

（四）生产服务体系的社会化和组织化

农业生产服务体系的社会化、组织化建设是推动西部地区现代工程农业发展的重要环节和内容。其一，发展新型服务主体和农业社会化服务体系，完善农业生产服务机制。要培育农业合作组织为基础、农业公共服务单位为支撑、地域龙头企业为重点的新型农业生产服务主体。其二，加大力度扶持探索农业经营性服务组织机制，鼓励其承担公益服务项目和从事农业公益性服务。因此，首先，创新农业经营性服务组织机制和生产服务模式，不断推进农业生产服务产业化、市场化和社会化。其次，积极扶持各种形式的农机化合作组织，成立专业合作社和农协实现规模经营，并制定相应的优惠政策，走上发展规模经济的致富之路。

以农业工程化推动西部地区农业现代化的财政政策

西部地区农村经济的发展和农业现代化的实现，离不开国家的政策支持以及财政的资金支撑。近年来，我国财政资金对农业支持力度不断加强、规模稳步提升；2007 年以来，支农支出占财政支出的比重也一直增加，如图 2 和图 3 所示。

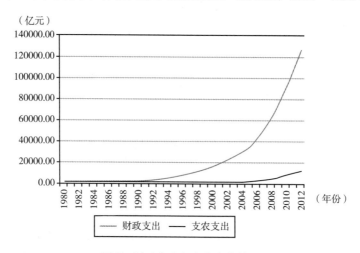

图 2　财政支出和支农支出情况

但是，西部地区经济基础和整体实力相对较弱，相比全国其他地区，西部对农业的财政资金支持比较有限，如表 7 所示。因此，西部地区如何利用有限

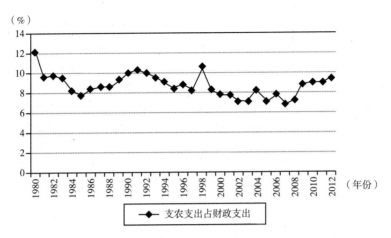

图3 农业支出占财政支出情况

的财政资金引导农业发展，提高支农资金使用效率，提升财政资金对农业投入效果，将直接影响西部地区农业现代化最终目标的实现。为此，提出以下建议：

表7　　　　　　　　　　　　财政对于各地区的支持情况　　　　　　　　　单位：亿元,%

年份	2007	2008	2009	2010	2011	2012
华北	334.33	582.62	891.31	1021.15	1278.35	1527.75
	10.8%	13.8%	13.9%	13.2%	13.4%	13.3%
东北	307.89	404.78	637.58	866	940.75	1126.71
	10.0%	9.6%	10.0%	11.2%	9.9%	9.8%
华东	829.97	1132.04	1699.66	2082.64	2564.74	3113.48
	26.9%	26.7%	26.6%	26.9%	26.9%	27.1%
华中	406.00	562.66	892.81	1027.28	1250.97	1418.49
	13.1%	13.3%	13.9%	13.3%	13.1%	12.4%
西南	487.06	681.69	1004.3	1224.02	1559.41	1934.39
	15.8%	16.1%	15.7%	15.8%	16.4%	16.9%
华南	285.31	387.41	573.03	672.96	840.83	1032.25
	9.2%	9.1%	9.0%	8.7%	8.8%	9.0%
西北	340.44	484.43	702.98	847.66	1085.97	1318.32
	11.0%	11.4%	11.0%	10.9%	11.4%	11.5%
总计	3091.01	4235.63	6401.71	7741.69	9520.99	11471.39

资料来源：中国统计年鉴。

（一）实现财政支持的高效化

从财政支持农业现代化的自身来讲，一方面是财政资金投入与实际需求相差较大；另一方面，财政资金使用过程中的碎片化、低效化问题突出。因此，财政支持应在加大总量的基础上，重点要从管理制度入手，切实提高支农财政资金的使用效率。

（1）促进事权与支出责任的匹配化。

从当前财政支持农业现代化的决策体制来看，还具有一定的计划经济色彩，存在"上级替下级决策""政府替市场决策"等问题，基层政府缺少发言权。由于我国地域差异性大，势必会导致政策的制定与实际脱节，导致有限的资金没有真正用在农业现代化事业的发展上，造成严重的浪费。另外，由于基层政府缺少决策权，加之财力薄弱，很难对地方"三农"事业发展做出全面整体的规划，支农资金难以发挥出整体效益。目前，应明确划分自治区、市、县的对农业投入事权，适当下放财政支农投入的财权和决策权，促进事权与支出责任相匹配。只有这样，基层有了更多的自主权，才有利于财政支农政策更好地反映农民实际需求，有利于支农项目及时立项和资金及时下拨，从而提高财政支农资金的针对性和有效性。

（2）支农资金分配管理机制的基层化和透明化。

一是坚持采取因素法、公式法等分配手段，不断加大资金直接切块下达市、县的力度，赋予市、县更大的决策权。二是对于没有切块下达的专项资金，不断完善竞争立项分配机制和专家评审机制，使财政支农资金的分配做到公开、公正、透明。三是对于农村的一些小型公益性、准公益性项目，按照一事一议的模式，积极推进民办公助，增强农民参与的积极性和主动性，切实提高资金使用的准确性和有效性。四是根据实际发展情况，全面考评专项资金的管理及使用效益，并将考评结果和下年度专项资金的分配相挂钩。

（3）竞争性领域支持的间接化。

目前，对竞争性领域的农业现代化项目主要仍是通过直接补助的方式予以支持，突出的问题主要是支持项目规模小、资金分散、支持效果不强，难以突出重点。因此，对于竞争性项目，应当通过设立农业发展基金、企业信贷引导资金、企业信用担保资金、小额贷款担保资金的模式。一是整合各项支持农业发展基金，通过乘数效应放大财政支农资金的投入总量。二是通过银行等金融机构在放贷过程中对农业企业和主体贷款条件的审核，确保资金支持准确性和效率性。

（二）大力支持农业生产经营的产业化和规模化

财政支持农业生产的产业化和规模化，一定要结合本地实际，突出支持重点，避免支持重点不突出、支持重点不断变化等现象。

（1）财政资金重点支持重点区域、重点产业和重点企业。一是结合实际，优化农业产业的区域布局，支持特色农业基地建设，形成特色和优质农产品产业带。二是加大扶持地区重点企业，特别是龙头企业，支持探索"公司＋合作社＋基地"生产模式，推动农业生产和经营产业化进程。[16]三是积极发展农业机械化作业、机器维修和租赁等社会化服务，形成农作物品种培育、栽培技术和农业管理、农产品销售等农业生产经营过程的配套。[17]

（2）加大对农村基础设施、农村生产资料流转体系建设的支持力度，为农业生产的产业化和规模化提供基础条件。一是大力支持防洪、防涝、灌溉等水利基础设施和农产品流通设施建设。西部地区财政应重点支持农村土地整治、水利基础设施建设、农村道路交通建设等农业基础设施建设。二是根据农村土地承包政策法律法规要求，支持农村土地合理流转和土地确权登记颁证工作。同时，支持建立农村土地承包经营权等农村产权流转的专业信息发布平台和交易服务机制。[18]

（三）大力支持农产品宣传销售的品牌化和多元化

（1）大力支持品牌建设。在突出农业产业化规模化的同时，要支持建立健全品牌扶持机制，集中力量培育打造一批农产品的知名品牌。一方面通过支持优质企业发展和强化企业品牌意识观念，加强质量监管安全，确保农产品的农产品质量。另一方面，要支持农产品销售和品牌宣传工作，提高社会对品牌的认知度与认可度。

（2）支持完善农产品宣传和销售渠道建设，以实现销售途径的多样化、多元化。支持建设农业现代物流业和运输网络，支持发展与农产品生产规模相适应的现代仓储、流通、运输物流设施和系统。同时，支持农产品电子商务平台建设，支持农产品信息网络的建设和整合，逐步建立覆盖城乡、连接国际市场的农产品信息网络营销组织，建立信息服务和共享平台，实现农产品销售渠道多元化。[19]

（四）大力支持农业科研推广的普及化和实用化

（1）支持农业科技创新和科研机构与企业联合研发，将科技转化成农业成果。一是支持现代农业技术体系和农业产业科技示范县的建设，促进农业科研成果和技术的普及化。二是积极引导金融信贷和风险投资等社会资金进入农业科技创新领域，支持农业科技转化机制创新以及科技成果的实用化。三是全力支持农业新品种和新技术研发和推广，鼓励农业技术、人才和资源向企业流动。

（2）大力支持农业现代化教育和技术培训体系建设，支持鼓励各类农业教育培训机构。面向农民和农业生产者，推广农业新技术和科研成果，从而促进农业生产新知识和新技术的普及化。[20]

（五）大力支持农业生产服务体系组织化和社会化

（1）大力支持完善基层农技、农机和水利等农业生产服务体系，以及服务组织化和社会化的建设。支持农业合作组织主体多形式和多元化发展，建立新型的农业生产、管理社会化服务体系。支持完善农业生产、管理绩效考核和激励机制，提升基层农业技术推广和服务组织化、社会化水平。

（2）通过市场引导等方式支持发展以农业机械化社会化服务为重点的农业经营性服务。西部地区可以通过政府购买社会服务等方式，引导和支持具有资质的经营性服务组织承担公益服务项目以及从事农业公益性服务。

（3）积极探索新型社会化服务模式。支持合作组织积极开展疫病防治、农机作业、农资供应、技术指导和产品营销等系列服务，农业生产各环节服务体系的组织化和社会化。[21]

参 考 文 献

[1] 蓝庆新，彭一然. 论"工业化、信息化、城镇化、农业现代化"的关联机制和发展策略 [J]. 理论学刊，2013（5）.

[2] 姜松，王钊，周宁. 西部地区农业现代化演进、个案解析与现实选择 [J]. 农业经济问题，2015（1）.

[3] 姜松. 西部农业现代化演进过程及机理研究 [D]. 西南大学博士学位论文，2014.

[4] 李萍. 广西财政支持农业产业化发展对策思考 [J]. 经济研究参考，2013（5）.

[5] 朱玉春，杨瑞. 西北地区节水农业的问题、影响因素及对策 [J]. 开发研究，2006（1）.

［6］唐华骏等．西南地区农业跨越式发展战略［J］．中国农业资源与区划，2001，22（4）．

［7］贾登勋，刘燕平．西部地区现代农业发展水平评价［J］．西藏大学学报（社会科学版），2014，29（1）．

［8］Anderson，J. Policy issues for the international community［R］．Agricultural Technology，CAB International，1994．

［9］Sylwester，K. R&D and economic growth［J］．Knowledge，Technology，&Policy，2001，13（4）：71 – 84．

［10］王建明．农业财政投资对经济增长作用的研究［J］．农业技术经济，2010（2）．

［11］黄敬前．我国财政农业科技投入与农业科技进步动态仿真研究［D］．福建农林大学博士学位论文，2013．

［12］杨丽，成莎．财政农业支出对西部城乡一体化发展的影响——基于云南数据的实证分析［J］．学术探索，2014（2）．

［13］杜玉红，黄小舟．财政资金农业支出与农民收入关系研究［J］．统计研究，2006（9）．

［14］～［21］中共广西壮族委员会．广西壮族自治区人民政府贯彻《中共中央、国务院关于全面深化农村改革加快推进农业现代化的若干意见》的意见（桂发［2014］6号）；中共广西壮族委员会．广西壮族自治区人民政府关于加快转变农业发展方式促进农村可持续发展的若干意见（桂发［2015］3号）．

［22］韩长赋．加快推进农业现代化，努力实现"三化"同步发展［J］．农业经济问题，2011（11）．

［23］丁文恩．基于供给财政视角的财政农业投入研究［D］．北京林业大学博士学位论文，2009．

［24］常伟，薛小荣．全球化背景下西部大开发的战略思考——以创意农业可持续发展的研究为视角［J］．探索与争鸣，2013（7）．

［25］张军．现代农业的基本特征与发展重点［J］．农村经济，2011（8）．

［26］郑良芳．综合运用金融和财政手段，促进我国农业实现现代化［J］．南方金融，2011（12）．

［27］孙志茹，王桂森等．美国、日本和以色列工程农业发展比较分析［J］．世界农业，2014（4）．

［28］黄文莲．广西推进农业现代化存在的问题与对策［J］．广西农业机械化，2013（2）．

［29］韦志扬，蒙福贵等．广西"十三五"农业科技发展路径研究［J］．南方农业学报，2014（5）．

［30］唐仁健．从根本上提升我国农业竞争力——中国农业应对WTO的宏观思考［J］．农业经济问题，2001（1）．

［31］杨敏丽，白人朴．建设现代农业与农业机械化发展研究［J］．农业机械学报，

2005（7）.

[32] 朱明. 加强农业工程技术集成，推动农业现代化建设［J］. 世界农业，2013（12）.

[33] 代洪丽. 广西农业现代化发展的金融支持研究［J］. 经济与管理，2012（7）.

[34] 苏夏琼，雷玲. 广西农业现代化发展水平与对策研究［J］. 农机化研究，2012（6）.

[35] 宗义湘，魏园园等. 日本农业现代化历程及对中国现代农业建设的启示［J］. 农业经济，2011（4）.

[36] 涂志强，杨敏丽. 关于我国农业机械化发展趋势的思考［J］. 中国农机化，2005（5）.

[37] Myers，R.，H. Modernization effect upon export of agricultural produce：south Korea comment［J］. American Journal of Agricultural Economics，1971（1）：132 – 141.

[38] Dernberger，R.，F. Agricultural development：the key link in China's agricultural modernization［J］. American Journal of Agricultural Economics，1980（2）：346 – 357.

[39] Boehlje，M. Structural changes in the agricultural industries：how do we measure，analyze and understand them［J］. American Journal of Agricultural Economics，1999（5）：1028 – 1041.

[40] Tweenten，L.，Thompson，R.，S. Agricultural policy for the 21st century［J］. Lowa State Press，2002（4）：5 – 23.

（本文发表于《当代农村财经》2015 年第 7 期）

广西农村居民收入问题研究

曾纪芬

【摘要】抓住国家提出 2020 年全面解决贫困，全面建成小康社会和推动城乡协调发展的关键历史机遇期，本文研究了广西农村居民收入增长存在的问题、影响因素和深层原因，提出较为系统的实现广西强农富农、消除贫困的对策建议：既要积极争取中央政府的大力支持，又必须坚持自力更生的原则，立足广西区情，坚定不移地推进建立稳定的财政强农富农投入增长机制；加快转变农业发展方式，发展现代农业，促进农业农村可持续发展；积极推进城镇化建设，缩小城乡差距，提高农民地位；建立城乡统筹发展的体制机制，促进城乡协调发展；实施精准扶贫，消除贫困，实现全面小康。

追逐社会公平和共同富裕是国家发展和民族振兴的关键。《中共中央关于制定国民经济和社会发展第十三个五年规划的建议》明确到"二〇二〇年全面建成小康社会"，"国内生产总值和城乡居民人均收入比二〇一〇年翻一番"，"推动城乡协调发展"，"现行标准下农村贫困人口实现脱贫，贫困县全部摘帽，解决区域性整体贫困"。广西自改革开放以来，农村经济持续发展，农村居民绝对收入随经济发展而增长，消费水平稳步提高，小康目标已初步显现。但近年来收入增速下滑，人均收入增幅赶不上全国发展水平，绝对额与全国平均水平差距也在逐渐拉大。城乡居民收入差距和生活质量差距亦在逐步扩大。同时，广西农村居民内部收入差距也在不断扩大，基尼系数从 2006 年开始增大且有上升趋势，农村居民收入分配到了"相对平均"和"比较合理"的边缘。这一系列问题，都必须采取措施解决。本文在分析广西农村居民收入现状和影响农村居民收入增长制约因素的基础上，提出较为系统的实现广西脱贫致富的对策建议。

广西农村居民收入现状

（一）广西农村居民收入增长趋势分析

20 世纪 80 年代以来，由于农业政策的目标选择、内容、性质和表现方式呈现阶段性的特点，不同阶段经济体制、技术水平、工作重心不同，农村经济发展水平也各不相同，进而导致农村居民收入的增长情况差异很大，但总体上呈现快速增长之势。广西农民人均纯收入，1980 年是 173 元，2014 年达到 7565 元，是 1980 年的 43.73 倍，年均递增 11.8%。1980～2014 年，广西农村居民纯收入增长趋势，大致可以分为五个阶段：

（1）第一阶段（1980～1985 年）：高速增长。这一阶段为农村改革初期。1978 年 12 月召开党的十一届三中全会，1979 年颁布《中共中央关于加强农业发展若干问题的决定》，推进家庭联产承包经营，开启农村经营方式变革和农民分配制度改革，农户摆脱旧体制束缚，经济主体地位得到确立，生产积极性得到极大发挥，农村生产力释放出空前巨大的活力，粮油等主要农产品产量大幅度增加。至 1985 年，农产品长期供给短缺的局面得到基本扭转。农业的发展，推动了农民收入的高速增长。广西农民人均纯收入从 1980 年的 173 元增加到 1985 年的 302 元。

（2）第二阶段（1986～1989 年）：在波动中缓慢增长。这一阶段，农村家庭多种经营规模不断扩大，乡镇企业亦快速发展，农民收入总量增长，收入结构改善。但国家改革重心由农村转向城市，农业政策调整，实行 30 多年的农产品统购派购制度取消，政府对农业投入减少，工农业发展速度失衡，农业经济发展明显趋缓。再加上旧体制的阻碍和严重的通货膨胀，全区农产品"卖难"和农业生产资料"买难"交替出现，农村居民收入增长速度放慢。1986～1989 年，广西农民人均纯收入从 316 元增加到 483 元。

（3）第三阶段（1990～1999 年）：反弹回升。邓小平"南方谈话"之后，党的十四大提出建立社会主义市场经济体制。农村改革以市场为突破口，家庭联产承包责任制正式写进《宪法》，土地承包期在 15 年不变的基础上再延长 30 年，鼓励发展适度规模经营，允许承包期内土地使用权可以有偿转让。农副产品收购价格连续两次提高，并进一步放开农产品市场。农村经济获得新的活力，有了长足发展，农村工业发展速度增快。同时，农业劳动力向非农产业转移速度加快。农民收入走出增长低谷，并获得高速增长。1990~1999年，广西农民人均纯收入年均增长13.81%，从639元增加到2048元。

（4）第四阶段（2000~2002年）：滞缓下降。受经济大环境的影响，农业和农村经济发展进入新阶段，乡镇企业发展困难重重，农产品价格价位低，加上自然灾害的原因，2000~2002年，广西农民人均纯收入年均下降0.5%。2000年为1864元，比1999年减少184元；2002年尽管增加到2012元，但相对1999年来说，还是存在36元的差距。

（5）第五阶段（2003~2014年）：增速回升。2004年1月，国务院颁布《中共中央国务院关于促进农民增加收入若干政策的意见》，切实减轻农民负担，减免农业税费，实施工业"反哺"农业，实行种粮补贴，加大农业基础设施投入，开展新农村建设，着重解决农民增收中的难点和重点问题，丰富了农民增收的具体途径，为农民增收创造了良好的环境和条件。农村改革进入农村综合改革和城乡经济社会一体化发展探索时期。中央及自治区、市、县制定一系列扶持农业发展的政策，尤其是取消农业税更是具有改写历史的重大意义，促使农民收入有了较快增长。2003~2014年，广西农民人均纯收入年均增长12.39%，从2003年的2094元，增加到2014年的7565元。

（二）广西农村居民收入来源结构变化分析

改革开放以来，随着国家农业政策和体制的变化，广西农村居民收入除在数量上得到快速增长外，收入来源结构也发生了极大的变化。

（1）农村居民收入主要组成部分为家庭经营收入，但存在下降趋势，且构成随经济发展而变化。家庭联产承包责任制的实施，使家庭经营收入逐渐成为农村居民收入的主要组成部分。随着改革开放的推进，家庭经营收入在结构上不断发生变化。改革开放初期，非农产业收入较少，家庭经营收入主要来自农业，直至20世纪90年代初，非农产业收入占比仍不足10%。随着国家两次提高农副产品收购价格和逐步放开大多数农产品价格，实施农业产业化、科教兴农、扶贫攻坚等一系列战略，尤其是2004年以来，中央连续多次下发"一号文件"，高度重视并支持"三农"工作，从中央到自治区、市、县，都制定了一系列扶持农业发展的政策，家庭经营收入发生结构性变化，家庭经营的第二、第三产业开始推动家庭经营收入快速增长。2005~2014年，广西农村居民人均家庭经营纯收入，年均增长10.5%（见图1），从1516.36元增长到3732元。家庭经营收入成为农村居民收入的主要组成部分，2014年广西农村居民人均家庭经营纯收入占农村居民人均纯收入的比例达到49.3%。

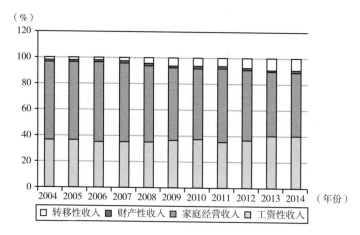

图1 2004～2014年广西农村居民家庭纯收入构成

资料来源：①广西2004～2014年统计年鉴；②2014年数据来源于国家统计局广西调查总队关于2014年度广西农村居民收入调查结果的报告（桂调字〔2015〕7号）。

（2）随着改革开放的推进，农村居民收入出现工资性收入且不断增长，成为农民增收的重要因素。分为四个阶段：第一阶段，改革开放至1983年，国家改革重点在农村，农村居民收入主要来自农业耕作，基本没有工资性收入。第二阶段，1984年至20世纪90年代初，国家改革重心由农村转向城市，乡镇企业虽经波折，但逐渐发展，经济联合体崛起，农村居民开始出现工资性收入，所占份额不大，但终于打破原有收入结构，至90年代初农村居民工资性收入占农村居民收入比重即接近5%。第三阶段，1992～2005年，国家改革开放步伐加快，逐步建立社会主义市场经济体制，第二、第三产业迅速发展，经商的农户越来越多，不经商的农户几乎所有的青壮年农民都进城务工，工资性收入大幅增加，至2005年，广西农民人均纯收入总额中工资性收入所占份额从90年代初低于5%上升到36.37%。第四阶段，2006～2014年，涵盖"十一五"和"十二五"两个时期，遇到两次金融危机：1997年金融危机和2008年金融危机，经济增长遇到压力，尤其是近年来，经济下行压力增大，广西农村居民人均工资性收入增长乏力，2014年，工资性收入在人均纯收入总额中的占比，只从2005年的36.37%增长到39.2%，增长非常缓慢，9年时间，只增长了2.83个百分点。2004～2014年农民外出收入与农民工资性收入增长趋势见图2。

（3）财产性收入略有增长。随着改革开放的不断推进，市场经济的建立和发展，农村居民家庭财富逐渐有所积累，土地转包收入、租金和利息等资产性收入开始出现并略有增加。2005～2014年，广西农民财产性收入年均增长21.4%，从18.30元增加到105元。

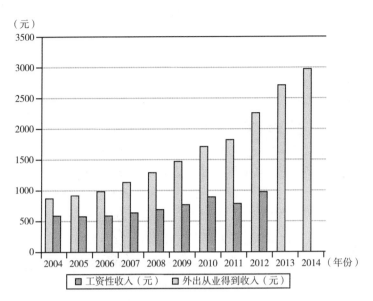

图 2　2004～2014 年农民外出收入与农民工资性收入增长趋势

数据来源：①广西 2004～2014 年统计年鉴；②2014 年数据来源于国家统计局广西调查总队关于 2014 年度广西农村居民收入调查结果的报告（桂调字〔2015〕7 号）。

（4）转移性收入保持较快增长。从 2004 年开始，国家高度重视"三农"问题，实施工业"反哺"农业，大量增加财政转移支付，陆续出台粮食直接补贴、良种补贴、购置和更新大型农机具补贴等一系列稳农、惠农政策，以及随城市建设步伐的加快，征地补偿款、调查补贴等增加，农村居民获得转移性收入有所增加。广西全区农村居民人均转移性收入，2005～2014 年，年均增长 34.5%，从 2005 年人均 52.66 元增长到 2014 年人均 761 元，10 年增加 708.34 元。

综上所述，广西农村居民收入结构和来源变化至少有三个值得我们高度重视的变化趋势，这是我们提高农村居民收入增长必须要考虑的。第一，农村居民收入的最主要组成部分尽管仍然是家庭经营性收入，但随着工资性收入的增长，其重要性呈现逐渐减弱趋势；第二，工资性收入逐渐增加，对农村居民家庭收入的贡献越来越重要，至 2014 年有接近 4 成收入来自工资性收入；第三，财产性收入占比仍旧很低，就广西全区平均来看，说明农村居民财富积累程度不高，富裕程度低。这三个变化趋势，一是说明整个国家产业结构在发生巨大变化，第一产业占比在降低，第二、第三产业占比在增加。国家和广西壮族自治区政府在制定农业发展和农村居民增收支持政策时，要注意到越来越多的农村居民进入第二、第三产业，不再依赖土地而生存，政府除了继续支持农业发展。稳定国家粮食供给外，要着重考虑如何解决农村居民进入第二、第三产业的条件和机制，并帮助农村居民完成身份转换。这些说明广西扶贫攻坚任务重，自治区政府在这方面需要花大力气，既要自力更生，也要努力争取从中央到地方各方面的支持。

（三）支撑广西农村居民收入增长因素分析

2004 年 1 月国务院颁布《中共中央国务院关于促进农民增加收入若干政策的意见》以来，广西认真贯彻落实中央精神和各项助农增收政策，进一步加大对农业的投入，统筹城乡发展，加强农村基础设施建设，推动农业科技进步，逐步取消不应由农民承担的税费负担，深化农村经营体制改革，激发农民自主创业增收的积极性，大力转移农村富余劳动力，农村居民纯收入快速增长。农民人均纯收入由 2010 年的 4543 元增加到 2014 年的 7565 元（见图 3），年均增收 755.5 元，年均增长 13.6%，比同期全国年均增幅低 0.1 个百分点，平均增长速度高于"十一五"时期 0.9 个百分点。各年增长速度分别为 15.1%、14.8%、13%、11.4%，2012 年以来，广西居民收入增速连续三年超过全国。

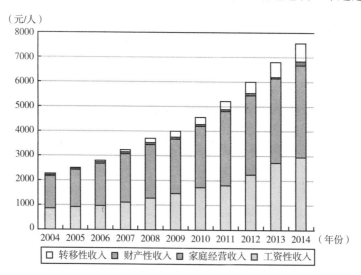

图 3 2004 ~ 2014 年广西农村居民家庭纯收入

资料来源：①广西 2004 ~ 2014 年统计年鉴；②2014 年数据来源于国家统计局广西调查总队关于 2014 年度广西农村居民收入调查结果的报告（桂调字〔2015〕7 号）。

（1）农村居民收入来源多元化。随着改革开放的不断推进、国家经济的高速发展和国家"三农"政策的调整，农村居民改变了单一依靠家庭经营获取收入的状况，逐渐有了工资性收入和转移性收入，收入来源呈现多元化。2005～2014 年，广西农村居民的各项主要收入保持快速增长，且收入结构发生变化：家庭经营纯收入占比逐渐下降，由 2005 年的 60.78% 下降为 49.33%，降低 11.45 个百分点；工资性收入和转移性收入占比逐渐上升：工资性收入由 2005 年的 36.37% 上升到 39.22%，增加 2.85 个百分点；转移性收入由 2005 年的 2.11% 上升到 2014 年的 10.06%，比 2005 年增加 7.95 个百分点（见表1）。

表1   **2004～2014 年广西农村居民家庭纯收入构成**   单位:%

年份	纯收入	工资性收入	家庭经营收入	财产性收入	转移性收入
2004	100	37.2	59.22	0.76	2.81
2005	100	36.37	60.78	0.73	2.11
2006	100	35.10	61.57	0.81	2.53
2007	100	35.01	61.21	0.90	2.88
2008	100	34.78	59.36	1.13	4.73
2009	100	36.81	55.98	1.04	6.17
2010	100	37.57	55.25	0.74	6.43
2011	100	34.79	57.50	0.79	6.92
2012	100	37.38	53.84	0.90	7.88
2013	100	39.94	50.37	1.04	8.66
2014	100	39.22	49.33	1.39	10.06

资料来源：①2004～2014 年《广西统计年鉴》；②2014 年数据来源于国家统计局广西调查总队关于 2014 年度广西农村居民收入调查结果的报告（桂调字〔2015〕7 号）。

（2）一系列助农、惠农政策的实施促进农民增收。2004 年以来，国家高度重视"三农"工作，无论是中央还是地方，对农业和农村经济发展都加大了扶持力度，实行"多予少取"的方针，出台了不少扶持农业的政策措施。随着退耕还林还草补贴、粮食直接补贴、购置更新大型农机具补贴、良种补贴和农资综合补贴等惠农政策的落实，农民转移性纯收入逐年提高。"十二五"时期前四年，农民转移性纯收入由 2010 年的人均 292.3 元增加到 2014 年的 761 元，年均增长 27%，超过收入的增长速度。

（3）农产品价格大部分保持上涨。广西农产品价格在"十二五"前四年总体保持上涨：以 2010 年为基期 100，稻谷上涨 19.6%，蔬菜上涨 28%，水果上涨 26.9%，糖料上涨 26.4%，畜牧产品上涨 20.7%，水产品上涨 12.3%，林产品上涨 16.5%。农产品生产价格上涨对农民增收作用较为明显。如 2014 年农民人均仅因渔业价格上涨而增收 33 元。

（4）农村劳动力转移具有一定规模。2014 年，广西新增农村劳动力转移就业 74.86 万人次，农民工总量 1211 万人，比上年增加 46 万人，增长 4.0%。外出从业农民工 929 万人，约占乡村从业人员的 39.4%，约占全国的 5%（自 2013 年起，农民工资性收入中外出务工收入部分不再单独出数，因此，无法测算年均增长率及占纯收入比重）。2014 年，广西外出农民工月工资 2713 元，比上年增长 142 元，增幅 5.5%。

（5）落实强农惠农政策，加大"三农"投入力度。2014 年，广西财政用于农业的支出达到 391.3 亿元，比 2010 年增长 50.3%，年均增长 10.7%，比"十一五"时期低 24 个百分点。农业支出占财政支出比重达 11.2%，比 2005 年提高 1.6 个百分点。农村基层设施明显改善，农村社会保障大幅度提升，扶贫工作力度也在明显加大等。农业生产得到有力推进，农民也直接得到了更多的实惠，2010～2014 年广西农民人均转移性收入年均增长 27%（2014 年全国未发布老口径结构数，无法对比），2014 年农民人均直接得到政府的转移性收入近 400 元，占人均转移性收入的约 1/2。

（6）农业生产保持较好的发展。2010～2014 年，广西主要农产品产量保持基本稳定或增长：粮食总产量由 1412.3 万吨增加到 1534.4 万吨，油料产量由 45.8 万吨增加到 61.3 万吨，肉类产量保持在 400 万吨左右，特别是广西特色农产品大幅增长：甘蔗产量增长 17%，桑蚕增长 129%，水果增长 115.8%。2010～2013 年，广西农业总产值年均增长 11.3%，比全国平均低 0.5 个百分点。2010～2014 年广西第一产业增加值年均增长 4.6%，比全国平均高 0.4 个百分点。人均数的年均增速 4.6%，比全国平均高 0.4 个百分点。"十二五"时期前四年广西农民家庭经营纯收入年均增长 10.4%（自 2013 年起，国家不再发布老口径收入中分类项数据，无法进行对比）。

（四）农民生活水平大幅度提升

随着收入水平的稳步提高、消费领域不断拓展以及社会保障制度的进一步完善，广西农村居民生活质量继续改善，生活消费从数量型向质量型转变，农村居民生活消费结构更趋合理。2013 年广西农村居民人均生活消费支出 5206 元，比 2005 年增长 121.6%，年均递增 10.5%。生活消费支出八大项目均呈增长态势。

（1）恩格尔系数下降，食品消费结构优化。2013 年广西农村居民人均食品消费支出 2085 元，比 2005 年增长 75.7%，年均递增 7.3%。而反映农村居民生活质量水平的恩格尔系数由 2005 年的 50.5% 下降到 2013 年的 40%，下降了

10.5 个百分点。其中，肉禽蛋、水产品、食用油、蔬菜消费支出增幅 7 成以上，茶叶饮料消费支出增幅高达 6.8 倍，农村居民人均食品消费支出继续增长，膳食结构日趋优化。

（2）衣着消费稳定增长。2013 年广西农村居民人均衣着消费支出 171 元，比 2005 年增长 115.1%，平均每年递增 10%。

（3）农村居民居住条件逐步改善。2013 年广西农村居民人均居住消费支出 1360 元，比 2005 年增长 258.3%，年均递增 17.3%。至 2013 年末，广西农村居民人均居住住房面积达 36.8 平方米，其中砖瓦平房面积 7 平方米，楼房面积 23 平方米。

（4）消费品需求层次提升。2013 年广西农村居民用于购买家具、机电设备、文教娱乐用品等方面的支出人均 281 元，比 2005 年增长 194.4%，年均递增 14.5%。至 2013 年末，百户家庭拥有洗衣机 46.8 台、电冰箱 74.1 台、空调机 14 台、彩色电视机 111.2 台、微波炉 14.8 台、热水器 40 台；分别比 2005 年增长 5.9 倍、10.1 倍、22 倍、37.5%、9.7 倍、3.3 倍，农村居民家庭耐用消费品拥有量增加、更新换代以及时新物品不断进入农户家庭。

（5）交通通信开支快速增加。随着国家对交通和通信基础设施的大规模建设，快捷与便利的交通与通信工具和手段已融入农民的日常生活，消费开支明显增加。2013 年广西农村居民人均交通通信消费支出 516 元，比 2005 增长 141%，年均递增 11.6%；2013 年年末，平均每百户拥有固定电话机 19 部，比 2005 年下降 65.7%，移动电话 239 部，比 2005 年增加 2.8 倍。

（6）农村合作医疗覆盖面广。2013 年广西农村居民医疗保健服务费支出人均 413 元，比 2005 年增长 2.35 倍，年均递增 16.3%。

（7）各种税费支出减少，农民负担大幅减轻。国家取消了农业税、牧业税、农业特产税和牲畜屠宰税，并在 2007 年起对农村教育实施"两免一补"等政策，农村居民的负担大大减轻。调查资料显示，广西农村居民人均税费支出由 2005 年的 6 元下降到 2013 的 0.01 元（因 2014 年消费部分采用新口径数据，与 2013 年之前数据存在不可比因素，故农民消费数据更新至 2013 年）。

农村居民收入分配差异现状及特征

（一）农村居民收入差距扩大

（1）基尼系数不断扩大。我们采用基尼系数对广西农村居民收入进行差异程度分析。按国际上一般市场经济国家提供的标准,基尼系数在 0.2 以下为 "高度平均";0.2~0.3 为 "相对平均";0.3~0.4 为 "比较合理";0.4 以上为 "差距偏大",有可能给社会安定带来不利的影响。

根据计算,2000~2014 年广西区域间农村居民人均纯收入基尼系数如表 2 所示。从中可以看出,尽管 2000~2014 年广西农村居民人均纯收入的基尼系数变化不大,在农村居民内部收入分配总体上处于较合理的区域内,但需要政府高度警惕的是,农村居民收入基尼系数从 2006 年开始有增大且不断上升的趋势,从 2006 年的 0.284 上升到 2011 年的 0.318(见表 2),说明收入差距在不断扩大,农村居民收入分配到了 "相对平均" 和 "比较合理" 的边缘。

表 2 　　　　　　　　　　2000~2014 年广西农村基尼系数

年份	基尼系数	年份	基尼系数	年份	基尼系数
2000	0.295	2005	0.259	2010	0.301
2001	0.280	2006	0.284	2011	0.318
2002	0.285	2007	0.296	2012	0.305
2003	0.289	2008	0.310	2013	0.295
2004	0.288	2009	0.294	2014	0.304

资料来源:2000~2010 年《广西统计年鉴》(根据国家统计局住户办工作要求,各省不得自行测算和发布本地区基尼系数,2011~2014 年基尼系数是根据农村居民五等分收入结构数据测算而来,仅作参考使用)。

(2)城乡差距逐步扩大。城镇化率指城镇人口占常住人口比重:2014 年广西城镇化率为 46%(《2015 广西要情手册》),全国为 54.8%(2015 中国住户调查主要数据),广西比全国低 8.8 个百分点,仅达到 2007 年全国平均水平。广西排在全国第 25 位,西部第 7 位(此为 2013 年排位情况)。以 2000 年为基数,十四年间,广西城乡差距在逐年拉大。2000~2014 年,农村居民与城镇居民收入差距从 3969 元扩大到 17104 元,翻了四倍。城乡居民收入之比也呈现递增趋势。2000~2003 年,城镇居民人均可支配收入与农村人均纯收入的比值由 3.13:1 逐年扩大到 3.72:1;2004~2006 年此比值有所下降,2004 年缩小为 3.55:1;从 2007 年开始,此比值又逐步上升,2009 年扩大到 3.88:1,之后又有所下降,2014 年为 3.38:1。2014 年全国城镇居民人均可支配收入是农民人均纯收入的 2.97 倍,广西城乡收入差距高于全国平均水平。从增长速度看,城镇居民人均可支配收入十四年间平均增速为 11.12%,农民人均纯收入增速为 10.52%,相差 0.6 个百分点。无论是增量还是增速,城镇居民收入均高于农村居民,城乡收入差距将进一步拉大(见图 4)(为保持对比的一致性,2014

年城镇居民可支配收入数据采用国家统计局核定的老口径数据 25533 元，而非统计公报发布的常住居民可支配收入数据为 24669 元）。

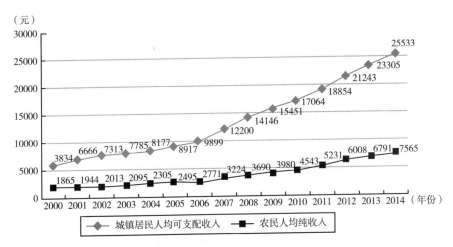

图 4　2000 ～ 2014 年广西城镇和农村收入情况

资料来源：①2000 ～ 2014 年《广西统计年鉴》；②2014 年数据来源于国家统计局广西调查总队关于 2014 年度广西农村居民收入调查结果的报告（桂调字〔2015〕7 号）。

（3）城乡居民生活质量差距扩大。收入决定消费。2013 年，广西农村居民家庭人均生活消费支出 5206 元，比上年增长 6.72%，其中食品消费支出 2084 元，与上年基本持平。根据联合国的标准，恩格尔系数在 60% 以上称为贫困；50% ～ 59% 称为温饱；40% ～ 50% 称为小康；20% ～ 40% 称为富裕。考虑到世界各国社会制度和消费习惯不同，结合广西的情况（见表 3），2009 年恩格尔系数为 48.68%，2013 年为 40%，即广西居民生活水平自 2009 年以后整体基本达到小康水平，同时也表明广西占绝大多数的农村居民的生活质量仍处于较低阶段，消费升级的空间还很大。

表 3　　　　农村居民家庭人均收支及恩格尔系数（1980 ～ 2010 年）

年份	农村居民家庭人均纯收入	比上年（±%）	农村居民家庭人均生活消费支出（元）	比上年（±%）	食品消费支出（元）	比年（±%）	恩格尔系数
1980	173.44		150.92		95.87		63.52
1981	203.89	17.56	171.45	13.60	115.93	20.92	67.62
1982	235.28	15.40	210.15	22.57	139.08	19.97	66.18
1983	261.69	11.22	224.05	6.61	148.32	6.64	66.20
1984	267.18	2.10	237.62	6.06	153.60	3.56	64.64

续表

年份	农村居民家庭人均纯收入	比上年（±%）	农村居民家庭人均生活消费支出（元）	比上年（±%）	食品消费支出（元）	比年（±%）	恩格尔系数
1985	302.96	13.39	268.31	12.92	166.85	8.63	62.19
1986	316.10	4.34	283.87	5.80	175.68	5.29	61.89
1987	353.95	11.97	309.29	8.95	191.92	9.24	62.05
1988	425.23	19.86	361.91	17.01	215.64	12.36	59.58
1989	483.04	13.86	419.04	15.79	244.20	13.24	58.28
1990	639.45	32.38	536.97	28.14	345.86	41.63	64.41
1991	657.74	2.86	580.75	8.15	360.09	4.11	62.00
1992	731.69	11.24	616.33	6.13	381.07	5.83	61.83
1993	885.00	20.95	704.98	14.38	448.12	17.60	63.56
1994	1107.02	25.09	926.14	31.37	551.98	23.18	59.60
1995	1446.14	30.63	1143.04	23.42	700.40	26.89	61.28
1996	1703.13	17.77	1399.07	22.40	795.30	14.63	56.84
1997	1875.28	10.11	1375.66	-1.67	799.89	0.58	58.15
1998	1971.90	5.15	1414.76	2.84	808.82	1.12	57.17
1999	2048.33	3.88	1457.43	3.02	849.38	5.01	58.28
2000	1864.51	-8.97	1487.96	2.09	824.97	-2.87	55.14
2001	1944.33	4.28	1550.62	4.21	810.95	-1.70	52.30
2002	2012.60	3.51	1686.11	8.74	875.08	7.91	51.90
2003	2094.51	4.07	1751.23	3.86	899.07	2.74	51.34
2004	2305.22	10.06	1982.60	10.13	1047.58	16.52	54.32
2005	2494.67	8.22	2349.60	21.83	1186.71	13.28	50.51
2006	2770.50	11.06	2413.93	2.74	1196.07	0.79	49.55
2007	3224.05	16.37	2747.47	13.82	1378.78	15.28	50.18
2008	3690.28	14.46	2985.03	8.65	1594.67	15.66	53.42
2009	3980.44	7.86	3231.14	8.24	1572.82	-1.37	48.68
2010	4534.41	14.14	3455.29	6.94	1675.41	6.52	48.49
2011	5231.33	15.14	4210.89	21.87	1844.94	10.12	43.81
2012	6007.55	14.84	4877.63	15.83	2085.63	13.05	42.76
2013	6790.90	13.04	5205.60	6.72	2084.68	-0.05	40.05
2014	7565	11.4	6675.07	10.60	2462.88	11.19	36.90

资料来源：1980～2014 年《广西统计年鉴》（2014 年农民消费数据为新口径数据，即农村常住居民人均消费数据）。

（4）广西农村居民收入增幅与全国比较，差距在逐步拉大。尽管广西农村居民收入在平稳较快地增长，近年的平均增长幅度也能够保持与全国一致，在西部的 12 省中保持基本的速度和差额。如"十二五"期间前三年西部农村居民收入平均增幅为 15.6%，广西为 14.3%，全国为 14.5%，广西比西部农村居民人均收入水平低 43 元左右，在五个少数民族自治区中发展较慢（绝对值排名第4）。且与全国比较，差距在逐步拉大（见表 4）（2014 年起，国家不再发布东部、中部、西部地区老口径数据，因此数据更新至 2013 年）。

表 4　　　　**2012 年广西农村居民抽样调查主要指标及在全国和西部排位**　　单位：元,%

指　　标	广西	全国	在全国排位	在西部排位	资料来源
1. 农民人均总收入	8459	10091	24	6	国家局数据库或公开出版物
（1）家庭经营人均收入	5550	6461	19	5	同上
（2）第一产业收入	4900	5138	12	5	同上
（3）人均现金收入	7380.5	9787	24	6	同上
2. 农民人均总支出	7754	9606	25	7	同上
（1）农民人均家庭经营支出	2133	2626	16	5	同上
（2）农民人均生活消费支出	4934	5908	26	8	同上
3. 农民人均纯收入	6008	7917	25	6	同上
（1）工资收入	2246	3448	22	5	同上
（2）家庭经营纯收入	3235	3533	19	5	同上
（3）第一产业纯收入	2826	（国家未发布）			同上
4. 农村全面小康实现程度（%）					同上

注：国家统计局核准的广西农村居民抽样调查主要指标及在全国和西部排位表使用"十二五"2012 年数据（2013 年起，国家不再统一发布分地区老口径分项数，采用 2012 年相关数据）。

资料来源：①国家统计局数据库；②2013 年《广西调查年鉴》。

（5）农民人均收入绝对额与全国差距拉大。尽管广西农民人均纯收入在 2005～2014 年保持了与全国相同的增速，使广西农民人均纯收入相当于全国平均水平的比例保持在 77% 左右。但是人均收入的差距在扩大，2005 年与全国人均纯收入的差距为 760 元，2014 年与全国人均纯收入的差距为 2327 元，九年间差距扩大了 1567 元，年均扩大 259 元（见表 5），即九年都是比全国平均少约 23%。

表5 2005~2014年广西农民人均纯收入与全国比较

年份	2005	2006	2007	2008	2009	2010	2011	2012	2013	2014
全国纯收入（元/人）	3255	3587	4140	4761	5153	5919	6977	7917	8896	9892
增幅（%）	10.90	10.20	15.40	15.00	8.20	14.90	17.90	13.50	12.40	11.20
广西纯收入（元/人）	2495	2771	3224	3690	3980	4543	5231	6008	6791	7565
增幅（%）	8.20	11.10	16.40	14.50	7.90	14.10	15.10	14.80	13.00	11.40
与全国差额（元）	-760	-817	-916	-1070	-1173	-1376	-1746	-1909	-2105	-2327
广西比全国少（%）	23.30	22.76	22.13	22.48	22.76	23.24	25.02	24.12	23.66	23.52

资料来源：①国家统计局数据库；②2005~2014年《广西统计年鉴》；③2014年数据来源于国家统计局广西调查总队关于2014年度广西农村居民收入调查结果的报告（桂调字〔2015〕7号）。

（二）影响农村居民收入分配的因素分析

（1）经济发展区域动力差异。

① 经济发展水平决定农村居民收入水平。根据全国各省区市 GDP 总量和人均 GDP "十一五"时期变化情况（见表6），2010~2013 年，各省区市 GDP 总量和人均 GDP 保持较好的稳定性：GDP 总量排位有 21 个省区（直辖市）不变，9 个省区（直辖市）变动 1~2 位；人均 GDP 排位有 8 个省区（直辖市）不变，11 个省区变动 19 位。基本上是按东中西部排位。

表6 各省区市 GDP 总量和人均 GDP2010~2013 年变化情况

地区	13年地区生产总值（亿元）	13年总量排位	10年地区生产总值（亿元）	10年总量排位	13年人均GDP（元）	13年人均GDP排位	10年人均GDP（元）	10年人均GDP排位	13年比10年总量排位变动（+-）	13年比10年人均GDP排位变动（+-）	3年总量年均增幅（%）	3年人均GDP年均增幅（%）
上海	21818.15	12	17165.98	9	90344.31	3	74537.47	1	-3	-2	8.3	6.6
北京	19800.81	13	14113.58	13	93620.85	2	71934.66	2	0	0	11.9	9.2
天津	14442.01	19	9224.46	20	98111.48	1	71012.01	3	1	2	16.1	11.4
江苏	59753.37	2	41425.48	2	75265.61	4	52643.89	4	0	0	13.0	12.7
浙江	37756.59	4	27722.31	4	68673.32	5	50894.64	5	0	0	10.8	10.5
广东	62474.79	1	46013.06	1	58694.84	8	44069.59	7	0	-1	10.7	10.0
内蒙古	16916.50	15	11672.00	15	67720.18	6	47216.83	6	0	0	13.2	12.8
山东	55230.32	3	39169.92	3	56745.42	10	40853.07	9	0	-1	12.1	11.6

续表

地区	13年地区生产总值(亿元)	13年总量排位	10年地区生产总值(亿元)	10年总量排位	13年人均GDP(元)	13年人均GDP排位	10年人均GDP(元)	10年人均GDP排位	13年比10年总量排位变动(+-)	13年比10年人均排位变动(+-)	3年总量年均增幅(%)	3年人均GDP年均增幅(%)
辽宁	27213.22	7	18457.27	7	61989.11	7	42188.05	8	0	1	13.8	13.7
福建	21868.49	11	14737.12	12	57945.12	9	39905.55	10	1	1	14.1	13.2
吉林	13046.40	21	8667.58	22	47424.21	11	31552.89	11	1	0	14.6	14.5
河北	28442.95	6	20394.26	6	38787.60	16	28348.99	12	0	-4	11.7	11.0
重庆	12783.26	22	7925.58	23	43041.28	13	27471.68	14	1	1	17.3	16.1
湖北	24791.83	9	15967.61	11	42751.91	14	27876.41	13	2	-1	15.8	15.3
黑龙江	14454.91	17	10368.60	16	37692.07	17	27050.87	16	-1	-1	11.7	11.7
宁夏	2577.57	29	1689.65	29	39412.39	15	26692.73	17	0	2	15.1	13.9
陕西	16205.45	16	10123.48	17	43053.80	12	27104.36	15	1	3	17.0	16.7
山西	12665.25	23	9200.86	21	34890.50	22	25743.87	18	-2	-4	11.2	10.7
河南	32191.30	5	23092.36	5	34198.77	23	24553.28	20	0	-3	11.7	11.7
湖南	24621.67	10	16037.96	10	36798.19	19	24410.90	21	0	2	15.4	14.7
新疆	8443.84	25	5437.47	25	37296.11	18	24885.45	19	0	1	15.8	14.4
青海	2122.06	30	1350.43	30	36713.84	20	23986.32	22	0	2	16.3	15.2
海南	3177.56	28	2064.50	28	35503.46	21	23757.19	23	0	2	15.5	14.3
四川	26392.07	8	17185.48	8	32554.67	24	21361.69	24	0	0	15.4	15.1
江西	14410.19	20	9451.26	19	31866.85	26	21181.67	25	-1	-1	15.1	14.6
安徽	19229.34	14	12359.33	14	31889.45	25	20747.57	27	0	2	15.9	15.4
广西	14449.90	18	9569.85	18	30620.68	27	20758.89	26	0	-1	14.7	13.8
西藏	815.67	31	507.46	31	26143.27	28	16915.33	28	0	0	17.1	15.6
云南	11832.31	24	7224.18	24	25244.95	29	15697.91	30	0	1	17.9	17.2
甘肃	6330.69	27	4120.75	27	24518.55	30	16096.68	29	0	-1	15.4	15.1
贵州	8086.86	26	4602.16	26	23092.12	31	13228.40	31	0	0	20.7	20.4
全国	588018.8		408903.00	40	43391.10		30655.85				12.9	12.3

注：因2014年各省区市GDP数据还未最终核定，在此使用2010年、2013年数据，数据来源于国家统计局数据库。

各省区经过"十二五"时期前三年的发展，农民人均纯收入的排位仍保持较高的一致性（见表7）：有12个省位置不变，有8个省上升1位，3个省上升2位，有2个省下降1位，3个省下降2位，下降3位和4位的各1个省。特别是排在前10位的省稳定性极高，都是东部地区。和各省区人均GDP排位基本一致地按东中西部排位。

表7　　　　　　　各省区农民人均纯收入"十二五"时期变化情况

区域	14年农民人均纯收入（元）	10年农民人均纯收入（元）	14年排位	10年排位	4年排位变化	4年年均增加额（元）	4年平均增幅（％）
上 海	21613.3	13978.0	1	1	0	1909	11.5
北 京	20226.2	13262.3	2	2	0	1741	11.1
浙 江	17829.3	11302.6	3	3	0	1632	12.1
天 津	17551.9	10074.9	4	4	0	1869	14.9
江 苏	15039.1	9118.2	5	5	0	1480	13.3
广 东	12906.3	7890.3	6	6	0	1254	13.1
福 建	12403.2	7426.9	7	7	0	1244	13.7
山 东	11809.4	6990.3	8	8	0	1205	14.0
辽 宁	11585.5	6907.9	9	9	0	1169	13.8
黑龙江	10751.7	6210.7	10	11	1	1135	14.7
吉 林	10602.6	6237.4	11	10	-1	1091	14.2
河 北	10094.0	5958.0	12	12	0	1034	14.1
湖 北	9922.1	5832.3	13	14	1	1022	14.2
江 西	9773.8	5788.6	14	15	1	996	14.0
内蒙古	9541.3	5529.6	15	17	2	1003	14.6
河 南	9416.1	5523.7	16	18	2	973	14.3
海 南	9393.7	5275.4	17	21	4	1030	15.5
湖 南	9326.6	5622.0	18	16	-2	926	13.5
重 庆	9306.8	5276.7	19	20	1	1008	15.2
安 徽	9069.6	5285.2	20	19	-1	946	14.5
四 川	8803.3	5086.9	21	22	1	929	14.7
新 疆	8113.7	4642.7	22	25	3	868	15.0
山 西	7926.1	4736.3	23	23	0	797	13.7
宁 夏	7672.6	4674.9	24	24	0	749	13.2
广 西	7565.1	4543.4	25	26	1	755	13.6
西 藏	7387.4	4138.7	26	27	1	812	15.6
陕 西	7269.9	4105.0	27	28	1	791	15.4
青 海	6983.3	3862.7	28	30	2	780	16.0
云 南	6810.7	3952.0	29	29	0	715	14.6

续表

区域	14 年农民人均纯收入（元）	10 年农民人均纯收入（元）	14 年排位	10 年排位	4 年排位变化	4 年年均增加额（元）	4 年平均增幅（%）
贵 州	6145. 9	3471. 9	30	31	1	668	15. 3
甘 肃	5736. 0	3424. 7	31	32	1	578	13. 8
全国	9892	5919				993	13. 7

资料来源：国家统计局数据库。

2010～2014 年，广西农民人均纯收入年均增幅 13.6%，略低于全国平均，排第 24 位，且四年增加额赶不上全国平均水平，有 17 个省达到全国平均增加额以上（见图 5）。

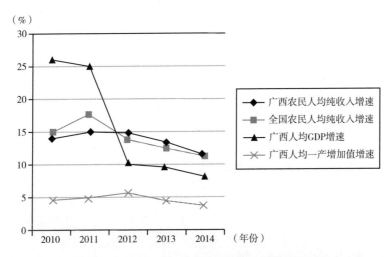

图 5　农民人均纯收入与 GDP 广西与全国对比分析

资料来源：2011～2014 年《广西统计年鉴》、《广西调查年鉴》。

我国目前分为三大经济区域，即东部（含东北，下同）地区、中部地区和西部地区。2010 年各省区市农民人均纯收入数据之和为 196129 元，其中，东部 13 省占 56.41%，中部 6 省占 16.72%，西部 12 省占 26.87%，至 2014 年，各省的农民人均纯收入数据之和为 328576 元，其中，东部 13 省占 55.33%，中部 6 省占 16.87%，西部 12 省占 27.80%。而广西的这个比例由 2010 年的 2.32% 下降到 2014 年的 2.30%。东部在发展中起领先带头作用，这是符合经济发展规律的，也是各区域经济发展基础和动力决定的。

② 不同区域经济发展存在明显差异。农民收入与其所处的经济区域发展密切相关。由于广西经济总量在全国份额不高，尽管 2010～2013 年广西地区生产

总值（GDP）平均增幅（按当年价）达到 13.8%，高于全国 12.3% 的增幅。但广西人均 GDP 排位靠后，2010~2013 年在 26~27 位波动，绝对值差距也在拉大，且拉大的势头有所加剧。广西人均 GDP 相当于全国平均水平的比例由 2010 年的约 68% 提高到 2014 年的约 71%，这个比例低于农村居民人均纯收入的比例约 10 个百分点（各省区市 GDP 国家尚未发布，为保持前后一致，此处数据更新至 2013 年）。

第一，各省区市 GDP 占比保持较高的稳定性。2010~2013 年，我国东部、中部、西部地区生产总值占全国 GDP 的比重保持了较高的稳定性。2013 年东部地区的比重最大，约占到 59.8%；中部地区占 20.2%，西部占 20%，约为东部地区的 1/3。广西 GDP 总量占全国比重从 2010 年的 2.3% 上升到 2013 年的 2.5%，总量排名稳定在全国第 18 位，而广西常住人口占全国的比重达 3.48%，人均 GDP 仅排在全国 27 位。广西人均 GDP 与全国人均 GDP 的差距也在明显拉大，三年间差距拉大了 2873 元，年均拉开约 958 元左右，与全国人均 GDP 的差距由 2010 年的约少于 9897 元拉大为 2013 年的约少于 12770 元。

居民收入是国民收入分配的一部分，而目前，我国国民收入包含了国内生产总值的绝大部分。在支出法 GDP 中（按当年价计算），广西的构成与全国平均构成水平有明显差异（见表 8）。

表8　　　　2010 年、2013 年两年 GDP（按支出法）广西与全国比较分析

年份	地区	支出法 GDP（亿元）	政府消费支出占比重（%）	居民消费支出占比（%）	农村居民（%）	城镇居民（%）	资本形成总额占比（%）	固定资本形成（%）	货物和服务净出口（%）
2013	全国	586673.0	13.6	36.2	8.0	28.1	47.8	45.9	2.41
	广西	14378	13.2	38.3	10.6	27.7	70.5	67.6	
2010	全国	402816.5	13.2	34.9	7.9	27.0	48.2	45.6	3.74
	广西	9569.85	12.5	39.1	11.4	27.8	82.9	81.4	

资料来源：国家统计局数据库。

尽管广西经济总量不高，但用于政府支出的比例由 2010 年低于全国 0.7 个百分点调整为 2013 年接近全国平均水平，三年提高 0.7 个百分点（见表 8）；而 2013 年广西居民支出的比例低于全国平均水平 2.1 个百分点，略呈下降趋势，而且农村居民占比高于全国，城镇居民占比则明显高于农村居民。广西 GDP 支出中，最显著的特点是近几年广西资本形成总额，特别是固定资本形成占比非常高，2013 年资本形成总额占 GDP 的比重为 70.5%，比全国高 22.7 个

百分点。

第二，广西产业结构不合理导致经济总量不高：在广西经济总量中，第一产业 2013 年占比达 16.3%，高于全国 6.3 个百分点，第二产业占比 47.7%，比全国高 3.8 个百分点，其中工业 40%，高 3 个百分点，第三产业占比 36%，低 10.1 个百分点，其中交通运输、仓储邮政、批发零售和住宿餐饮业等传统服务业占比 15.0%，低 1.7 个百分点。

有专家借助美国经济学家丹尼尔·B. 克雷默提出的偏离—份额分析法（简称 "ss 分析法"），测算了 2004～2008 年各省、直辖市、自治区经济增长的产业结构偏量。结果表明，2004～2008 年，我国 31 个省、市、自治区中具有速度优势（产业结构对经济增长起促进作用）的省市有 12 个，其中作用最大的是上海，其次是广东、浙江、北京和江苏，贡献量均在 200 亿元以上，这五个省、市无一例外都位于东部地区。它们的产业结构是"有助于增长的结构"，对当地经济增长速度具有比较明显的推动作用。而西部地区多集中在行业效益并不十分突出的产业中。所以调整产业结构，转变发展方式对广西经济发展更为重要而紧迫。

广西经济总量不高的原因可能包括以下几方面原因：一是广西城镇化水平滞后：广西城镇化水平排在全国第 25 位，西部第 7 位。二是广西工业化率明显低于全国。三是广西经济活动单位数量偏少，规模偏小。据 2013 年全国经济普查显示：广西有法人单位 23.76 万个，占全国 2.2%，法人单位就业人数 672.1 万人，占全国 1.9%，有产业活动单位 31.86 万个，占全国 2.4%。四是在广西国民经济活动中，研究与发展经费内部支出（R&D）水平低于全国：2013 年 R&D 经费与当年 GDP 之比为 0.75%，全国为 2.1%，增幅相对较慢。相对于产业结构高度化进程，广西城镇化严重滞后，随着工业化进程加快，土地、资金等各种农村资源和要素不断流入城市、工业，导致农村土地分割情况加剧，土地经营规模不断缩小。但随着农业生产技术的不断进步，农业生产效率提高，又急需土地适当规模经营。若土地无法实现适度规模经营，农业生产效率无法提高，将严重制约农村居民收入的增长。若土地实现适度规模经营，大量的农村富余劳动力必须转为农业产业工人或第二、第三产业从业人员，若不能顺利转移，同样将严重制约农村居民收入的增长。

（2）农村人口因素对农民增收的制约。广西人口总量多，2013 年常住人口排全国 11 位，其中乡村人口占比 55.19%，高于全国平均 8.9 个百分点，使广西 GDP 总量由全国 18 位变为人均 GDP 27 位，也使广西农民纯收入总量（按乡村人口推算）由 12 位变为人均纯收入 25 位。此外，一个主要的因素就是广西人口抚养比很高，主要是农村少年儿童（0～14 岁）抚养比特高［注：人口抚养比是指劳动年龄人口（15～64 岁）与非劳动年龄人口（0～14 岁和 65 岁以上）之比]。据国家统计局数据库：2013 年全国人口变动情况抽样调查，广西人口总抚养比为 44.4%，比全国平均 35.3% 高 9.1 个百分点（无其他地区数据进行对比）。特别突出的是广西少年儿童抚养比高达 31.0%，比全国平均 22.2% 高 8.8 个百分点，是广西农村的少年儿童人口多的显著特征，也是农村人均收入低的一个主要原因。

广西的人口出生率和自然增长率明显比全国平均水平高，2013 年分别为 1.428% 和 0.793%，而全国为 1.208% 和 0.492%，分别排全国（由低到高）第 28 位和第 26 位，西部第 10 位和第 8 位。主要是广西育龄妇女生育第三孩及以上的比例太高，广西农村生育更多，在调查户家庭结构中，2012 年仅夫妻与三个及以上孩子的农户就占 22%（全国 9.5%）这还不包括三代同堂中的三个及以上孩子的农户。广西农村生育观念相对落后，广西农村"人口红利"较低。

（3）广西农村贫困面偏大对农民增收有较大影响。广西是我国开展扶贫开发工作的省份之一。有 28 个国家扶贫开发重点县，占全区县（市、区）总数 109 个的 25.7%（还另有部分为广西区定扶贫县），即 1/4，比全国的 20.7% 高 5 个百分点；广西国家扶贫重点县人口占全区总人口比例的 17%（2014 年 28 个县常住人口占全区常住人口的比例），重点县乡村就业人口占全区 20.6%，比全国低 2.5 个百分点；据国家扶贫开发工作重点县农村贫困监测结果，2014 年，广西 28 个国家扶贫开发工作重点县农民人均纯收入为 6012 元，比全区平均水平少 1553 元，低 20.5%。广西农村贫困农户有以下特点：

一是多分布在桂西石山区、少数民族聚居村和部分革命老区的行政村。2014 年底通客运班车的自然村比重为 30.3%，比全国低 11.7 个百分点。

二是家庭规模偏大，负担人口偏多。2014 年，广西贫困监测调查户户均人口 4.55 人，比全区农户平均多 0.05 人，户均劳动力 2.46 人（多 0.07 人），平均每个劳动力负担人口 1.78 个，比全区农户平均多 15.6%，15 岁及以下的少年儿童占了 19.95%。

三是贫困户劳动力以农业种植业为主。劳动力 73.6% 从事第一产业，农村劳动力中初中以下文化程度的占 86.9%，小学以下占 38.8%。

（4）农民从业结构等增收动力层次不高。

① 第一产业的比例较高。广西农村家庭常住从业人员从事第一产业的比例高于全国，第一产业占 75.8%；第二产业占 9.9%，第三产业占 14.3%。在广西农村户籍外出从业人员 929 万人中，从事第一产业的仍有 4%，从事第二产业的占 58.9%，从事第三产业的占 37.1%。

② 就业方式仍然以家庭自营为主。广西农村常住劳动力就业方式仍然以家庭自营为主，占 83.2%；当雇主的只有 0.7%，其他雇工约占 15%。

③ 常住人口收入来源相对较集中在农业。在广西农村居民中，农业户占98.2%，而非农业兼业户和非农业生产经营户等不再从事农业的比例仅为1.8%。

④ 广西农产品生产者价格（收购）偏低。由于广西农业生产资料价格和农产品流通（市场消费）价格相对偏高，形成双重"剪刀差"对农民增收不利。

⑤ 广西农民家庭财产相对较少。据第二次全国农业普查资料，广西农户拥有住宅估价5万元以下的占79.47%，全国72.68%，东部60.15%，10万元以上的仅占3.77%，全国8.6%，东部达16.9%。农民的保险、租金利息、转让土地收益和集体分配股息红利等财产性收入相对也较少。广西农村的土地征用规模相比东中部地区也偏少，农民人均获得土地补偿也相对较少。2009年广西农民人均获得土地征用补偿约28元，推算全区约为12亿元。

⑥ 广西转移支付规模偏小。广西这几年加大了对农民的转移支付，直接支付给农户的救灾、救济、抚恤、医疗、退休养老、扶贫退耕和粮食、良种、农机等补贴大幅度增加（不直接支付给农民的农村道路、饮水工程、村镇办公楼及文教卫生等基础设施建设资金不计入）。据广西住户收支与生活状况调查显示，2014年广西农民人均得到政府发放的现金政策性补贴（包含惠农补贴和生活补贴）为222元。

（三）农村居民收入差距扩大的深层原因

根据前述对广西农民收入分配差异现状及特征的描述，以及对影响农民收入分配的因素分析，我们可以得出广西农民收入差距扩大的表现是多方面的。这个问题的本质其实就是农民收入增长的绝对量偏小、速度偏慢，其制约因素主要是广西经济总量小、农业人口比重大、农村人口的产业结构不尽合理，贫困面偏大等。为了更加深入地分析广西农民收入差距扩大的原因，本文采用多元回归分析作为定量分析工具，选取2005～2014年广西与农民收入关联强的经济指标分析前述主要因素变动对农民收入增长的影响。

（1）统计指标的选取和说明。根据统计指标数据的一致性、可获取性和可确定的原则，同时兼顾指标包含信息量避免指标之间存在的高度共线性等原因，本文初步选取了2005～2014年广西的6个经济指标（原始数据来源于广西2005~2014年统计年鉴），分析其对农民纯收入增长的影响。选取的统计指标及计算方法如下：

Y：农民纯收入增长量 = 农民纯收入 - 上年农民纯收入；

X1：人均GDP；

X2：城镇化率 = 年末城镇人口/总人口比重；

X3：产业比 = 第二、第三产业产值/第一产业产值；

X4：财政支出中的农林水事务支出；

X5：财政支出中农村最低生活保障支出；

X6：产业从业人口比（农村）= 从事第二、第三产业的农村人口/从事第一产业的农村人口。

由于各指标之间存在较强的共线性，为有效提取相关指标通过模型不断拟合，剔除拟合度不高的因素，将 x4 和 x5 合并为新的 x3，最终确立的 4 个模型指标如下：

Y：农民纯收入增长量 = ln（农民纯收入 – 上年农民纯收入），用于反映农民收入增量增长的情况，是本文研究的因变量。

x1：城镇化率 = 年末城镇人口/总人口比重，主要用于反映人口向城市聚集的过程和聚集程度。从经济学角度看，城镇化则是由农村传统的自然经济转化为城市社会化大生产的过程，是反映城乡二元结构现状的主要指标。

x2：产业从业人口比（农村）= 从事第二、第三产业的农村人数/从事第一产业的农村人数，该综合指标主要是反映农民从事第二、第三产业人数变动与从事第一产业人数的变动基本情况。

x3：财政支出 = LN（农林水事务支出 + 农村最低生活保障支出），反映政府财政用于农业生产、农民生活保障等方面的支出情况。

（2）回归分析的检验。

利用 SPSS 17.0，对上述统计指标进行相关分析。首先，检验各个变量之间的相关性：通过计算，得出各变量之间的相关系数如表 9 所示。

表 9   相关性

		ln 农民收入增长	城镇化率	农村从业人口比	LN 农业投资和农民保障支出
Pearson 相关性	ln 农民收入增长	1.000	0.877	0.643	0.799
	城镇化率	0.877	1.000	0.657	0.872
	农村从业人口比	0.643	0.657	1.000	0.705
	LN 农业投资和农民保障支出	0.799	0.872	0.705	1.000
Sig.（单侧）	ln 农民收入增长		0.000	0.022	0.003
	城镇化率	0.000		0.019	0.001
	农村从业人口比	0.022	0.019		0.001
	LN 农业投资和农民保障支出	0.003	0.001	0.011	

		ln 农民收入增长	城镇化率	农村从业人口比	LN 农业投资和农民保障支出
N	ln 农民收入增长	10	10	10	10
	城镇化率	10	10	10	10
	农村从业人口比	10	10	10	10
	LN 农业投资和农民保障支出	10	10	10	10

表 9 列出各变量之间的相关性，从表中可以看出自变量城镇化率和农民收入增长之间的相关性最大。

通过计算得出的相关系数，在确保没有时间序列和共线性影响的前提下建立模型。经过测试，最后回归分析得到了比较理想的模型，检验结果如表 10 所示。

表 10 模型汇总

模型	R	R 方	调整 R 方	标准估计的误差	更改统计量					Durbin-Watson
					R 方更改	F 更改	df1	df2	Sig. F 更改	
1	0.882ᵃ	0.778	0.668	0.3076187	0.778	7.028	3	6	0.022	2.622

注：a. 预测变量：（常量），LN 农业投资和农民保障支出，农村人口从业比重，城镇化率；因变量：LN 农民纯收入增长。

从表 10 看到，决定系数 $R = 0.882$，接近 1，说明回归方程拟合情况通过显著性检验，拟合程度较好。方差分析如表 11 所示。

表 11 方差分析

	模型	平方和	df	均方	F	Sig.
1	回归	1.995	3	0.665	7.028	0.022ᵃ
	残差	0.568	6	0.095		
	总计	2.563	9			

注：a. 预测变量：（常量），LN 农业投资和农民保障支出，从业人口比农村，城镇化率；因变量：ln 农民收入增长。

统计量 $F = 7.028$，在给定 $\alpha = 0.05$，查表 $F_{0.05}(3, 6) = 4.76$，伴随概率 $P < 0.05$，表明多个自变量与因变量之间存在线性回归关系，模型拟合度较好。

系数显著性检验如表 12 所示。

表 12　　　　　　　　　　　　**系数显著性检验**

模型		非标准化系数		标准系数	t	Sig.	相关性			共线性统计量	
		B	标准误差	试用版			零阶	偏	部分	容差	VIF
1	（常量）	1.096	3.609		0.304	0.772					
	城镇化率	0.092	0.050	0.733	1.853	0.113	0.877	0.603	0.356	0.236	4.238
	农村从业人口比	0.004	0.012	0.096	0.352	0.737	0.643	0.142	0.068	0.495	2.020
	LN 农业投资和农民保障支出	0.079	0.357	0.092	0.220	0.833	0.799	0.089	0.042	0.209	4.790

注：因变量：ln 农民收入增长。

由表 12 可知，模型的 D.W 序列相关检验和 VIF 多重共线性检验均获得通过。说明建立的回归方程较理想。

（3）回归分析的主要结果。

通过回归分析，建立的回归模型为：

Y = 1.096 + 0.092 × 城镇化率 + 0.004 × 产业从业人口比（农村）+ 0.079 × 财政对农村投入

（4）主要结论与分析

从以上建立的回归模型系数大小，结合经济理论和实际情况，可以得出城镇化率、政府财政对农业生产和农民生活保障等的政策性投入、农民从事各产业的人数等三大综合因素对农民收入的增长有较为明显的正方向影响，但 t 值检验不甚显著表明这些因素的推动作用还有待提高。也就是说，城镇化水平越高，城乡二元经济结构的制约越薄弱，农民收入的增量增长越多；政府财政对农业生产和农民生活保障的投入越多，农民收入的增量增长越多；农民从事第二、第三产业的人数越多或从第一产业转移到第二、第三产业的人数越多，农民收入的增量增长就越多。具体分析如下：

① 城乡二元经济结构制约。"城市与农村，工业与农业"的二元结构，目前仍是广西经济结构特征，主导广西经济发展的主体依然是城市，基础设施建设农村与城市存在巨大差距，导致资源向城市聚集，尤其是向基础设施完备、发展潜力大的城市聚集。农村经济发展滞后，动力不足，农村居民就业问题凸显，难以获得稳定可观的收入，加剧城乡收入差距。此外，长期存在的工农业

价格"剪刀差",在国民收入初次分配过程中,通过提高工业产品定价、压低农产品价格,弱化了农村居民的增收能力,直接造成了收入分配明显向城镇倾斜,城乡居民收入差距扩大。

② 工农业生产力的差异因素。现代工业与传统农业之间生产力存在显著差异。这种生产力水平的天然差异引起收入分配差距的扩大。工业化组织和生产的特点是劳动、资本、技术投入大,资本周转快,资本利润率高。相应的参与这种工业化生产的劳动、资本、技术就能获得较高的分配收入。而农业由于人口多,人均占有土地资源少,农业机械化现代化水平难以提高,大大制约了生产力水平,从根本上决定了其依靠土地资源不可能获得高的收入。再加上农业生产受天气等自然条件影响大,导致产量变化大,进而引起农产品价格大起大落不利于提高农民收入,这不仅拉大了城乡居民收入差距,也使农村内部,从事家庭经营第二、第三产业的农户收入快速增长,而以从事农业为主的农村居民增收缓慢,导致农村居民内部收入差距扩大。

③ 财政政策取向因素。政府政策的取向对城乡收入差距的走向起着重要的作用,政府财政支出结构的变化是体现政府政策偏好的最直接反映。在市场经济条件下,农业的弱质性和它在国民经济中的重要地位客观上要求农业在国民经济中的重要地位和它的弱质性要求国家采取弥补市场机制在资源配置中存在缺陷的政策,加大财政对农业的扶持力度,支持投资大、周期长、风险高、外在效益显著的项目。但长期以来政府对农村的财政支出有限,造成了农村基础设施落后、农田水利设施老化、生态环境恶化等问题。尽管近几年政府加大了"三农"的投入力度,但城市偏向的总体格局并未根本改变。

④ 社会保障覆盖面严重偏失。广西农村社会保障体系近年来有很大进展,但覆盖面依旧存在偏失,达不到城镇居民享受的社会保障水平,加上农村居民收入本来就偏低,导致农民可支配收入更低,城乡收入差距更加显著。

⑤ 农村金融机构的影响。为支持农业、农村发展,国家建立各种农村金融机构,希望其能为农村经济发展提供资金支持。但基于利益趋向,金融机构会寻求更高投资回报的融资方向,资金流向第二、第三产业和城市,对农业、农村发展的支持力度下降,甚至扮演一个从农村"抽血"的角色,对农业、农村发展以及农村居民收入增长支持力度减弱。

农村居民收入差距扩大的负面影响

目前,收入分配问题已成为当前最关注、最亟须解决的重大社会问题,是影响社会稳定的主要因素之一。

（一）收入差距扩大制约社会有效需求的增长，妨碍经济持续发展

收入及其分配状况决定消费需求。一般来说，高收入阶层基本生活满足之后，消费倾向呈递减趋势；中低收入者贫困感和危机感加深，未来各种不确定因素强化防守心理和忧患意识，虽有消费欲望，但消费信心不足，即期消费和潜在消费需求增长受到抑制，储蓄倾向增强，消费需求降低。广西农村居民收入长期偏低，同时与城镇居民收入分配差距拉大，消费需求增长缓慢。城镇居民已进入万元级消费阶段，而农村居民却依旧停留在千元级消费阶段，社会生产和消费失衡，无法形成相互承接的消费梯度，不利于国内消费需求升级和有序扩展。从经济发展角度看，投资需求增长须依赖于消费需求驱动，消费需求不足，投资动力减弱，最终导致投资需求不足，制约经济增长。

（二）收入差距扩大影响社会稳定

中国自古以来就有"不患寡而患不均"的思想。在短短二三十年中，中国经历"大锅饭"平均主义和收入差距扩大两个截然不同的时代，无论生活还是思想都存在强烈反差。社会居民收入差距不断扩大，中低收入者尤其是低收入人群易产生利益受剥夺感，认为贫富差距过大且极不合理，心理冲击大。困难群体随收入分配差距拉大，失落感越来越强，易对社会产生不满情绪。不满情绪扩大，易发生对抗行为，易激化社会阶层矛盾。而且如果部分低收入人群基本教育和卫生保障缺乏，智力、体力都可能处于较低水平，自身发展受到制约，落入"马太效应"：穷者愈穷、富者愈富，最终影响社会安定。

（三）收入差距拉大，冲击价值观和人生观，影响社会进步与民族振兴

在市场经济体制下，居民收入差距拉大是一个自然过程，但收入差距过大，会对社会诸多方面造成冲击，需要社会有一个合理的修正机制。如果社会修正机制不健全，加之我们从计划经济往社会主义市场经济体制转轨过程中，新旧体制、人们观念的更替、摩擦，存在诸多不合理的因素，社会存在一定程度的贪腐现象，对人们的价值观和人生观造成巨大冲击，社会唯利是图思想严重，道德水准下滑，影响民族振兴与国家发展。

实现广西脱贫致富的对策建议

农村居民收入差距是经济发展到一定阶段的产物，库兹涅茨倒"U"型假说的理论指出，农村居民收入差距是经济发展过程的正常现象，是社会经济发展到一定阶段的产物。根据木桶原理，造成问题的根本原因，不在于木桶的长板，而是取决于短板。因此，要高度重视农村居民收入差距扩大问题，及时化解收入分配中存在的矛盾，保持农村社会的稳定与和谐。

（一）建立稳定的财政强农富农投入增长机制

（1）健全"三农"投入稳定增长机制。一是争取中央财政加大对广西发展的投入。据统计，全国五个自治区中，1994～2014年，广西人口比重最高，但中央补助广西收入年均增长最慢。1994～2014年，中央补助广西收入年均增长19%，分别比新疆、宁夏、西藏、内蒙古低2.4%、3%、1.8%、0.6%。在五个自治区中，1994年，广西常住人口占五个自治区人口比重为49.1%，同期中央补助广西收入比重为31.7%；2014年，广西常住人口占五个自治区人口比重为45.1%，同期中央补助广西收入比重下降到26.2%，中央补助广西收入与其他地区差异扩大，严重制约广西财政对"三农"的保障和支撑。2015年全国"两会"期间，习近平总书记参加广西代表团审议时，指出广西到2020年要实现与全国同步建成全面小康社会，绝不让一个少数民族、一个地区掉队。广西属于经济欠发达地区，人均财力和人均转移支付与其他省区相比存在较大差距，应争取中央财政对广西的更大支持，为广西"三农"投入稳定增长提供支撑。二是广西各级政府要坚持把"三农"作为支出重点，优先保证"三农"投入稳定增长。三是拓宽"三农"投入资金渠道，充分发挥财政资金引导作用，通过贴息、奖励、风险补偿、税费减免等措施，带动金融和社会资金更多投入农业农村。现代农业的开发、农村人居环境的整治、有收益的基础设施建设项目等，通过政府与社会资本合作、购买服务等多种方式来撬动更多的金融资本、社会资金。

（2）优化"三农"投入结构，完善投入方式，促进农业农村可持续发展。一是积极扶持村级集体经济发展。村级集体经济是我国社会主义公有制经济制度的重要组成部分，我们可以通过财政重点扶持土地等资源的有效利用、创办服务实体、开展物业管理、发展混合经营等方式来实现村级集体经济的可持续发展。二是加大对农业产业化发展的支持。重点支持自治区选取的粮食、糖料蔗、水果、蔬菜、茶叶、桑蚕、食用菌、罗非鱼、肉牛肉羊和生猪十大特色优势产业及富硒农业、生态有机循环农业、休闲农业三大新兴产业，促进农业产业化发展。三是加大对农业规模化发展的支持。包括对新型农业经营主体的支持、新型农业社会化服务体系的支持、规模经营用地基础设施建设的支持等。在对新型农业经营主体的支持上，各级各部门安排的农业资金和建设项目，适合农民合作社、家庭农场、专业大户等新型农业经营主体承担的，优先安排。在新型农业社会化服务体系的支持上，建立健全县乡村三级农业公益性服务体系，扶持发展各类服务性农民专业合作社和供销社、工商企业等农业生产服务组织，为土地规模经营者提供产前、产中、产后服务。在规模经营用地基础设施建设的支持上，农村土地流转和规模经营与土地开发整理、标准农田建设、农业综合开发等紧密结合，增加农业基础设施投入，进一步加大优势特色农产品基地建设、水利、交通、能源和土地开发整理、标准农田建设力度。四是加大对农业科技投入的支持。五是结合广西实际，贯彻落实中央调整完善农业补贴政策，提高农业补贴政策的指向性、精准性和实效性，提高政策效能。一方面认真落实执行《关于调整完善农业三项补贴政策的指导意见》，自 2015 年起将各地从中央财政提前下达的农资综合补贴中调整 20% 的资金，加上补贴种粮大户试点的资金和农业"三项补贴"增量资金，统筹用于支持粮食适度规模经营。另一方面密切关注财政部、农业部选择的安徽、山东、湖南、四川和浙江等 5 个省开展农业"三项补贴"改革试点的情况，借鉴相关经验，为广西开展农业"三项补贴"合并为"农业支持保护补贴"改革早谋划、早准备，以促进农业发展方式转变，推进粮食适度规模经营，促进农业可持续发展，提高农业生产力和农产品市场竞争力。

（3）完善农产品价格和市场调控机制，调动农民生产积极性、保障国家粮食安全。一是探索推进农产品价格形成机制与政府补贴脱钩的改革，逐步建立农产品目标价格制度，在市场价格过高时补贴低收入消费者，在市场价格低于目标价格时按差价补贴生产者。二是明确中央与地方政府责任。中央政府重点调控谷物、棉花、油料、糖料等，其他农产品主要通过市场调节，地方政府也要承担稳定市场的责任。三是在保证谷物基本自给、口粮绝对安全的基础上，发挥好进出口和国家储备调节市场供求的作用，防止农产品价格过度波动。四是健全重要农产品监测预警机制，搞好农产品市场预期管理。着眼于国内国外两个市场，围绕农业产前、产中和产后全产业链，健全重要农产品监测预警机制，完善农产品信息统计发布制度，提升面向生产者、经营者和消费者的信息服务，合理引导重要农产品市场运行。加强对农产品市场调控政策执行情况的跟踪与评价，研究建立市场调控评估制度，尽快形成农产品市场调控政策的自我校正及持续优化机制。

（二）加快转变农业发展方式，发展现代农业，促进农业农村可持续发展

广西农业经营规模小、生产方式粗放、资源利用率低，严重制约农业、农村经济发展，必须全面贯彻落实《国务院办公厅关于加快转变农业发展方式的意见》文件精神，探索发展多种形式农业适度规模经营，构建现代农业经营体系、生产体系和产业体系，转变农业经营方式、生产方式、资源利用方式和管理方式，推动农业发展由数量增长为主转到数量质量效益并重上来，由主要依靠物质要素投入转到依靠科技创新和提高劳动者素质上来，由依赖资源消耗的粗放经营转到可持续发展上来，走产出高效、产品安全、资源节约、环境友好的现代农业发展道路。

（1）加快培育新型农业经营主体，鼓励发展多种形式农业适度规模经营。一是大力支持农村合作化发展。加大财政扶持力度，对运作规范、示范性强、带动作用明显的农民专业合作社予以重点扶持，进一步推进业务范围相近的合作社"组团"发展。支持银社对接，最大限度地为农民专业合作社发展壮大筹集资金，进一步加快入社农民增收致富步伐。推动农民合作社开展与大型超市、社区、科研机构、大专院校、龙头企业、金融部门的合作，支持农民合作社发展专业服务，实现农业服务到田间、到地头。二是培育壮大家庭农场，提高家庭农场主劳动生产率。首先强化规划引导，促进家庭农场良性发展。各级政府要把家庭农场纳入"三农"工作的总体部署，按照因地制宜、合理布局、突出特色的原则，科学合理地编制家庭农场发展规划，确定家庭农场的发展区域，通过增加数量、提升档次、提高效益来实现农业生产规模化、集约化和标准化、信息化以及社会化，提高家庭农场土地产出率、资源利用率、劳动生产率，从而增加农民收入。其次加强对农村土地流转的服务，促进家庭农场适度规模经营。在依法、自愿的前提下，做好土地流转的宣传引导工作，鼓励开展互换并地，探索推进土地入股流转、中介服务流转、大户承包流转等多种合作经营模式，推进农村土地流转，促进家庭农场适度规模经验。

（2）发展农业产业化，拓展农业多功能，通过促进第一、第二、第三产业融合，推动农村企业集群式发展。一是充分挖掘和拓展农业生态功能、休闲功能、文化功能，做活第三产业。二是通过延伸产业链、打造供应链、形成全产业链，促进三次产业融合互动，使农民从产业链增值中获得更多的收益。三是

充分利用财政补助政策和奖励、贴息等手段，支持现代高效农业、观光农业、生态农业、特色农业等农业产业示范区加快建设，实现产业集中、功能多样、亮点突出、种植结构和养殖结构合理。要积极支持农业生产经营向规模化、集约化、专业化转变，对通过土地流转方式种植粮食作物的经营大户，财政要安排专项资金予以奖励。要积极支持龙头企业通过兼并、重组、收购、控股等方式组建大型企业集体，全力提高农业产业化经营水平，并在龙头企业带动下，促进企业衍生，形成农村企业集群。

（3）发展新型农业社会化服务体系。充分发挥政府、市场、社会力量，发展公益性服务和合作型服务、经营性服务，政府公益性服务是基础，发展壮大合作型服务、培育多元化市场型服务，为农业提供产前、产中、产后全过程综合配套服务的体系。

（4）加快推进农业科技创新。一是充分发挥政府的科技宏观导向和激励作用。二是健全农业科技创新激励机制，提高高校、科研院所将科研成果转化为新技术、新产品的主动性和积极性。三是加快推动公共科技资源开放共享，促进科技资源跨机构、跨地区的开放共享，提高资源利用效率。四是完善科技创新服务体系。提高对知识产权创造、保护、管理和应用各环节的服务能力。五是加强对企业开展农业科技研发的引导扶持。

（5）财政、金融、税收、土地等政策扶持向新型农业经营主体、现代农业特色产业、农业社会化服务机构、农业科技倾斜。

（三）积极推进城镇化建设，缩小城乡差距，提高农民地位

李克强总理在 2014 年政府工作报告中就提出"今后一个时期，着重解决好现有'三个 1 亿人'问题：促进约 1 亿农业转移人口落户城镇，改造约 1 亿人居住的城镇棚户区和城中村，引导约 1 亿人在中西部地区就近城镇化"。2015年全国"两会"期间，李克强在政府工作报告中又强调要推进城镇化取得新突破。我国的城镇化发展并非让农民全部进城，可以是就地、就近的城镇化，首先要完善基础设施配套，提升当地基本公共服务水平。然后通过培育和发展本土企业等方式吸纳农民就业，这样，农民既不用离开故土，收入也有所提升，进而进一步缩小我国城乡差距，提高农民地位，增加农民收入。

（1）厘清政府、企业、个人在城镇化建设中的相关责任。城镇化建设是一项涉及基础设施、公共服务等多方面的系统工程，不仅覆盖面广而且资金需求量大，必须由政府、企业、个人等多方参与。政府是城镇化建设的最重要主体，中央、省、市各级政府要厘清相关责任，认真执行和落实好国家新型城镇化的

要求。理顺自治区以下事权和支出责任，明确各级财政对公共服务支出的保障责任，促进实现财权与事权相匹配，增强市县支持城镇化发展的保障能力。企业是城镇化建设的重要主体，应依法按时为职工缴纳各项社会保险和住房公积金等，开展职工技能培训、企业文化建设和城市生活技能培训等。农业转移人口是城镇化建设的基础和关键，在推进城镇化进程中要按时足额缴纳社保和公积金等费用，参加职业技能教育，履行各项市民义务等。

（2）加快农业人口市民化进程，让农民享受城镇基本公共服务。

一是制度创新消除体制障碍。推进农业转移人口市民化是新型城镇化的突破口之一。推进农业转移人口市民化要进行相关制度创新，逐步取消户籍制度、就业制度、社会保障制度、土地制度等二元体制障碍，建立健全加快农业人口市民化进程的各项新办法新制度。二是政策支持解决公共和社会成本。《国家新型城镇化规划》（2014～2020年）明确指出，下一阶段的城镇化将"以人为本"，以加快农民市民化为目的，缩小我国户籍人口城镇化率与常住人口城镇化率之间的缺口为导向。同时明确，政府要承担农业转移人口市民化在义务教育、劳动就业、基本养老、基本医疗卫生、保障性住房以及市政设施等方面的公共成本。政府需要满足新增城镇人口对公共设施的需求，这就需要财政政策的大力支持。解决农业转移人口享有城镇基本公共服务的社会成本问题也是各级政府职责所在。社会化成本是指农村人口在身份、地位、价值观、社会权利以及生活、生产方式等方面，全面向城市市民转化并顺利融入城市社会所必须投入的最低资金量。解决农业转移人口享有城镇基本公共服务的社会成本问题，同样也需要政府投入，大力支持城镇化过程中的资金需求。此外，农业转移人口市民化还需要生活成本。生活成本中包括水、电等家庭普通日常需求，以及为了获得与城镇人口相同的工作，必须达到的人力资本含量所需要付出的教育成本，为了获得城镇居民的各种养老福利而需要购买的各项社会保险金额等。农村人口需要有足以维持在城镇生活的收入。三是厘清各级政府事权和财权，各负其责地推进农业人口市民化进程。建立与农业转移人口市民化挂钩的转移支付制度，合理采用常住人口因素，科学分配自治区对市县均衡转移支付等财力性转移支付，相应提高人口转入地区的基本公共服务保障能力。在大中城镇，政府要通过投资建设扩大城镇容纳新增人口的能力，满足新增人口的需求，这是政府的核心任务；同时，对进入大中城镇的农业人口来说，解决其在城镇就业问题是市民化的前提条件。在县镇地区，由于各项基础建设的缺乏，加强基础设施建设、改善农村环境、提供农村人口与城镇人口相同的条件，应是县镇政府要解决的主要问题。

（四）建立城乡统筹发展的体制机制

习近平指出："农业还是'四化同步'的短腿，农村还是全面建成小康社会的短板""加快推进城乡发展一体化，是党的十八大提出的战略任务，也是落实'四个全面'战略布局的必然要求。全面建成小康社会，最艰巨最繁重的任务在农村特别是农村贫困地区。"我国过去长期实行城乡二元体制，在要素配置、产业发展、公共服务等方面没有把农村建设、农民利益与城市纳入一个有机整体，造成区域分割、资源分割和城乡分割，导致农村基础设施建设滞后、公共服务缺乏、产业发展慢，城乡差距大。加快推进城镇化的同时，绝不能忽视农业农村发展，更不能以牺牲农业农村为代价。新型城镇化与新农村建设要相辅相成，统一规划布局城乡一体发展，加快公共服务向农村覆盖、现代文明向农村传播、城市基础设施向农村延伸，形成城乡共同繁荣的良好局面。

（1）推进各级各类规划城乡全覆盖。按照城乡"一盘棋"的思路，科学编制各级各类规划。将科学规划作为推进城乡发展的"纲"，作为一项全局性、战略性、综合性的工作。以科学规划指导实践，推动各种资源优化配置，形成了城乡一体、配套衔接的规划体系和执行监督体系，推进城乡绿化美化一体化。

（2）统筹城乡基础设施建设，推进城乡基本公共服务均等化。一是健全有利于财力资源在城乡间均衡配置的财政体制，增强基层财政保障能力，增强基层政府履行职责和提供公共服务的能力。二是探索城乡社会保障并轨的办法和措施，进一步缩小城乡差距。三是完善城乡一体化的职业培训和公共就业创业服务体系，拓宽就业创业渠道，提升就业创业质量。四是公共教育资源向农村倾斜，全面落实执行《国务院关于进一步完善城乡义务教育经费保障机制的通知》，整合农村义务教育经费保障机制和城市义务教育奖补政策，建立统一的中央和地方分项目、按比例分担的城乡义务教育经费保障机制。改善农村中小学办学条件。鼓励探索利用互联网共享国内外优质的教学资源，逐步消除城乡教育差别。四是推进城乡基础设施互联互通。加快推进农村互联网基础设施建设，提升农村信息化水平。完善农村公路建设、养护、安全管理机制。实施新一轮农村电网改造升级工程。加强农贸市场、社区公共服务站、社区卫生服务中心、文化站、体育健身等公共服务设施建设，改善农村人居环境。

（3）推进城乡统一要素市场建设。当前城乡间劳动力、土地、技术、资本等要素市场的一体化程度仍较低，一方面导致农村利益大量流失，另一方面资源配置效率低下。为保障农村利益和提高资源配置效率，必须大力推进城乡统一要素市场建设。一是加快劳动力统一市场建设，保障城乡劳动者平等就业、同工同酬，消除就业歧视。二是建立城乡统一的建设用地市场，保障农民公平分享土地增值收益。在符合规划和用途管制条件下，探索农村集体经营性建设用地出让、租赁、入股的具体方式，建立兼顾国家、集体、个人的土地增值收益分配机制，让土地真正成为农民的财富。三是建立健全有利于农业科技人员下乡、农业科技成果转化、先进农业技术推广的激励和利益分享机制。四是加快构建普惠"三农"的农村金融市场体系。统筹发挥政策性金融、商业性金融、合作金融和其他形式农村金融组织职能作用，支持由社会资本发起设立服务"三农"的县域中小型银行和金融租赁公司，积极探索包括小额信贷组织在内的新型农村金融组织形式，开发新的农村金融产品，规范和引导民间借贷。加快农业保险产品创新和经营组织形式创新，完善农业保险制度。保护投资者和生产者的利益。引导城市人才、技术、资金等生产要素投向农村。

（五）实施精准扶贫，解决贫困问题

习近平在 2015 减贫与发展高层论坛上的主旨演讲《携手消除贫困 促进共同发展》中向全世界宣布："全面小康是全体中国人民的小康，不能出现有人掉队。未来 5 年，我们将使中国现有标准下 7000 多万贫困人口全部脱贫。这是中国落实 2015 年后发展议程的重要一步。"广西贫困面广，贫困人口规模大，确保到 2020 年广西农村贫困人口实现脱贫，全面建成小康社会，打赢脱贫攻坚战面临挑战大。必须大力推进扶贫开发，结合广西实际，扶贫规划设计由扶贫部门搭台，各部门"唱戏"，各部门首先将存量资金针对性地投入贫困地区和贫困人口，齐心协力，开展扶贫工作，打赢广西脱贫攻坚战。

（1）实施精准扶贫方略，加快贫困人口精准脱贫。首先健全精准扶贫工作机制。抓好精准识别、建档立卡关键环节，为打赢脱贫攻坚战打好基础，为推进城乡发展一体化、逐步实现基本公共服务均等化创造条件。对建档立卡贫困村、贫困户和贫困人口定期进行全面核查，实行动态管理。根据致贫原因和脱贫需求，对贫困人口实行分类扶持。建立贫困户脱贫认定机制。抓紧制定严格、规范、透明的国家扶贫开发工作重点县退出标准、程序、核查办法。加强对扶贫工作绩效的社会监督，开展贫困地区群众扶贫满意度调查，建立对扶贫政策落实情况和扶贫成效的第三方评估机制。其次是根据致贫原因和脱贫需求，立足当地资源情况和产业基础，对贫困人口实行分类扶持。一是发展特色产业脱贫。产业扶贫是从根本上解决贫困地区和贫困群众的生存和发展问题。要根据实际情况，以市场为导向，立足资源优势和产业基础，因地制宜发展具有地方和民族特色的优势产业，实施产业化扶贫。二是引导劳务输出脱贫。加大劳务输出培训投入，统筹使用各类培训资源，以就业为导向，提高培训的针对性和有效性。三是实施易地搬迁脱贫。对居住在生存条件恶劣、生态环境脆弱、自然灾害频发等地区的农村贫困人口，加快实施易地扶贫搬迁工程。四是结合生态保护脱贫。五是着力加强教育脱贫。加快实施教育扶贫工程，让贫困家庭子女都能接受公平有质量的教育，阻断贫困代际传递。六是开展医疗保险和医疗救助脱贫。实施健康扶贫工程，保障贫困人口享有基本医疗卫生服务，努力防止因病致贫、因病返贫。七是实行农村最低生活保障制度兜底脱贫。完善农村最低生活保障制度，对无法依靠产业扶持和就业帮助脱贫的家庭实行政策性保障兜底。八是探索资产收益扶贫。

（2）加强贫困地区基础设施建设，加快破除发展瓶颈制约。一是加快交通、水利、电力建设。二是加大"互联网＋"扶贫力度。三是加快农村危房改造和人居环境整治。四是重点支持革命老区、民族地区、边疆地区、连片特困地区脱贫攻坚。

（3）强化政策保障，健全脱贫攻坚支撑体系。一是加大财政扶贫投入力度。发挥政府投入在扶贫开发中的主体和主导作用，积极开辟扶贫开发新的资金渠道，确保政府扶贫投入力度与脱贫攻坚任务相适应。二是加大金融扶贫力度。鼓励和引导商业性、政策性、开发性、合作性等各类金融机构加大对扶贫开发的金融支持。三是完善扶贫开发用地政策。四是发挥科技、人才支撑作用。加大科技扶贫力度，解决贫困地区特色产业发展和生态建设中的关键技术问题。

（4）广泛动员全社会力量，合力推进脱贫攻坚。一是健全东西部扶贫协作机制。加大东西部扶贫协作力度，建立精准对接机制，使帮扶资金主要用于贫困村、贫困户。二是健全定点扶贫机制。进一步加强和改进定点扶贫工作，建立考核评价机制，确保各单位落实扶贫责任。三是健全社会力量参与机制。鼓励支持民营企业、社会组织、个人参与扶贫开发，实现社会帮扶资源和精准扶贫有效对接。

总而言之，农村居民收入问题，不是一个简单的农村居民增收问题，而是一个关系到全体公民素质和生活水平提升，关系到农村居民全面发展，构建国家稳定基础和实现两个"一百年"目标，实现国家发展、民族振兴的问题。需要各级党委和政府高度重视并采取积极措施解决好的问题。广西农村居民收入增幅赶不上国家平均水平，绝对额与国家平均水平差距也在拉大，广西政府解决农村居民收入问题，任务更艰巨，更紧迫，压力更大，我们要站在实现广西全区经济社会全面发展的高度，站在实现国家发展、民族振兴的高度，抓住国家提出 2020 年全面解决贫困问题的关键历史机遇期，下大决心和力气，解决贫困，解决农村居民收入均衡增长，促进农村居民全面发展。既要积极争取中央政府的大力支持，又必须坚持自力更生的原则，立足广西区情，坚定不移地推进建立稳定的财政强农富农投入增长机制；加快转变农业发展方式，发展现代农业，促进农业农村可持续发展；积极推进城镇化建设，缩小城乡差距，提高农民地位；建立城乡统筹发展的体制机制，促进城乡协调发展；实施精准扶贫，消除贫困，实现全面小康。

参 考 文 献

［1］张晓山，崔红志．"三农"问题根在扭曲的国民收入分配格局［J］．中国改革，2001（8）．

［2］江苏省农村社会经济调查队．调整国民收入分配格局，促进"三农"问题解决［J］．调研世界，2003（4）．

［3］刘保平，秦国民．试论农村公共产品供给体制：现状、问题与改革［J］．甘肃社会科学，2003（2）．

［4］林文炼．中国农村居民收支结构及趋势分析——基于2006～2010年全国农村居民收支分析［J］．东方企业文化，2012（16）．

［5］杨善朝，张军舰．SPSS统计软件应用基础［M］．广西师范大学出版社，2010.

（本文发表于《经济研究参考·地方财税与会计》2015年第12期）